中国制造 2025 系列丛书

绿色制造

国家制造强国建设战略咨询委员会
中国工程院战略咨询中心 编著

電子工業出版社
Publishing House of Electronics Industry
北京 • BEIJING

内 容 简 介

本书是围绕经济社会发展和国家安全重大需求，由中国工程院与工业和信息化部联合组织开展的“制造强国战略研究”重大战略咨询研究项目的成果之一。

绿色制造是制造强国建设的主要内容，是转变生产方式实现绿色发展的着力点，是低碳发展和循环发展的具体体现。本书阐述了绿色制造、绿色发展、低碳发展、循环发展的含义及相互关系，分析了多个行业绿色制造的概况、关键技术及发展趋势，并针对我国绿色制造发展的现状，以钢铁、化工、有色金属工业与金属矿业、建材、流程工业装备制造、基础制造工艺、再制造等行业的绿色制造为例，结合城市与企业的相关案例，从内涵、发展路径及战略目标等方面对绿色制造进行了研究，为我国发展绿色制造提供借鉴作用。

本书可为政府部门、制造业企业和研究机构提供参考，也可供高等院校相关专业师生及对制造业感兴趣的读者阅读。

图书在版编目（CIP）数据

绿色制造 / 国家制造强国建设战略咨询委员会，中国工程院战略咨询中心编著. —北京：电子工业出版社，2016.5
（中国制造 2025 系列丛书）
ISBN 978-7-121-28584-4

Ⅰ. ①绿… Ⅱ. ①国… ②中… Ⅲ. ①制造工业—工业发展—研究—中国 Ⅳ. ①F426.4

中国版本图书馆 CIP 数据核字（2016）第 076127 号

策划编辑：管晓伟
责任编辑：郭穗娟
印　　刷：北京七彩京通数码快印有限公司
装　　订：北京七彩京通数码快印有限公司
出版发行：电子工业出版社
　　　　　北京市海淀区万寿路 173 信箱　邮编　100036
开　　本：720×1000　1/16　印张：17　字数：408 千字
版　　次：2016 年 5 月第 1 版
印　　次：2023 年 9 月第 2 次印刷
定　　价：109.00 元

凡所购买电子工业出版社图书有缺损问题，请向购买书店调换。若书店售缺，请与本社发行部联系，联系及邮购电话：(010)88254888，88258888。

质量投诉请发邮件至 zlts@phei.com.cn，盗版侵权举报请发邮件至 dbqq@phei.com.cn。

本书咨询联系方式：(010)88254502。

落实《中国制造 2025》加快建设制造强国

——在国家行政学院“中国制造 2025”专题研讨班上的讲话

（代 序）

马 凯

制造业是国民经济的主体，是立国之本、兴国之器、强国之基。党中央、国务院历来高度重视制造业发展。习近平总书记强调，“工业化很重要，我们这么一个大国要强大，要靠实体经济，不能泡沫化”，“要推动中国制造向中国创造转变、中国速度向中国质量转变、中国产品向中国品牌转变”。李克强总理指出，“制造业发展与就业民生密切相关，根本出路在于加快创新升级，强化质量品牌建设，打牢实体经济根基”。为推动中国制造由大变强，党中央、国务院着眼全球视野和战略布局，立足我国国情和发展阶段，做出了实施《中国制造 2025》的战略决策，这是未来 10 年引领制造强国建设的行动指南，也是未来 30 年实现制造强国梦想的纲领性文件。

实施《中国制造 2025》，加快建设制造强国，要全面贯彻党的十八大和十八届三中、四中全会精神，坚持市场主导、政府引导，立足当前、着眼长远，整体推进、重点突破，自主发展、开放合作，坚持创新驱动、智能转型、强化基础、绿色发展、人才为本，坚持把装备升级作为重中之重，积极推动信息技术与制造技术深度融合，大力提升国家制造创新能力，夯实工业四大基础，提高数字化、网络化、智能化制造水平，促进产业转型升级，努力满足经济社会发展和国防建设需求，加快实现制造业由大变强的历史跨越。

组织实施《中国制造 2025》，是一项庞大的系统工程，涉及方方面面、关系全国上下，需要中央、地方、企业、科研院所、大专院校、金融机构等有关方面广泛参与、共同努力。当前和今后一个时期，我们要全面动员社会各方力量、充分汇集社会各方资源，千方百计、扎扎实实地把《中国制造 2025》组织实施好，加快把战略规划转变为年度计划，把年度计划落实到实际行动，把实际行动转化成实实在在的发展成效。

第一，企业要承担起制造强国建设的主体责任。企业是战略规划的实施主体，在制造强国建设中肩负着重要使命。我们衡量由制造大国到制造强国转变的一项重要指标就是能否形成一批富有创新精神、竞争力强、在国际上有重要影响的制造业大企业大集团，能否形成一批世界知名的制造业品牌。重点要抓好七个方面。**一要抓市场**。坚持市场导向，做好市场分析，瞄准市场需求，紧盯国家短板，紧跟未来科技发展。唯有如此，企业发展才有出路。离开市场，发展就会缺乏动力，也难有效益。**二要抓创新**。这是建设制造强国的根本。这里所说的创新，是全方位、全过程、全环节的创新，包括技术创新、体制创新、管理创新、商业模式创新等，也包括从整机到核心元器件、材料、工艺等各方面/各环节的创新。**三要抓融合**。下一步制造业的发展，核心就是要抓信息技术与制造技术的深度融合，实现“数字化、网络化、智能化”制造，这是新一轮科技革命和产业变革的核心所在。在过去的 200 年里，我国与第一次、第二次工业革命失之交臂，但目前我国无论是装备制造业还是信息技术产业都具备了相当的基础。如果搞得好，就完全有可能走在世界前列。**四要抓服务**。制造业服务化是现代制造业的发展趋势，也是做强服务业的重要途径。从一定意义上讲，未来制造业的竞争，就是生产性服务业的比拼。要加快制造与服务的深度融合，大力发展工业设计和服务型制造，把前端研发设计和后端售后服务的水平提升上去，提高企业价值创造能力。其中，要特别重视工业设计。科技是第一生产力，设计是科技+艺术，是一种新的生产力。杨振宁说，21 世纪是设计的世纪。哪个民族不重视设计，就要落后。**五要抓基础**。我国制造业与国际先进水平的差距，表现出来的是整机或最终产品的差距，但背后却是材料、工艺、元器件等整个工业基础问题。如果关键基础材料、核心基础零部件（元器件）、先进基础工艺及产业技术基础这四个基础不打牢，那么高端产品是生产不出来的。企业要向价值链高端攀升，必须在这“四基”上狠下工夫。**六要抓开放**。有条件的企业要加快走出去步伐，学会利用两种资源、两个市场。特别是在我国经济进入新常态的大背景下，要积极参与国际产能和装备制造合作，在国际竞争中扩大市场、提升竞争力。**七要抓改革**。上述几条能不能真正搞好，最终还是要靠改革。要坚持问题导向，深化国有企业改革，健全内部治理结构，加快建立与市场经济相适应的选人用人、业绩考核、收入分配等激励约束机制。在大胆推进改革的同时，也要注意把增强活力和加强监管相结合，确保国有资产保值增值。中央企业在国民经济发展中具有十分重要的地位和作用，是制造强国建设的骨干和中坚，要积极履行使命，主动承担重任，切实发挥好主力军和排头兵的作用。行业协会是政府与企业的桥梁和纽带，要把规划实施与行业实际紧密结合，不断加强对行业企业的指导和服务。

第二，政府要为制造强国建设创造良好发展环境。推进制造强国建设，主要应靠企业努力，但离不开政府的组织、引导、推动和政策支持。政府要准确把握定位，不能“越位”，也不“缺位”，关键是不能替代市场的主导作用和企业的主体作用。政府的定位就是要深化体制改革，完善政策支持，创造良好环境，为制造企业减负，为创新创造松绑，为产业发展保驾护航。**一要**在深化改革、简政放权上下工夫。深化市场准入制度改革，实施负面清单管理，加强事中事后监管。**二要**在创造公平竞争环境、激发企业创造活力上下工夫。健全知识产权创造、运用、管理、保护机制，严厉惩处市场垄断和不正当竞争行为，依法打击侵权行为。**三要**在发挥制度优势、集中力量办大事上下工夫。有些战略新兴产业一开始仅仅依靠市场很难地发展起来,要发挥社会主义优越性，整合有效资源，积极推动制造业重大工程建设。**四要**在推广应用上下工夫。加快落实支持重大装备规模化应用的政府采购政策，落实好、完善好首台（套）重大技术装备应用等鼓励政策。**五要**在财税、金融支持政策上下工夫。完善税收制度，创新财政资金支持方式，积极发挥政策性金融、开发性金融和商业金融的优势，加大对高端装备重点领域的支持力度。

第三，各地区要因地制宜抓好制造强国战略推进实施。地方政府是战略规划实施的重要力量。《中国制造 2025》印发后，不少地方都将其作为新的经济增长点，抓紧研究制订/落实意见或行动计划。这里有几点要注意。**一要吃透精神**。各地要及时传达党中央、国务院有关精神和要求，认真组织学习《中国制造 2025》，把握好规划的指导思想、基本原则和核心内容。**二要加强组织**。健全本地区工作推进机制，强化部门协同和上下联动，确保重点工作落实到位。**三要科学规划**。各地要从各自省情、区情、市情出发，结合自身制造业发展实际、所处阶段和比较优势，科学地制定发展规划。**四要突出重点**。各地都要分析自身优势所在，确定本地区发展重点，不能简单机械地照搬或者搞层层分解，切忌面面俱到、什么都搞。要选择有优势的领域或者产业链的优势环节，集中力量实现重点突破。**五要大胆探索**。《中国制造 2025》的实施需要在体制机制等方面开展创新，具备条件的地方应积极探索、先行先试。例如，制造业发展条件好、创新资源丰富的地区，可以率先探索建立区域性创新中心，带动本地区制造业创新发展等。

第四，科研院所和高等院校要为制造强国建设提供坚实的科技和人才支撑。科研院所和高校是科技创新和人才培养的重要基地，在制造强国建设中承担着不可替代的职责。制造业最终的比拼就是人才的比拼，是各个层次人才的比拼，包括一流科学家、高素质科研人员、各行业领域领军人物，也包括高级技工，还包括一般工人。总之，人才是关键。科研院所和高等院校要切实抓好以下几方面工作。**一要在主动参与企业为主体的产学研用协同创新上下工夫**。科研院所和高等院校要走出校门、走出院门，和企业结成共同体，形成一个新的协同创新体系。高铁的成功，协同创新功不可没，其中科研院所和高等院校都发挥了重大作用。**二要在基础研究上下工夫**。基础研究是科技创新的根基，这是企业和政府取代不了的。原始创新能力不强、重大原创性成果不多，是建设制造强国最为突出的一块短板。要瞄准国家重大战略需求和未来产业发展制高点，大力加强基础研究和高技术研究，不断提高原始创新能力，为制造业技术创新提供坚实的科学基础。**三要在突破共性技术上下工夫**。过去，我国在共性技术领域拥有一套完整、系统的研发体系和人才队伍，但原行业的科研院所转企改制后共性技术供给严重缺失。要尽快整合有关力量，加强与“四基”企业、整机企业对接合作，积极参与设立制造业创新中心，加快突破关键基础材料、核心基础零部件等的工程化、产业化瓶颈，夯实制造业发展的基础。**四要在推动成果转化上下工夫**。成果转化是联结科技与经济的纽带，是技术从实验室走向市场、实现价值创造的关键一跃。要以完善激励机制为重点，加快推进科技成果使用、处置和收益管理改革，大力推动科技成果产业化。**五要在人才培养上下工夫**。一方面，要以高层次、急需紧缺专业技术人才和创新型人才为重点，实施专业技术人才知识更新工程和先进制造卓越工程师培养计划，打造一支高素质的专业技术人才队伍。另一方面，要强化职业教育和技能培训，形成一支门类齐全、技艺精湛的技术技能人才队伍。

第五，金融机构要为制造强国建设提供全方位的金融服务。金融和实体经济是命运共同体，一荣俱荣、一损俱损。金融是现代经济的核心，实体经济是金融的根基；离开了实体经济发展，金融也就成了无源之水、无本之木。因此，金融机构要牢牢树立为实体经济服务的理念，创新金融产品，创新服务模式，拓宽制造业融资渠道，千方百计降低企业融资成本，支持制造业发展。要积极发挥政策性金融、开发性金融和商业金融的优势，加大对新一代信息技术、高端装备、新材料等重点领域的支持力度。健全多层次资本市场，支持符合条件的制造业企业上市融资、发行各类债务融资工具。积极引导风险投资、私募股权投资等支持制造业企业创新发展。探索开发适合制造业发展的保险产品和服务，鼓励发展贷款保证保险和信用保险业务。在风险可控和商业可持续的前提下，通过内保外贷、外汇及人民币贷款、债权融资、股权融资等方式，支持企业走出去。

第六，专家学者要为制造强国建设提供广泛的智力支持。制造强国战略实施，涉及经济、法律、政策、产业、技术、管理、文化等多个领域，需要广泛的智力支持。广大专家学者是党和国家的宝贵财富，是实施《中国制造2025》的重要依靠力量。在《中国制造2025》的形成过程中，专家学者做出了重大贡献。希望在实施推进过程中，广大专家学者能够继续发挥作用、提供智力支撑。为保证规划实施的科学化、民主化，国务院决定成立制造强国建设战略咨询委员会，作为领导小组咨询机构。该咨询委员会由产业经济、专业领域、行业协会、企业代表等方面的院士和专家组成，代表着各领域的最高水平。各位专家要加强制造业前瞻性、战略性、长远性问题调查研究，积极建言献策，提出有价值和独立见解的咨询意见和建议。今后，对拟提交领导小组审议的重大问题，要积极吸收有关专家参与研究，主动征求咨询委员会意见建议，充分开展论证评估。与此同时，也要支持包括社会智库、企业智库在内的多层次、多领域、多形态的中国特色新型智库建设，为制造强国建设提供咨询建议。

加快建设制造强国，任务艰巨，意义重大。我们要紧密团结在以习近平同志为总书记的党中央周围，求真务实，奋发有为，共同推动我国实现从制造大国向制造强国的历史性转变，为全面建成小康社会、实现中华民族伟大复兴的中国梦做出新的更大贡献！

2015 年 7 月 14 日

目录
Contents

1

推进绿色制造 建设幸福家园

徐德龙[1]

1 中国工程院副院长

子曰:“工欲善其事，必先利其器[1]。”古往今来，制造业一直是人类文明进步的基础和里程碑，是社会生产力发展水平的重要体现，是国家竞争力的主体，更是目前我国经济实现创新驱动转型升级的主战场。

为推动我国经济保持中高速增长并迈向中高端水平，党中央、国务院高度重视制造业的发展。国务院组织制定并于 2015 年 5 月 8 日颁布的《中国制造 2025》[2]，是我国实施制造强国战略的第一个十年行动纲领。

《中国制造 2025》颁布以后，中国工程院立即启动了“制造强国战略二期研究”项目。二期研究聚焦基础制造(基础材料、基础工艺及基础零部件)、智能制造、绿色制造和服务型制造，目标更加清晰，重点更为突出，与全国形成的制造业热潮契合更加紧密。

基于社会各界对《中国制造 2025》的高度关注，中国工程院会同工业和信息化部，组织院士和专家编写《中国制造 2025》系列丛书，旨在与工业界的同仁们一道远瞻未来，关注热点，全面贯彻落实党的十八届五中全会提出的创新、协调、绿色、开放和共享的五大发展理念，实现中华民族伟大复兴的中国梦。

本章重点阐述了与生态文明建设相关的人类、自然、绿色发展、低碳发展、循环发展以及绿色制造的基本内涵、基本定义、实现途径及他们之间的相互关系和各自的特殊含义。绿色发展是关于人与自然和谐共生的一种发展理念;低碳发展是应对因碳排放而引起的气候变暖的严峻挑战的策略，是绿色发展在当下的重点和中心任务;循环发展是以提高资源利用率为核心，通过“物尽其用”实现绿色发展的一种范式;绿色制造是制造强国建设的主要内容，是转变生产方式实现绿色发展的着力点，是低碳发展和循环发展的具体体现。

一、人类、自然与绿色发展

人类是自然的产物，也是自然界的重要组成部分。人类从诞生起，就一直在两大矛盾中博弈、发展和成长：一是人类自身的矛盾，即人与人之间的矛盾、个人与群体之间的矛盾、群体与群体之间的矛盾以及不同文明体之间的矛盾；二是人与自然之间的矛盾，即人与生存环境之间的矛盾、人类对生存环境的改造以及人类与大自然的适应和抗争。

绿色发展的本质是解决人与自然和谐共生的一种发展理念。在色彩学中，绿色是由蓝色和黄色混合而来的，蓝色代表着洁净的空气和水，而黄色象征着金色的阳光或者大地，由蓝色和黄色混合而来的绿色充满着安详、生机、健康与和谐。绿色发展则指人和自然之间的和谐共存和人类社会的可持续发展。在中华文化的宝藏中一直充满着绿色发展的思想，易经和道德经反复强调“天人合一”或“天人地合一”的思想。孟子[3]曾在论述“王道之始”时对梁惠王说：“不违农时，谷不可胜食也；数罟不入洿池，鱼鳖不可胜食也；斧斤以时入山林，材木不可胜用也。”老子[4]在道德经中讲，“人生有三宝，一曰慈，二曰俭，三曰不为天下先”，强调的是慈悲为怀，节俭为本，先天下之忧而忧，后天下之乐而乐。上述论述均充满了朴素的绿色发展思想和行事原则。因而，在某种意义上讲绿色发展是基于东方智慧的新的文明发展之路，是解决当今世界气候变暖、雾霾肆虐、食品不安全及人类健康受到极大威胁等一系列不可持续问题的必由之路。

针对传统工业化和城市化所暴露出来的不可持续的问题，五十多年来人类对自身生产和生活方式进行不断地反省与思考。1962 年，美国人蕾切尔·卡森[5]发表了《寂静的春天》，描述了传统工业文明对环境所造成的巨大破坏；1972 年，罗马俱乐部发表了《增长的极限》[6]，对西方工业化国家高消耗、高污染的增长模式的可持续性提出了严重的质疑；1987 年，世界环境和发展委员会发表了《我们共同的未来》[7]，强调通过新资源的开发和有效利用，提高资源的利用效率，降低污染排放；1989 年，英国环境经济学家大卫·皮尔斯等人在《绿色经济的蓝图》[8]中首次提出了“绿色经济”的概念，强调通过对资源环境产品和服务进行适当的估价，使经济发展和环境保护基本保持和谐，从而实现可持续发展。近年来，在促使经济复苏和应对气候变化的双重压力下，美国、欧盟、日本、韩国等国家和地区纷纷提出了绿色发展战略，使绿色经济得到了迅速的发展，展现了国际经济发展的新趋势。

我国正处于工业化和城镇化的高速增长期，全国上下正在为全面建成小康社会而努力奋斗。根据国际发展经验，这一过程也是对资源和能源消耗较大的时期，但我国人均资源占有量低，人均水资源和耕地拥有量分别为世界平均值的 28%和 43%，石油、天然气人均储量不到世界平均水平的 10%，正如习近平总书记指出的，我国资源约束趋紧、环境污染、生态系统退化的问题十分严重，人民群众对清新空气、干净饮水、安全食品及优美环境的要求越来越强烈，生态环境恶化及其对人民健康的影响已成为我们的心头之患，形成突出的民生问题，搞不好还可能演变成社会政治问题。为此，我们必须坚持节约资源和保护环境的基本国策，坚定走生产发展、生活富裕和生态良好的文明发展道路，加快建设资源节约型、环境友好型社会，推进美丽中国建设，为全球生态安全做出贡献。为了建设幸福家园，破解发展难题，厚植发展优势，党的十八届五中全会于 2015 年 10 月底提出了“必须牢固树立并切实贯彻创新、协调、绿色、开放和共享的五大发展理念”，系统地提出了绿色发展的目标、原则、重点任务、实现路径和保障措施，丰富和发展了中国特色社会主义理论宝库，成为我们全面建成小康社会的行动指南。

二、绿色/低碳/循环发展和绿色制造

习近平总书记在党的十八届五中全会上指出：“绿色/低碳/循环发展，是当今时代科技革命和产业变革的方向，是最有前途的发展领域，我国在这方面的潜力相当大，可以形成很多新的增长点。”作为工程科技工作者，只有

全面理解其深刻内涵，方可更好地指导工程科技创新和转型升级的实践。

绿色/低碳/循环发展，是生态文明建设的主要原则和方向，三者之间既相互关联，也各有侧重和区别。

绿色发展

绿色发展以人和自然和谐共生为价值取向，通过转变生产方式和消费方式，形成人与自然相平衡的内生动力机制，保持蓝天、新风、绿水、青山和净土，实现人类的可持续发展。

如图 1-1 所示，绿色发展主要侧重于三个方面，一是绿色的生产方式，二是绿色的生活方式，三是环境容量和质量的提升，其终极目标是解决人和自然不和谐的矛盾。

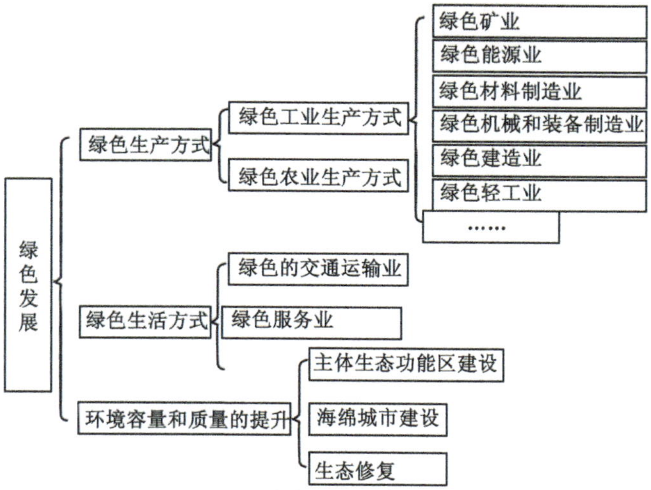

图 1-1　绿色发展的内涵示意

从 P.Nejat 等学者提供的全球 CO_2 排放源结构（见图 1-2）可知，威胁人类生存最大的温室气体 CO_2 主要排放源为运输业占 33%、工业占 29%、生活占 27%、商业和其他仅占不到 11%，其他有害气体与 CO_2 的源结构存在很好的正相关性。如果将交通运输也纳入生活方式的话，那么运输业和工业两项排放的 CO_2 总和占比达 60%，也就是说解决绿色发展的第一要务是减少各种运输工具的尾气排放和汽车与道路摩擦造尘，第二是传统的工业过程要绿色化，第三是转变奢靡的生活方式。人和自然的主要矛盾是人的数量太大、奢望太高，人和植物、动物及其他自然资源的比例严重失调。因而，以主体生态功能区建设、大面积绿化和生态修复为抓手，提高环境容量和质量是从源头上实现人和自然和谐的一个重要方面。

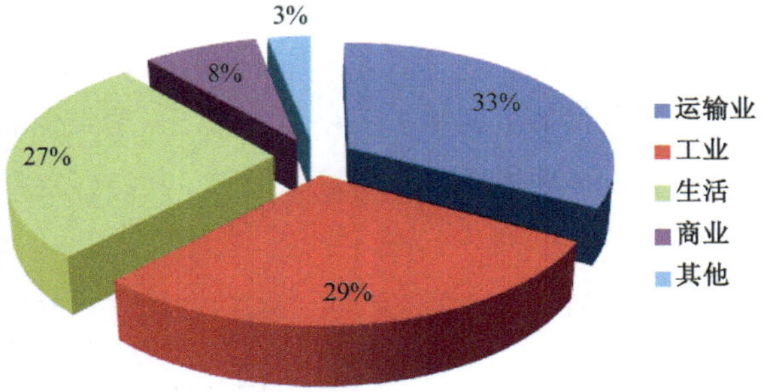

图 1-2　全球 CO_2 排放源结构[9]

低碳发展

全球变暖已成为当今世界不争的事实，温室气体特别是 CO_2 的大量排放是气候变暖的主要因素，控制和减少 CO_2 排放是人类社会面临的紧迫任务，通过节能减排和扩大清洁可再生能源的利用来实现低碳发展，已成为以人和自然和谐共生为目标的绿色发展在当下的重点和中心任务。

2014 年全球 CO_2 总排放量约为 359 亿吨，2004—2013 年，全球 CO_2 的

总排放量以每年 2.4%的速度增长；2014 年的增长率约为 0.6%，根据科学杂志《自然气候变化》（*Nature Climate Change*）报告[10]，2015 年的排放量首次出现拐点，预计约为 357 亿吨，下降率约为 0.56%。

中国作为世界能源消费大国，CO_2 排放约占全球总排放量的 22%，已超越美国居世界首位（见图 1-3）。

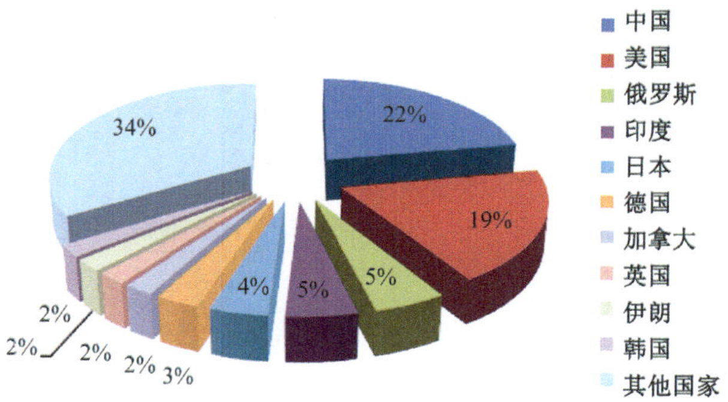

图 1-3　各国 CO_2 排放占全球排放的比例[11]

中国人均 CO_2 排放量在全球 85 个国家和地区中排第 44 位，为 4.6 吨/年·人，接近世界人均平均值，但不及澳大利亚和美国的 1/4。中国是负责任的大国，李克强总理于 2015 年 6 月 30 日在巴黎曾郑重宣布，到 2030 年前中国 CO_2 排放达到峰值，单位国内生产总值的 CO_2 排放量比 2005 年下降 60%～65%，清洁能量占比提高 20%左右。中国政府和人民高度重视低碳发展，制定了有史以来最严厉的环境排放标准，积极推进产业结构调整和经济转型发展，为 2015 年全球 CO_2 排放量负增长做出了积极贡献。但就生产方式转变而言，我国的万元 GDP 碳排放量比德国、日本等发达国家仍高出不少，在这方面我们仍任重而道远。全球人均 CO_2 排放对环境影响前十位的国家与地区如图 1-4 所示。

图例

极度危险
高度危险
中度危险
低度危险
缺乏数据

报名	国家（地区）	等级	排名	国家（地区）	等级
1	澳大利亚	极度	6	比利时	极度
2	美国	极度	7	哈萨克斯坦	极度
3	加拿大	极度	8	中国台湾	极度
4	荷兰	极度	9	俄罗斯	极度
5	沙特阿拉伯	极度	10	捷克	极度

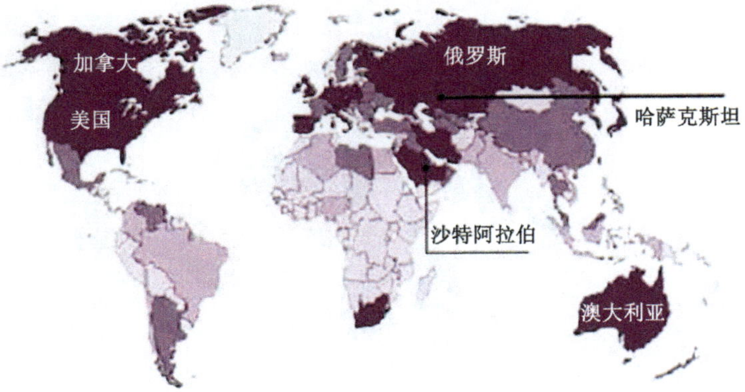

图 1-4　全球人均 CO_2 排放对环境影响前十位的国家与地区

（资料来源：英国 Maplecroft 咨询公司）

循环发展

循环发展是以提高资源利用率为核心，努力使经济社会系统与自然生态系统相和谐，从而实现人类社会可持续发展的一种范式。循环发展的理论依据是物质不灭定律，组成物质的任何分子和矿物都，可以被有效利用，废弃物只不过是放错了地方的资源。循环发展强调物质的吃干榨净和循环再生利用，以“资源化、减量化、再利用”为原则，以物质的闭路循环和能量的梯级使用为特征，是一种模仿自然生态系统物质循环和能量流动的经济发展方式。

循环发展强调 3R 原则，即减量化（Reduce）、再使用（Reuse）和再循环（Recycle）原则。减量化要求用尽可能少的物质来实现既定的生产和消费目的，即中国传统意义所讲的“省”。再使用原则反对因追求利润设计一次性产品的思维，强调产品的经久耐用性，经过适当维修和再制造后可反复使用。再循环原则强调对失去功能或不具备再制造的产品进行分离处理后，作为原料资源重新加工使用的过程，其目的是减少对自然资源的开发利用和对自然环境的破坏，城市矿山即属于此类。随着中华民族的不断崛起，我国人均金属（尤其是稀有金属）、非金属材料存量将不断增加，这些材料的基本性质一般不随时间而巨变，他们具有被再循环利用的巨大潜质，因而城市矿山对我国绿色发展的意义将越来越重大。

循环发展是中国传统发展思想的重要组成部分，中国的传统哲学思想讲究“圆道”。圆指循环链接，道指阴阳变化，所谓“一阴一阳为之道”。用它可阐释事物和现象之间的关联、矛盾、相互作用和发展变化规律。圆道强调事物之间的链接、循环和融通。组成物质世界的“金木水火土”相克相生，链接融通，五行关系如图 1-5 所示。

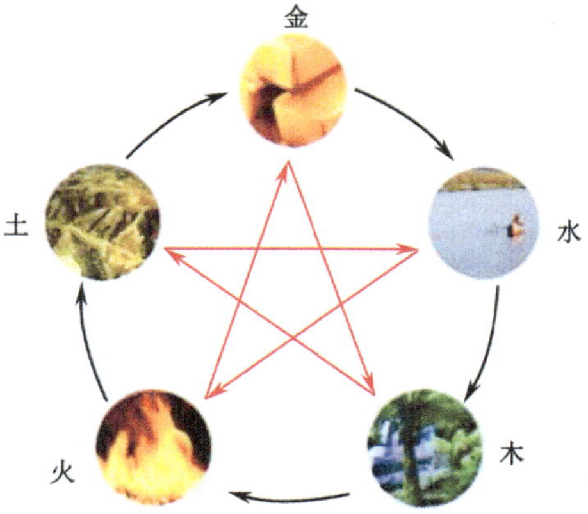

图 1-5 “金木水火土”五行关系[12]

循环发展除遵循 3R 原则外，“集约发展”也应是其必有之意，“物以稀为贵”，人们为了追求享受或实现某些特殊的目标，往往需要从自然界中提取某些含量较少或者稀有的矿物质材料，即所谓的“选矿”。提取“精华”的过程也是“去其糟粕”的过程，“选矿”产生的尾矿本质上也是一种资源，且对某些行业来说是“更纯净的资源”。譬如说，地壳中有 92 种化学元素，其中氧元素占 49%左右、硅元素占 26%左右、铝元素占 9%左右、铁元素占不到 5%，加上钙、钠、钾、镁，上述八种元素占地壳总重量的 98%，其余 80 多种元素占比不到 2%。因而，在金属材料制造过程中或者能源加工过程中集约式发展以硅酸盐为主的非金属材料产业就显得非常重要。再譬如说，在金属材料的还原提纯过程中（炼铁、炼钢、铝冶炼等）或能源转化过程中（发电）必然要产生大量的工业废弃物（矿渣、钢渣、赤泥、粉煤灰等），这些工业废弃物是上好的无机非金属材料，因而金属工业、能源工业、建材工业、化学工业的集约式发展应是各行业相互链接循环发展的重要内容。图 1-6 是钢铁工业、建材工业、能源工业以及化工工业的循环链接示意。

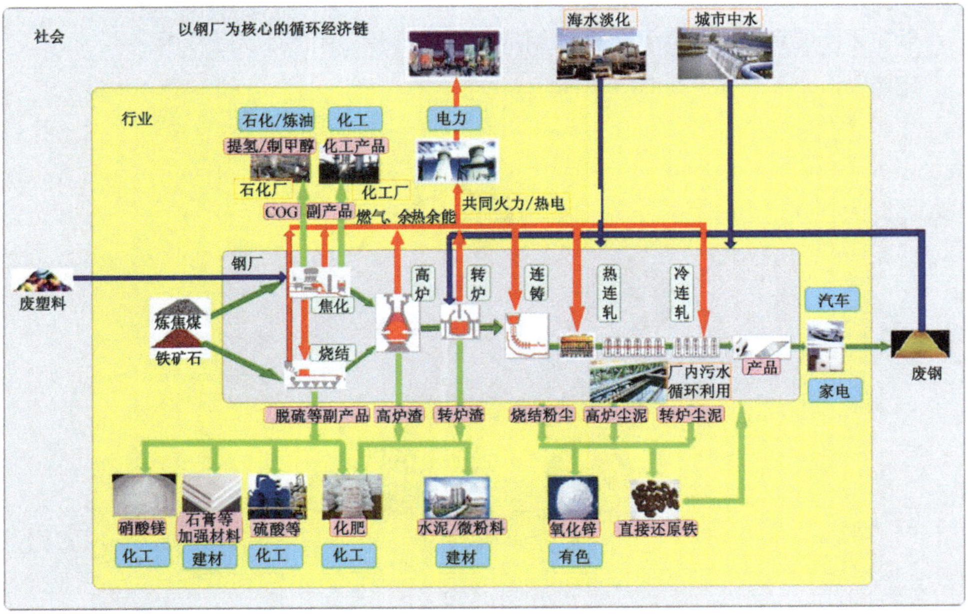

图 1-6　以钢铁生产为主的集约循环发展

综上所述，低碳发展关注的是因温室气体而造成的全球变暖的严峻现实，是要解决人类综合发展所面临的最紧迫的问题；循环发展是人类实现绿色生产和生活的一种范式或必由之路。低碳发展、循环发展是绿色发展的重点和途径，但不是绿色发展的全部。除低碳发展和循环发展外，绿色发展还应包括生态文明建设、生态主体功能区的建设、环境容量和质量提升建设、人类觉醒和自我约束建设等。

绿色制造

实体经济是财富之源，制造业是立国之本。中华民族的伟大复兴有赖于制造强国的建设，而绿色制造则是制造强国建设的重要着力点，是我国绿色发展的重要组成部分。

《中国制造 2025》明确提出，全面推行绿色制造，实施绿色制造工程，并将之列入九大战略任务、五个重大工程之中。要以制造业绿色改造升级为重点，实施生产过程清洁化、能源利用低碳化、水资源利用高效化和基础制造工艺生态化，推广循环生产方式，培育增材制造产业，强化工业资源综合利用和产业绿色协同发展。要大力推动绿色制造关键技术的研发和产业化，重点突破节能关键技术装备，推进合同能源管理和环保服务，发展壮大节能环保产业。要全面推进绿色制造体系建设，以企业为主体，加快建立健全绿色标准，开发绿色产品，创建绿色工厂，建设绿色园区，强化绿色监管和示范引导，推动全面实现制造业高效清洁低碳循环和可持续发展，促进工业文明与生态文明的和谐共生。

三、绿色制造的内涵、目标和实现途径

绿色制造的内涵

作为绿色发展重要组成部分的绿色制造，其本质是具有环境意识的制造（Environmentally Conscious Manufacture），或称考虑环境的制造（Manufacture for Environment）。绿色制造是一种综合考虑人们的需求、环境影响、资源效率和企业效益的现代化制造模式，是具有良心、社会责任感和处事底线的可持续发展制造模式。

绿色制造的目标

由热力学第二定律可知，任何过程都是熵增的，是不可逆的。但可逆过程可以通过科技进步被无限逼近，自然界具有生态自我修复的内生动力和功能，因而绿色制造的目标是：使产品从设计、制造、使用到报废的全生命周期中对自然环境的影响降到最低，对自然生态无害或危害极小，使资源利用率最高，能源消耗降到最低。

因而绿色制造模式是一个闭环系统，也是一种低熵的产品生产制造和使用模式。我们必须在整体论和系统工程的视野下，综合考虑和解决产品的"原料制备—加工制造—使用维修—产品的报废—二次资源回收利用"这个环节中一系列关于环境的问题，通过提高产品的质量和性能、延长产品的寿命、降低产品制造的物质和能量消耗，减少对环境的影响。

绿色制造的实现途径

毛主席曾形象地比喻道：我们的任务是过河，不解决桥和船的问题，过河就是一句空话。因而明确实现途径对推进绿色制造至关重要。绿色制造的实现途径有许多，但关键的有三条。

（1）必须加大绿色新产品的开发力度。一种绿色新产品的成功开发可能会带来影响人们生活习惯、消费模式和环境的革命性进步。例如 LED（Lighting Emitting Diode）发光二极管照明灯的成功发明不仅避免了汞、铅等重金属对环境的污染，解决了蚊虫聚集热光源影响卫生环境的问题，而且使发光效率提高到 80%～90%，比白炽灯发光效率提高了一倍以上，寿命提高了 50 倍，响应速度更快，更加安全环保，无疑是照明事业的一场革命。又如以冶金工业冶炼渣或发电工业的粉煤灰为主要成分制造的高性能耐久性混凝土，不仅有效解决了大坝、高铁、高速公路和大型桥梁等大体积混凝土的耐久性、稳定性的难题，而且使我国每年减少了 10 亿吨水泥熟料的用量，一年减排 9 亿吨 CO_2，节约标准煤 1 亿吨，节电 600 亿千瓦时左右，少开采石灰石和黏土矿 16 亿吨，同时有效解决了工业固体废弃物大量占用农田、污染环境的难题，是一举多得的利国利民的大进步。此类例证数不胜数，因而绿色新产品的开发应是绿色制造的首要之义。

（2）必须加大绿色新工艺、新技术的开发力度。绿色制造要靠绿色新工艺和新技术来实现，绿色新工艺的特点是单位产品的能源消耗和原材料消耗大幅度降低、产品的质量大幅度提高、生产的规模化、自动化水平有较大的提升、环境友好性大幅度增强。绿色新工艺的特点往往是原燃材料的均匀性、稳定性有效提升，生产过程中的传热、传质、传动量、反应被高度强化，现代化的控制水平大幅度提高，制造流程往往被科学地大幅度缩短，生产规模有效地扩大，生产成本大幅降低。在这方面的典型案例是水泥工业的新型干法生产工艺和钢铁工业的连铸连轧新工艺。以悬浮态换热和反应为核心技术的水泥新型干法生产工艺使单位水泥熟料的生产能耗降低了50%以上，单条水泥生产线的规模增大了几十倍、粉尘和有害气体的排放大幅度降低、吨水泥投资降低了60%以上，堪称水泥生产技术史上的一次革命。以连铸连轧为核心技术的新型制钢工艺，使吨钢能耗从过去的 3 吨标煤降到了 600～700 公斤，流程大大缩短，环境大幅改善，生产规模有效扩大，是钢铁生产史上的一次大革命。当前导致我国钢铁、水泥、有色等行业产能严重过剩的原因很多，但技术的快速进步、单位产品投资有效降低、规模化能力的大幅提升也是其中的原因之一。然而，绿色新工艺和新技术的开发是无止境的，通过不同行业的循环链接，实现协同创新的余地和潜力还非常大。实现不同行业循环集约发展的关键是要开发出新型绿色的链接技术或工艺，绿色创新发展将是绿色制造的永恒主题。

（3）不断完善绿色制造的社会法律金融体系，使绿色消费的思想深入人心。绿色制造既然是一个综合考虑环境影响、资源消费、社会和企业效益的现代制造模式，就需要通过社会法律、金融、政策和行业标准等手段的支持、约束、引导甚至强制推动。

社会法律主要是指与绿色制造相关的资源、环境、环境补偿、工业空间布局、社会知情、循环经济、职业健康与安全等方面的立法。针对目前我国环境末端治理造成反复污染的现状，更要通过立法，迫使和引导企业强化源头治理，支持通过技术进步从源头上减少污染物的产生。强化绿色 GDP 的考核和试行绿色金融会计制度，创新绿色税收政策，通过经济手段引导企业实施绿色制造。建立严格的环境管理标准体系、突发环境应急措施、行业和产品排放标准、企业错峰生产制度、职业健康和安全标准等。

人们的欲望和社会的需求是制造业发展的原动力。增强人们的环境意识，培育有环境素养的人，营造节俭而高尚的生活风气，形成爱护环境抵制奢侈的社会氛围是推进绿色制造的社会基础。只有将环境意识教育列为国民素质教育的重要内容，才有望培育出满足绿色制造的工程人才，建设好绿色制造的学科。唯有如此，才能从根本上和谐人和自然的关系，促进绿色制造，建设美好家园。

四、本书的内容和特点

本书的内容

制造业的含义十分广泛，广义制造业几乎囊括工业的方方面面，如材料制造业（矿业、钢铁、有色、化工、建材等）、机械制造业（装备制造业、运载装备业、电子机械等）、轻工制造业、建造业以及能源制造业等。绿色制造的方法、途径、关键技术在各个行业中五彩缤纷、各有特色。

鉴于工程院多年来积淀的研究成果和社会的迫切呼吁，我们只能多方权衡取其要，重点介绍材料制造业和机械制造业。在材料制造业中突出了钢铁、化工、有色和矿山、建材等重点行业，在机械制造业中突出了装备制造业（母机）、过程装备业、再制造业和铆、锻、焊等基本制造工艺。为了及时反映我国绿色制造进展的现状，又增加几个典型城市的转型案例。虽想突出重点，但也难免挂一漏万。

本书的特点

绿色发展和绿色制造是一种新的发展理念，是人类文明进步的新呼唤。对于新理念，我们的认识不可能马上完全统一和完善，仁者见仁、智者见智不但在所难免，而且完全必要。也只有百花齐放，才能做到春色满园。

因而，本书各章均独立成篇，由各领域造诣深厚的院士领衔编写，百家争鸣，文责自负。对文中一些专业术语，我们也完全尊重行业和作者的习惯，不强求整齐划一，基本参照了乌尔里稀·森德勒编的 *Industries* 4.0 的做法。对于一些数据的选取时间点，也没有过分地强调统一，只求能阐明观点为要。

中国工程院周济院长对本书的编写高度重视，多次组织讨论和鞭策督促，体现了历史的担当精神和责任感。殷瑞钰院士、金涌院士、邱定蕃院士、高金吉院士、徐滨士院士等前辈老骥伏枥、壮心不已，亲自主持了各章的编写，展现了老一辈工程科技工作者对党和人民事业的忠诚和奉献精神。众多后起之秀牺牲休息时间，耗费大量的时间和精力，凝炼思想成果，共同完成了主要编写任务，使我们看到了希望和未来。以上所述犹如寒冬的腊梅一样，"俏也不争春，只把春来报"，令人满心地期待着姹紫嫣红的绿色发展的春天到来。

2

钢铁工业绿色发展

殷瑞钰[1]　张寿荣[2]　干　勇[3]　张春霞

1 钢铁研究总院 院士

2 武汉钢铁集团公司 院士

3 钢铁研究总院 院士

绿色化发展与产业结构调整和生态文明建设紧密相关，都体现着社会主义核心价值观。党中央、国务院《关于加快推进生态文明建设的意见》提出，“协同推进新型工业化、城镇化、信息化、农业现代化和绿色化”。首次提出“绿色化”，与原来倡导的“新四化”并举，具有重大意义。生态文明和“绿色化”理念与社会主义核心价值观一脉相承。

绿色发展是《中国制造 2025》的重要组成部分，同时也是提高中国经济硬实力的一种强大杠杆。作为我国实施制造强国战略第一个十年的行动纲领，《中国制造 2025》提出了九大战略任务和重点，其中第五项就是全面推行绿色制造：加大先进节能环保技术、工艺和装备的研发力度，加快制造业绿色改造升级；积极推行低碳化、循环化和集约化，提高制造业资源利用效率；强化产品全生命周期绿色管理，努力构建高效、清洁、低碳和循环的绿色制造体系。

对于我国工业（制造业）来说，《中国制造 2025》提出的绿色制造具有重要意义。工业（制造业）是实体经济的主体，是国民经济的支柱，也是国家安全和人民幸福生活的物质基础。近十年来，我国工业行业取得的成绩举世瞩目，但是工业粗放式快速发展给生态环境造成的影响也触目惊心。空气质量下降、重金属污染加剧、水源和土壤被破坏，生态环境恶化严重影响大众的健康。我国工业发展已到了刻不容缓向“绿色发展”的重要转型期，推进工业绿色发展，对于建设资源节约型、环境友好型社会和促进生态文明建设，具有重大意义。

本章针对我国钢铁工业绿色发展的问题进行研究，在分析绿色发展、循环发展和低碳发展的概念及其相互关系的基础上，提出了钢铁工业绿色发展的科学内涵。基于对当前我国钢铁工业绿色发展的现状和面临的挑战进行分析，研究预测了不同情景下我国钢铁工业未来的能源消费总量和污染物排放总量的峰值，提出了 2020 年钢铁工业绿色发展的目标、钢铁工业发挥三大功能并与其他行业及社会构建生态链接的设想，筛选和凝炼出“十三五”钢铁工业绿色发展的三大引领性重大工程、35 项三类关键技术和 5 个示范带动项目，最后提出了中国钢铁工业绿色发展的措施及政策建议。

一、钢铁工业绿色发展思路

工业绿色化的主要概念

（1）绿色发展源于环境保护领域，是培育新的经济增长点、保护生态环境活动的总和，是资源承载能力和环境容量约束下的可持续发展[1,2]。广义的绿色发展包括存量经济的绿色化改造和发展绿色经济两方面，覆盖了国民经济的空间布局、生产方式、产业结构和消费模式，也是“转变发展方式、调整产业结构”的重要方面。为发展绿色经济、推动经济绿色转型而制定相应的战略目标和框架，要从工业、农业和服务业三大产业全面推动，调整产业结构，加速经济向劳动力密集型和技术密集型转变。狭义的工业绿色发展包括绿色生产制造过程、产品绿色化、节能减排、清洁生产与企业绿色化等。

（2）循环经济以 3R 为基本原则，即减量化（Reduce）、再利用（Reuse）、再循环（Recycle）。但“3R”只是原则，不是全部要素，实施循环经济应该在一定条件下将物质、能量、时间、空间与资金这“五要素”有效地整合在一起（见图 2-1）。循环经济必须注意物质循环链、能量利用链的构建，还应在合理的时间、空间配置的前提下，以生态系统和生态链的方式构成相关的产业集群。因此，循环经济是有循环能耗、循环过程（时间、空间）、循环成本、资金流动和增值内涵的，是有利于形成“资源—产品—废弃物—资源再生”的再生循环发展模式，是实现经济效益、社会效益和环境效益协同发展的经济模式[3]。

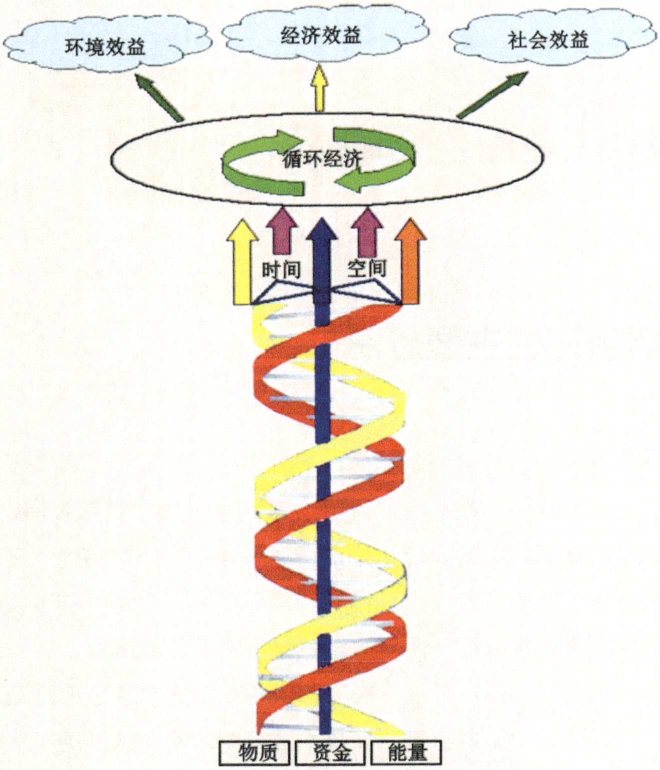

图 2-1 从“3R”出发到“五要素”优化集成

（3）低碳发展源自气候变化领域，本质是能源与发展战略调整。低碳发展的核心是通过能源技术创新、碳汇技术的发展和制度创新，降低单位 GDP 的碳强度，有效控制全球温室气体的总排放量，避免因温室气体浓度升高影响人类的生存和发展（例如气候变化异常、出现灾害天气等）。低碳发展的另一着眼点是未来几十年的国际竞争力和低碳技术市场，具体体现在能源效率提高、能源结构优化以及消费行为的理性化[4]；当然也将涉及产业结构调整。

绿色发展、循环发展和低碳发展是相辅相成、相互促进的，可构成一个有机整体。绿色化是发展的新要求和转型主线，循环是提高资源效率的途径，低碳是能源战略调整的目标。从内涵看，绿色发展更为宽泛，涵盖循环发展和低碳发展的核心内容，循环发展、低碳发展则是绿色发展的重要路径和形式。因此，可以用绿色发展来统一表述。

钢铁制造流程的三个功能

本书所指的钢铁工业与国际上一致，主要是钢铁生产，即主要包括焦化、球团、烧结、直接还原铁、高炉炼铁、转炉炼钢、电炉炼钢、炉外处理（含铁水预处理与钢水精炼）、连铸、热轧、冷轧、深加工以及配套系统等，不包括铁合金、耐火材料和炭素等。

钢铁工业是典型的流程制造业[5]。流程制造业往往是指原料经过一系列以改变其物理、化学性质为目的的加工—变性处理，获得具有特定物理、化学性质或特定用途产品的工业。有时为突出物料流在工艺过程中不断进行加工—变性、变形的特点，流程制造业也可称为流程工业。流程工业的工艺流程中各工序（装置）加工、操作的形式是多样化的，包括了化学的变化、物理的转换等，其作业方式则包括了连续化、准连续化和间歇化等形式[5]。

对钢铁制造流程动态运行的物理本质研究可以清晰地推论出：在未来可持续发展过程中，钢厂的制造流程（特别是高炉—转炉长流程）将主要发挥三大功能（见图 2）[6]，即钢铁产品制造功能、能源转换功能、废弃物（企业的、社会的）消纳—处理—再资源化功能。钢厂生产流程功能的演变趋向见图 2-2。

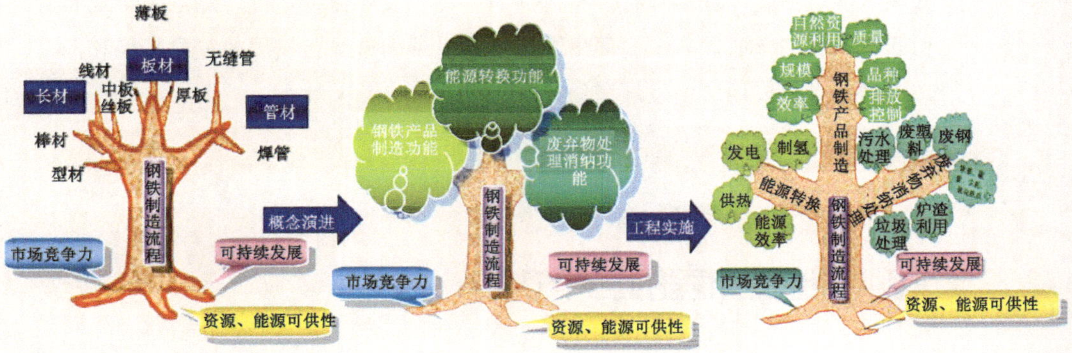

图 2-2　钢厂生产流程功能的演变趋向

1. 钢铁产品制造功能

钢厂的钢铁产品制造功能主要是在尽可能减少消耗资源和能源的基础上，高效率地生产出成本低、质量好、排放少且能够满足不断变化的用户要求的钢材，供给社会生产和居民生活消费。

这类钢铁产品的制造过程是体现产品生命周期评价（LCA）概念的绿色钢材生命周期体系。绿色钢材生命周期体系涉及资源与能源的开采、输送过程、制造过程、加工组装过程、用户使用过程、废弃过程及回收利用过程这一因果链。其中，对钢材绿色度的评价可以具体分为以下四项指标：

（1）单位产品在生产过程中消耗的资源、能源数量和各类排放物（包括温室气体）的数量。

（2）产品的使用效率和使用寿命。

（3）钢材及其制品对外部环境的污染影响。

（4）钢材及其制品的可再生性等。

2. 能源转换功能

钢铁生产过程同时也伴随着能源转换过程。以高炉—转炉—热轧流程为代表的钢铁联合企业，实际是铁—煤化工过程，也可以看成是将煤炭通过钢铁冶金制造流程转换为可燃气、热能、电能、蒸汽甚至氢气或二甲醚等能源介质的过程。

在钢铁联合企业中，通过各类冶金装置的转化过程，伴生了大量的可燃气体和高温产成品（例如红热的焦炭等）。特别是伴生了大量的低硫高炉煤气、高浓度 CO 的转炉煤气或熔融还原尾气、富氢焦炉煤气等，这些都是钢厂能源转换功能的体现。同时，钢厂生产过程中，还产生相当数量的高温烟气、蒸汽和热水，上述能源转化过程集成起来，推动了钢厂自发电系统的开发和利用。

实际上，电炉短流程钢厂也是铁—煤加工过程，只不过煤炭是通过发电站转化为电能，而铁素源则主要来自社会返回的加工废钢和折旧废钢。有的电炉钢厂将回收电炉冶炼过程排放的高温烟气，用于预热废钢或生产蒸汽，这是另一种类型的能源转换形式。近年来，不少中国的电炉钢厂还加了不同比例的热铁水，更凸显了其铁—煤化工过程的特色。

实践已经表明，钢厂的低能阶余热、余能可以通过转化为热水等形式，供给邻近社区居民生活使用。

3. 废弃物（企业的、社会的）消纳—处理—再资源化功能

钢厂制造流程中的诸多工序、装备可以处理、消纳来自社会的大宗废弃物，改善社会环境负荷，促进资源、能源的循环利用。

应该强调钢厂处理的是大宗的社会废弃物，例如：

（1）处理各种不同来源的废钢铁，促进铁素资源的循环利用。

（2）处理大宗废弃塑料，可以通过高炉风口喷吹处理，也可以装入焦炉处理。

（3）处理废弃的种类汽车轮胎（利用制氧站产生的液氮进行深冷处理）。

（4）处理社会垃圾（利用钢厂排放的可燃气体在专用焚烧炉中处理）。

（5）处理社区废水和污水（利用钢厂庞大的水处理装置）等。

钢厂制造流程经过不断的技术开发和集成优化，促进了钢铁制造流程整体功能的拓展；在未来，钢厂的社会经济职能应该有所演进，逐步实现不同

类型的绿色化转型。

钢铁工业绿色发展的内涵

包括钢铁工业在内，工业绿色化发展首先应从狭义的绿色发展做起，具体而言，与节能减排、末端治理、清洁生产、循环经济、低碳经济、工业生态链接和绿色制造有着不同程度的联系。工业绿色化发展的过程与内涵如图 2-3 所示。

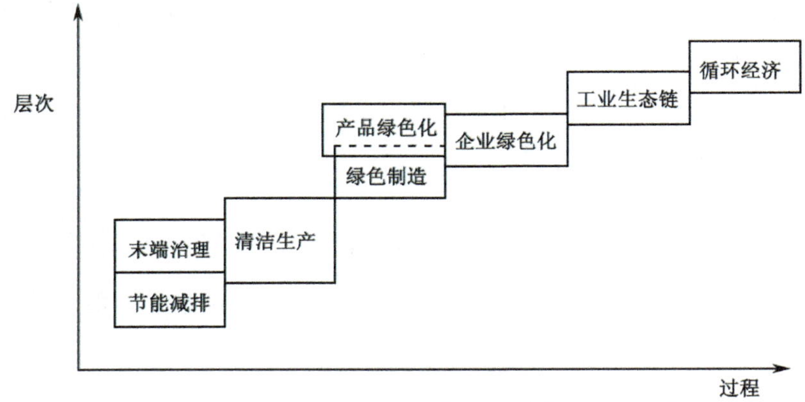

图 2-3　工业绿色化发展的过程与内涵

钢铁工业绿色发展是指按照循环经济的基本原则，首先抓好资源高效利用和节能减排，以清洁生产为基础，**全面实现钢铁产品制造、能源转换及废弃物处理—消纳—再资源化的三大功能**，这是具有低碳特点的重要标志，能与其他行业和社会实现生态链接，从而实现良好的经济、环境和社会效益的协调发展模式。

二、钢铁工业绿色发展现状和挑战

钢铁工业绿色发展现状

自2000年以来，我国粗钢产量快速增加，2015年达8.04亿吨，约占世界粗钢产量的50.3%[7]。2012年，我国钢铁工业总能耗约占全国的13.2%，新水消耗约35亿吨，约占全国工业新水消耗量的3%。

（1）在钢铁产品制造功能方面，钢材质量明显改善，基本满足经济发展和产业结构调整的需要；工艺技术装备水平显著提升，主要技术经济指标取得明显进步（见表2-1）[5,8~9]，具有目前世界上最现代化、最大型的冶金装备，主要工序主体装备的本地化率达90%以上[10]。吨钢新水消耗由2000年的25.24t/t降至2014年的3.41t/t（见图2-4）。

表2-1　2000—2014年中国钢铁工业技术经济指标变化

项目 年度	吨钢综合能耗（tce/t）	高炉喷吹煤粉（kg/t）	高炉入炉焦比（kg/t）	高炉利用系（t/m^3·d）	转炉炉龄（炉）	连铸比（%）	重点钢铁企业综合成材率（%）
2000年	0.920	117	437	2.15	3500	86.97	92.48
2001年	0.876	122	422	2.34	3526	89.44	94.01
2002年	0.815	126	417	2.46	4386	93.03	94.19
2003年	0.770	118	430	2.47	4631	96.19	94.92
2004年	0.761	116	427	2.52	5218	98.35	94.98
2005年	0.741	120	412	2.64	5647	97.51	95.61
2006年*	0.645	134	397	2.71	6824	98.53	95.45
2007年*	0.628	136	396	2.74	8558	98.69	95.32
2008年*	0.627	134	400	2.63	9233	98.85	95.3

续表

项目 年度	吨钢综合能耗（tce/t）	高炉喷吹煤粉 （kg/t）	高炉入炉焦比 （kg/t）	高炉利用系（t/m^3·d）	转炉炉龄（炉）	连铸比（%）	重点钢铁企业综合成材率 （%）
2009 年*	0.615	145	374	2.62	9435	99.38	96.08
2010 年*	0.599	149	369	2.59	10427	99.47	96.1
2011 年*	0.600	148	376	2.63	11882	99.39	96.04
2012 年*	0.601	151	363	2.51	11564	99.55	96.21
2013 年*	0.592	149	363	2.46	7363	99.67	96.3
2014 年*	0.585	146	362	2.46	10215	99.71	96.36

注：2000—2005 年电力折算系数为 0.404 kgce/kWh；2006—2014 年电力折算系数为 0.1229 kgce/kW· h。

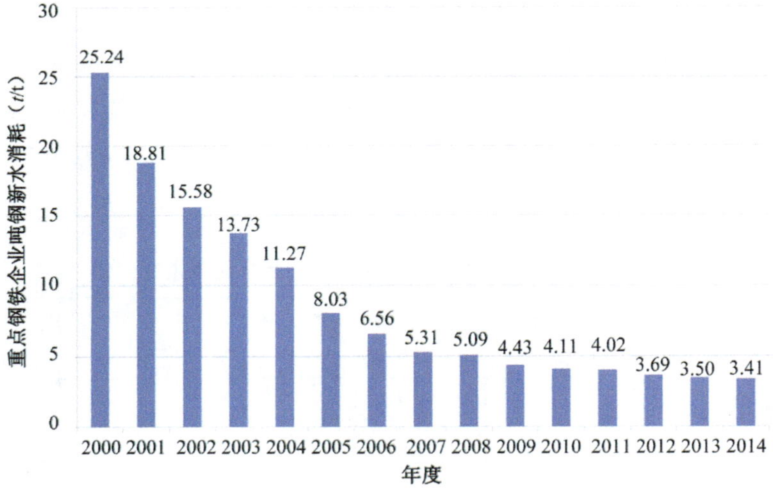

图 2-4　2000—2014 年中国重点钢铁企业吨钢新水消耗量的变化

（2）在能源转换功能方面，2000 年以来，一些节能技术迅速普及，如 TRT、CDQ 等（见图 2-5）[11,12]，煤气高效、高值利用，自发电比例提高，企业能源中心逐步建设，工序/装置之间的衔接界面模式优化及与物质流协同运行的能量流网络优化开始得到重视，使吨钢综合能耗不断下降。2012 年重点钢铁企业的吨钢综合能耗比 2000 年下降约 27%（见表 2-1），缩小了与国际先进水平的差距。

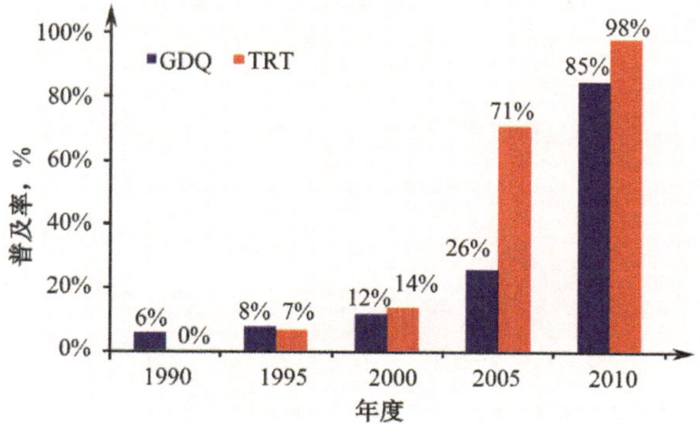

图 2-5 1990—2010 年中国钢铁工业 CDQ 和 TRT 的普及率变化[11]

废弃物处理、消纳及再资源化功能方面，我国重点钢铁企业主要污染物排放强度逐年降低。与 2000 年相比，2013 年吨钢烟粉尘排放量、SO_2 排放量和吨钢化学需氧量排放量分别降低了 88.8%、77.3%和 96.8%；钢铁工业固体废弃物利用率提高；钢铁行业与石化、化工、建材、电力等其他行业建立起生态链接，部分钢铁企业开始利用城市中水（见表 2-2）、并利用钢厂低温余热为社区供暖（见表 2-3）。

表 2-2 2015 年部分钢铁企业城市中水利用和处理能力

钢厂名称	处理能力, t/d
太钢	48 000
唐钢	40 000
济钢	7 000

表 2-3 2015 年部分钢铁企业利用低温余热为社区供暖

钢厂名称	供暖面积，万平方米
太钢	2150
唐钢	100
济钢	300

我国钢铁工业绿色发展面临挑战

（1）产业规模大、粗钢产量增速快。虽然吨钢综合能耗逐年下降，但由于粗钢产量增加太快，使得钢铁工业的能源消耗总量和污染物排放总量居高不下。与 2000 年相比，2012 年我国吨钢能耗下降约 27%，但是粗钢产量却增加了 4.69 倍，因此，钢铁工业的总能耗却比 2000 年增加了 2.33 倍，CO_2 排放总量增加了 2.39 倍。

（2）钢铁工业绿色发展的自主开发和科技创新能力有待加强。目前我国钢铁企业普遍采用的干熄焦（CDQ）、煤调湿（CMC）、高炉炉顶余压发电（TRT）、燃气蒸汽联合循环发电（CCPP）等原始技术均来自国外，下一步提高能效的技术需要我国自主开发；多种污染物协同控制技术急待自主开发，如烧结烟气同步除尘、脱硫、脱硝和脱除重金属和二噁英等协同控制技术。

（3）钢铁企业间节能减排进展不平衡。一些先进的钢铁企业的装备、工艺技术以及能效等已达到或接近世界先进水平；但仍有一些企业仍有落后装备、工艺技术，这些企业的能耗高、污染重，也严重影响了中国钢铁工业整体水平的提高。同时，由于环保执法不公平等外在因素造成企业间的不平等竞争。

（4）钢铁产品净出口量大，资源、能源浪费、环境负荷沉重。2005 年起，我国成为钢材净出口国，目前是世界最大钢材出口国，大量出口给我国带来巨大的资源、能源消耗和大量的污染排放。以 2014 年计，我国净出口钢铁产品折合粗钢约 7907 万吨，相当于多消耗：成品铁矿石约 1.3 亿吨、多消耗能源约 4800 万吨标煤、多消耗新水约 2.8 亿吨、多排放 SO_2 约 9.0 万吨，多排放烟粉尘约 6.8 万吨。此外，钢材出口不可能解决产能过剩的矛盾，反而可能影响国际钢价下跌，而且对国际铁矿价格而言则是一种“托市”因素。

（5）钢厂“环保搬迁”存在误区。钢厂搬迁一般需 3～5 年，投资巨大，会严重影响老厂的盈利水平；环境方面，大、小城市的居民在环境要求上应是平等的，不能以“搬迁”而转移污染。因此，一定要实事求是，因地制宜对待钢厂“搬迁”，该搬的搬，搬而得不偿失的不要一哄而起。

钢铁工业绿色发展趋势

（1）钢铁工业发展从规模盲目扩大转向去产能化、内涵质量提升，发展绿色经济。第二次世界大战后，日本在经济恢复和工业化过程中也出现过钢铁工业结构不合理、规模粗放发展的问题。日本钢铁工业开展了为期 20 年的三次“合理化计划”（1951—1970），对日本钢铁工业的振兴和发展起到了重要的作用。目前我国钢铁工业在产量、装备水平均居世界前列，下一步首先要解决产能、产出过剩问题，并应注重提高钢材质量及其稳定性，利用能耗、环保标准淘汰落后产能，提高企业竞争力和可持续发展能力，国有大型钢铁企业应在先进技术创新等方面发挥领军型企业的带头示范作用。

（2）从依赖国外引进技术转向以我国自主知识产权技术为主。未来国际钢铁工业仍将长期面临激烈竞争，国外先进技术一方面不会轻易向我国输入，另一方面也不能够满足我国钢铁工业发展所遇到的问题。因此，我国钢铁工业应结合发展实际，以创新的理念推动“产、学、研、用”相结合，协同发展具有自主知识产权的技术。

（3）能源由单体的局部优化转向系统优化。钢铁生产流程节能理念要从单体、局部节能的第一层次推进到第二层次，即在钢铁生产流程功能拓展的指导下，关注钢铁生产流程能源转换功能、能量流网络优化，第三层次则是将全社会范围内的能效提高，这两个层次的节能理念则是进入 21 世纪以来才得以逐步发展和提升的，是钢铁工业深入开展节能减排清洁生产、绿色发展的必要内容。

（4）工程科技应关注污染物控制种类增加的需求。随着钢铁工业绿色化发展，钢铁生产过程中产生的污染物逐步被人们所发觉，而现有的污染物控制技术不足以治理增加的污染物。因此，节能环保技术应关注污染物控制种类增加的新需求。

（5）发挥钢厂三大功能，拓展工业生态链接，与城市共存。钢铁工业作为流程制造业，应充分发挥“钢铁产品制造、能源转换和社会废弃物处理—消纳”三大功能，与电力、石化、化工、建材、有色等行业建立工业生态链接，为城市处理废钢、废塑料、城市污水，为周边社区提供能源，体现钢厂的社会服务价值，与周边城市友好共存。

（6）信息化在钢铁工业“三大功能”中将发挥重要作用。在物质流、能量流优化的基础上（包括工序功能集优化、工序关系集合协同优化和流程工序集合—重构—优化），构建高效率、低成本的洁净钢平台，构建以能量流网络优化为基础的，并与物质流运行过程相协同的能源管控中心，因地制宜地构建循环经济工业生态园区。在工艺/装置单体运行实现自动化的基础上，结合智能化技术，实现工序/装置协同运行，利用流程动态精准设计数字化技术、物质流、能量流网络技术，实现流程整体优化，进而采用大数据技术、信息流综合调控技术和装备，实现功能拓展与智能化关联，最终利用智能化系统与技术，实现智能化集成体系、钢厂结构优化以及功能拓展，构建与运行工业生态园区。

三、我国钢铁工业绿色发展峰值预测和 2020 年的战略目标

我国钢铁工业发展的战略定位

我国钢铁工业的战略发展定位是：支撑 2020 年实现全面建成小康社会、国内生产总值和城乡居民人均收入比 2010 年翻一番的宏伟目标，保障我国实现新型工业化、城镇化、信息化、农业现代化和绿色化过程中对钢铁材料的需求和对钢铁企业的环境、生态要求。

考虑资源能源环境的约束和环境承载力的约束，特别是钢铁产能严重过剩的现状，我国钢铁工业的战略定位描述如下：要以创新、协调、绿色、开

放与共享五大发展理念为发展原则，以体现“三个功能”的新一代钢铁制造流程的先进理论和实践应用推动钢铁工业发展，钢铁工业先进工艺技术和装备走向世界；把中国钢铁工业建设成资源能源消耗低、环境污染少、产品技术含量高的现代钢铁工业强国；考虑到资源、能量消耗和环境负荷，我国钢铁产品以内需为主、不应支持过量出口钢材。

钢铁工业绿色化的标志

按钢铁制造流程的三大功能（钢铁产品制造、能源转换、废弃物处理—消纳—再资源化）来确定钢铁工业绿色化的标志。

1. 钢铁产品制造功能

（1）面向原料/能源的策略性选择，流程各工序功能重新解析并集成优化，从而改善生产流程的紧凑、连续和动态有序性，实现总图布局合理，物流运行顺畅，降低物耗、能耗，占地面积少，生产运行高效，确保绿色环保；

（2）产品质量稳定可靠并满足用户需求，产品生命周期合理延长，并逐步树立中国钢铁产品的质量品牌。

2. 能源转换功能

（1）一次能源高效转换和利用。

（2）二次能源高效转换、回收和利用。

（3）清洁可再生能源的利用。

3. 废弃物处理—消纳—再资源化功能

（1）废弃物产生和排放量减少。

（2）废弃物处理、回收和综合利用。

（3）利用高温工艺优势消纳社会废弃物，例如废塑料、废橡胶及城市废水等。

（4）钢铁行业高温冶金技术作为社会废弃物处理的输出技术应用，例如垃圾焚烧炉。

我国钢铁工业绿色发展峰值预测

1. 未来我国钢材需求预测

钢材消费需求主要受经济总量和经济结构、发展阶段、固定资产投资规模等因素影响。由于钢铁工业未来发展不确定因素很多，如国际市场、国际货币、环境可容纳性及产业结构变化趋势等，难以用一种预测方式描述，只能以一种相对确定的条件进行情景分析，寻求相对的确定性。钢材需求预测采用 GDP 方法的预测结果，见表 2-4。

从整体上判断，我国经济已步入工业化后期，第三产业对经济增长的拉动作用将进一步增强，消费将成为 GDP 增长的第一驱动力，在这一过程中，钢材消费强度将持续下降。我国 2015 年钢材需求量约 6.7 亿吨，折合粗钢需求量约 7.0 亿吨。然而，参考美、日等发达国家城镇化、钢铁蓄积量、人均钢消费等影响因素，考虑我国各地区经济发展还存在许多不均衡、不协调问题，结构调整刚刚起步，发展方式转变不可能发生一蹴而就的根本性变化，因此目前的发展模式和增长速度还会有一个比较长的惯性阶段，目前，钢材需求已进入峰值平台区，未来的钢材消费将在较高的水平上呈下降的趋势，不排除呈现波动下降趋势。如表 2-4 所示，2020 年钢材需求量约 6.12~6.38 亿吨，折合粗钢量约为 6.44~6.72 亿吨。

表 2-4　未来我国钢材需求预测

“十三五”GDP 年均增速		GDP 年均增速			
		情景 1	情景 2	情景 3	情景 4
		6.0%	6.3%	6.5%	6.8%
按 GDP 预测	GDP 钢材消费强度（千克/万元）	钢材消费需求量（亿吨）			
2012 年	139	6.566	6.566	6.566	6.566
2013 年	145	7.366	7.366	7.366	7.366
2014 年	131	7.151	7.151	7.151	7.151
2015 年	115	6.700	6.700	6.700	6.700
2016 年	106	6.548	6.567	6.591	6.622
2017 年	97.5	6.386	6.422	6.458	6.507
2018 年	90.7	6.295	6.349	6.397	6.463
2019 年	84.3	6.206	6.276	6.336	6.419
2020 年	78.4	6.118	6.205	6.275	6.376

注：随着我国 GDP 的增长，基数越来越大，增速将会缓慢下降。因此，预计“十三五”期间 GDP 年均增速将会低于“十二五”，假设 2015—2020 年 GDP 年均增速为 6.0%、6.3%、6.5%、6.8%。

2. 钢铁工业绿色发展“拐点”主要指标分析

钢铁工业绿色发展峰值，指钢铁工业的能源消耗总量和主要污染物排放总量达到峰值且开始出现下降的点。

此次峰值分析有三个前提条件：

（1）钢铁行业结构调整和淘汰落后产能的目标实现。

（2）环保执法及污染物总量控制落实到位。

（3）提高能效和环境污染协同控制的技术支撑到位。

钢铁工业某年的能源消耗总量（或污染物排放总量）计算公式如下：

钢铁工业某年能源消耗总量（或污染物排放总量）=

某年吨钢能耗（或吨钢污染物排放量）× 某年粗钢产量

针对未来我国钢铁行业的能源消费总量和烟粉尘、SO_2、NO_x 和 COD 等主要污染物排放总量的峰值（拐点）进行分析，结果表明，在 GDP 增速 6.0%～6.8%和进出口平衡条件下，如果环保执法到位、提高能效和环境污染协同控制的技术支撑到位，能源消耗总量和主要污染物排放总量的拐点与钢产量的拐点同步，且均已在 2013 年出现（图 2-6）。

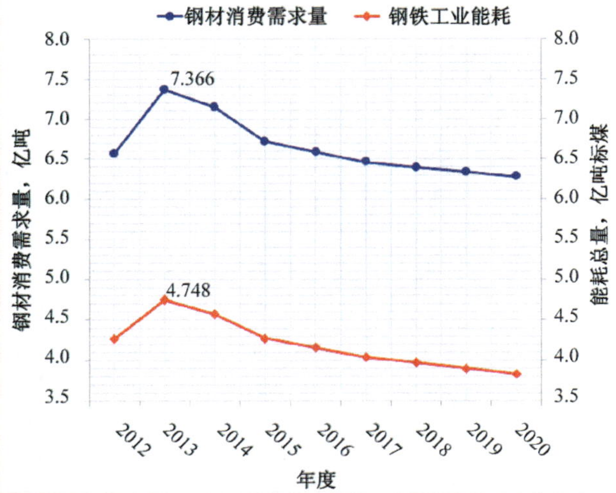

（a）中国钢材消费需求量和钢铁工业能耗总量拐点分析

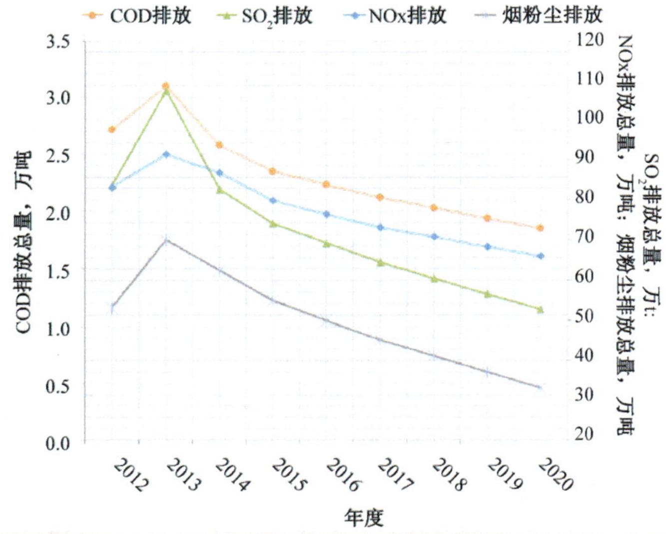

（b）中国钢铁工业主要污染物排放总量拐点分析

图 2-6　2020 年前中国钢铁工业能源消耗总量和主要污染物排放总量等拐点分析

“十三五”我国钢铁工业绿色发展战略目标

2020 年我国钢铁工业绿色发展战略目标：

（1）有效控制钢铁工业的产出总规模，并使钢铁行业能源消耗总量和主要污染物排放总量得到遏制。

（2）钢铁工业能耗强度和污染物排放强度进一步下降，达到国际先进水平。

（3）形成具有中国自主知识产权的钢铁工业绿色发展的技术支撑体系；促进钢厂具备三大功能并实现动态—有序和连续—紧凑运行。

（4）钢铁工业必须与社会协调发展，钢铁企业与其他行业及周边社会实行生态链接并取得突破（见图 2-7）。

（5）产品质量普遍提高，逐步树立中国钢材的质量品牌。

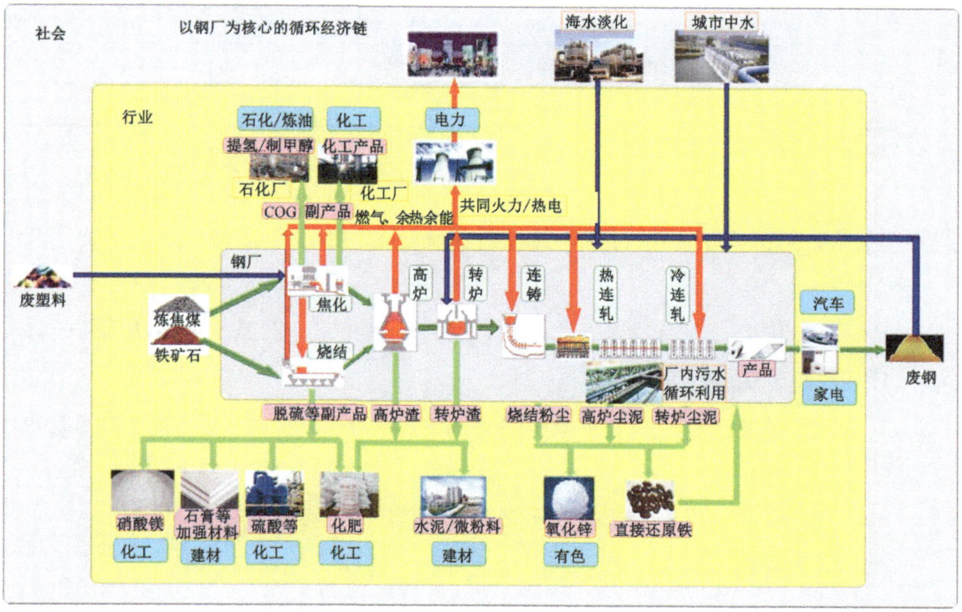

图 2-7 “十三五”期间钢铁企业与其他行业及社会的生态链接设想

根据以上的战略目标，提出了 2020 年我国钢铁工业主要量化的能源、环保指标（见表 2-5）以及与石化/化工、建材、有色、农业、以及和社会实现深度和规模化链接的设想。

表 2-5　2020 年我国钢铁工业绿色化发展目标

类别	项目	2020 年目标	
		全行业	重点区域*
能源	吨钢综合能耗（kgce/t 钢）	≤580	
	余热资源回收利用率（%）	>50	
	吨钢 CO_2 排放量（%）	比 2010 年下降 10%~15%	
资源	废钢综合单耗（kg/t 钢）	≥220	
	利用城市中水，占企业补充新水量（%）	>20（北方缺水地区>30）	
	冶炼渣综合利用率（%）	>98	
	吨钢新水消耗（m^3/t 钢）	≤3.5	
环保	吨钢 SO_2 排放（kg/t 钢）	0.8	0.6
	吨钢 NO_x 排放（kg/t 钢）	1	0.8
	吨钢 COD 排放（g/t 钢）	28	
	吨钢烟粉尘排放（kg/t 钢）	0.5	

注：重点区域主要指京津冀、长三角等地区。

到 2020 年，钢铁行业与其他行业及社会的生态链接将重点突破如下几个方面：

（1）化工——冶金煤气资源化，发展一碳化工，制氢气（湛江炼化一体工程示范）、甲醇、LNG 等。

（2）建材——利用冶金渣余热直接生产建筑材料；脱硫等副产物的高效利用。

（3）农业——冶金渣生产土壤调理剂实现工业示范。

（4）有色——初步建立钢厂尘泥提锌、提铅、提钒等流程。

（5）社会——利用城市中水及钢厂低温余热给社区供热等。

四、实现钢铁工业绿色发展的工程科技战略和路线图

实现钢铁工业绿色发展的工程科技战略

在“发展理念创新，产业结构调整，科技创新驱动，政策法规保证”的战略思路指导下，以钢铁制造流程“三大功能”为引导，为促进钢铁产业转型升级、可持续化发展和核心竞争力的提高，提出重点推广、完善后推广和前沿探索三类技术共 35 项（表 2-6）。在此基础上，凝炼出三大引领性重大工程（表 2-7）：

（1）节能环保系统集成优化工程；

（2）绿色产业生态链接工程；

（3）信息化和智能化提升改造工程，并提出了 5 个示范带动项目。

表 2-6　钢铁工业绿色发展重要关键技术

关键技术	钢铁产品制造功能	能源转换功能	废弃物处理—消纳—资源化功能
重点推广技术	（1）高效率低成本洁净钢生产系统技术（含少渣冶炼）。 （2）新一代控轧控冷技术。 （3）高炉长寿技术	（1）高温高压干熄焦技术。 （2）能源中心及优化调控技术。 （3）烧结矿显热回收利用技术。 （4）富氧燃烧技术和蓄热式燃烧技术。 （5）焦化工序负压蒸馏技术	（1）城市中水和钢厂废水联合再生回用集成技术。 （2）煤气干法除尘。 （3）封闭料场技术。 （4）钢渣高效处理利用技术。 （5）冶金煤气集成转化和资源化高效利用技术
完善后推广技术	（1）适应劣质矿粉原料的成块技术优化。 （2）炼焦经济配煤技术。 （3）绿色耐蚀钢、不锈钢等绿色钢材应用技术。 （4）转炉多用废钢新工艺	（1）工序/装置之间界面匹配及动态运行技术。 （2）烟气除尘和余热回收一体化技术（如烧结、转炉、电炉等）。 （3）烧结机节能减排及防漏技术。 （4）炼焦煤调湿技术（CMC）。 （5）钢厂中、低温余热利用技术	（1）烧结烟气污染物协同控制技术。 （2）焦化酚氰废水治理及资源化利用技术。 （3）含铁、锌尘集中处理高效利用技术。 （4）焦炉烟道气脱硫脱硝技术

续表

关键技术	钢铁产品制造功能	能源转换功能	废弃物处理—消纳—资源化功能
前沿探索技术	(1)智能化设计、生产运行技术。 (2)高效、清洁的全废钢电炉冶炼新工艺	(1)换热式两段焦炉。 (2)竖罐式烧结矿显热回收利用技术。 (3)钢厂物质流和能量流协同优化技术及能源流网络集成技术。 (4)焦炉荒煤气余热回收技术。 (5)钢厂利用可再生能源技术	(1)高炉渣和转炉渣余热高效回收和资源化利用技术。 (2)高效率、低成本 CO_2 捕集、回收、存储和利用技术。 (3)钢铁企业颗粒物的测定技术和排放规律研究

表 2-7　我国钢铁工业绿色发展引领性重大工程和示范带动项目

引领性重大工程	示范带动项目
节能环保系统集成优化工程	(1)烧结烟气净化余热回收高效一体化示范项目。 (2)具有分布式能源特征的绿色、低碳焦化企业示范项目
绿色产业生态链接工程	(1)构建钢厂焦炉煤气制氢与石化行业的循环经济生态链，建设沿海钢铁-石化基地循环经济示范项目(广东湛江东海岛)。 (2)与城市共生钢铁企业示范项目(城市钢厂利用城市中水及钢厂低温余热给社区供热)
信息化、智能化提升改造工程	钢厂物质流和能量流、信息流协同优化示范项目

我国钢铁工业（整个产业）绿色发展的路线图

根据我国钢铁工业在“2014—2015 年、2015—2020 年、2020 年以后”三个时间段的发展需求、趋势和目标，按照推动实现“钢铁产品制造功能、能源转换功能和废弃物处理—消纳—资源化”三大功能的目标，提出我国钢铁工业应重点推广 13 项技术，需完善后推广 13 项技术，前沿探索 9 项技术，并提出三大引领性重大工程、五个示范带动项目，最后分别针对行业和政府提出五个措施建议和六个政策建议。我国钢铁工业绿色发展路线图见图 2-8。

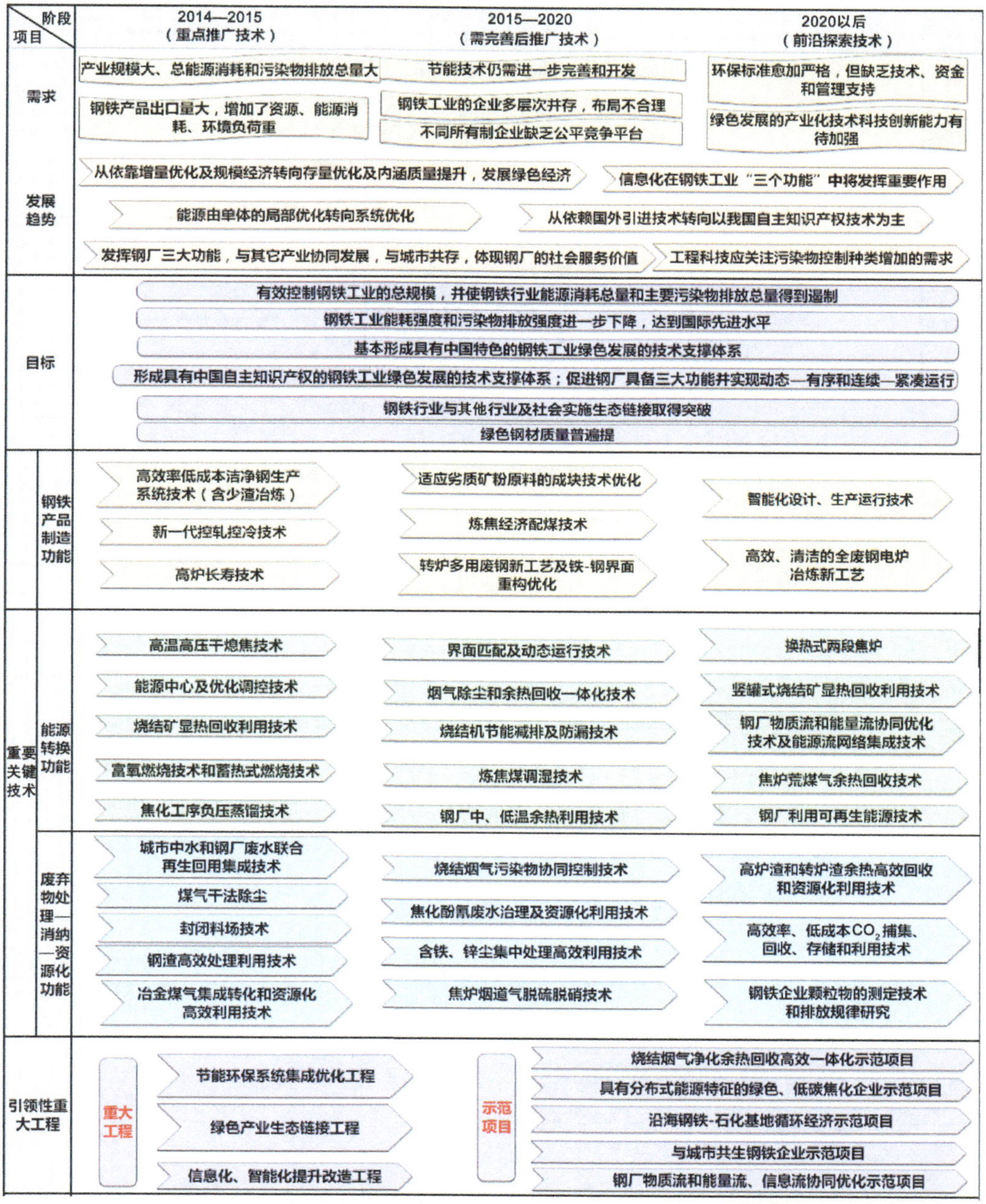

图 2-8　我国钢铁工业绿色发展路线

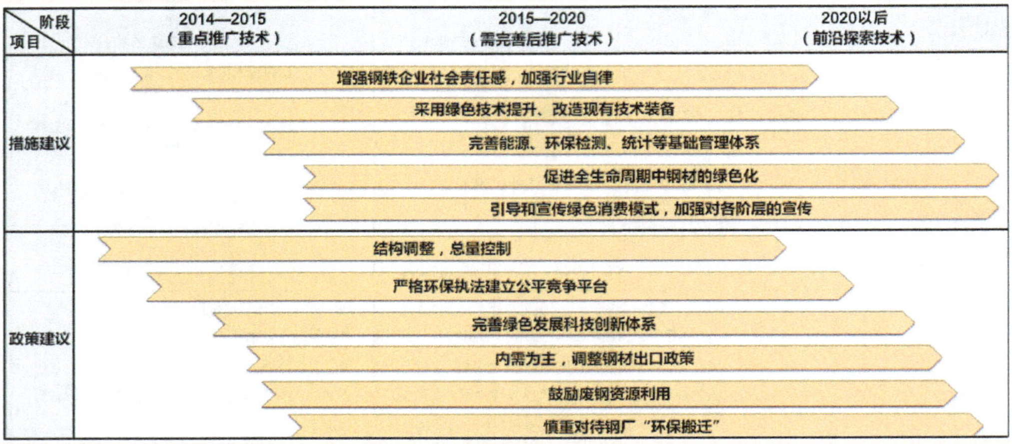

图 2-8　我国钢铁工业绿色发展路线（续）

五、钢铁工业绿色发展的保障措施

为促进钢铁企业的绿色化转型发展，对行业/企业层面提出五项保障措施：

（1）增强钢厂社会责任感，加强行业自律和协调。

（2）完善企业科技创新体系，用先进的绿色化技术提升改造现有生产流程及装备。

（3）完善并规范钢铁行业及企业能源和环保等方面的监测、统计等基础管理体系。

（4）重视从全生命周期提高钢材绿色化使用效率和使用寿命、降低钢材消耗量，实现全社会节能减排。

（5）引导和宣传绿色消费模式，加强对各阶层的宣传。

对国家/政府层面提出如下六项保障措施：

1. 总量控制

研究以结构调整、产业升级为主线的合理需求和总量控制问题，提出全局性的钢铁工业绿色发展规划；淘汰不符合国家环保排放标准、能源消耗限额标准和产品标准的落后产能、落后工艺、落后产品等。

2. 严格环保执法、建立公平竞争平台

严格执行环保标准和相应法规，公平执法；完善污染物总量控制和排放许可制度：根据各地区的生态环境承载能力，科学制定和分配排放总量，扩大排放权交易市场。

3. 完善绿色发展科技创新体系

对从事行业共性关键技术的研发力量应持续给予资金支持；促进研发成果到产业化、工程化的转化；完善激励机制，促进企业真正成为绿色发展技术创新的主体；协调科技部、发改委、工信部和环保部等部门的力量，重视行业间及与社会生态链接的关键技术开发和示范项目的引导性投入。

4. 内需为主，调整钢材出口政策

不能以出口导向作为化解产能过剩的出路。严格限制高耗能和低附加值产品出口，不鼓励大量钢材出口；对技术含量高的钢材出口，以动态管理调整出口目录；鼓励加工成高端制成品或机电产品间接出口；开展国际产能合作，鼓励到国外合适的地区建钢厂，就近生产、销售。

5. 鼓励废钢资源利用

促使社会废钢形成回收—分类—加工配送—利用的完整体系。对符合准入条件的废钢加工配送企业给予增值税即征即退 60%的减免政策；鼓励资源性物品（废船、废旧汽车、废旧家电等废钢资源）进口，简化进口管理程序，在零关税基础上，进口废钢的增值税降低到 8%~10%。

6. 慎重对待钢厂“环保搬迁”

引导社会管理者和钢铁企业管理者接受三个功能的理念，促进钢厂实现三大功能、与社会友好，把控制产出总量和环境治理好作为现有钢厂原地生产的首要前提，若不能达标，即减产或关停，通过其他转型使职工得到妥善安置。是否需搬迁、再建新厂，应纳入全国钢铁行业的整体布局中统一考虑，并充分论证、慎重对待。

致谢本章其余作者

徐匡迪	陆钟武	王一德	王晓齐	王天义	李文秀	苏天森
温燕明	黄　导	黄金干	齐渊洪	王镇武	蔡九菊	郑文华
秦　松	丁　毅	李　杨	史德明	苏福源	杨晓东	王　鼎
王丽娟	闫振武	梁凯丽	陈丽云	王海风	郦秀萍	张旭孝
张文皓	姜　曦	上官方钦	于　恒	周继程	韩伟刚	石鑫越
王维兴	赵志星	裴元东	青格勒	李长兴	利　敏	李文武
郭雨春	左永红	穆怀明	李洪革	张永杰	李咸伟	汤志刚
康春清	钱海光	吴京彦	段晓军	董志强	丛　讳	

3

化学工业绿色制造

金　涌[1]　胡山鹰　陈定江

1 清华大学 院士

本章针对化学工业的绿色制造和发展问题，从资源—过程—产品—使用的全生命周期过程开展研究，提出绿色发展的方向和对策，包括资源高效利用、过程节能减排、清洁生产，产品绿色设计、绿色使用、产业链延伸耦合、循环经济园区化发展等。重点对磷肥、氮肥、钾肥等化肥行业，焦炭、电石、合成氨等传统煤化工，以及煤炭分质利用、煤制油、煤制天然气、煤制烯烃、煤制芳烃、煤制乙二醇等新型煤化工，提出绿色发展战略、技术发展方向、重点工程项目与政策建议，并对未来化工绿色制造相关的新一代技术进行了展望。

一、化学工业绿色制造的基本理论框架

化工行业绿色制造的内涵

传统产业升级转型是当前我国实现可持续发展面临的重要问题。化工行业是能耗高、污染重的产业之一，需要将绿色发展理念贯穿整个生产流程，实现化工行业的绿色制造，这有助于实现绿色转型并推动全社会的绿色发展。

化工行业的绿色制造的基本内涵是按照“资源—过程—产品—使用”等全生命周期的维度提出绿色发展的方向和对策，具体包括资源分质开发、有效利用，过程节能减排、清洁生产，产品绿色设计、产出率最大化制造，绿色使用、产品全生命周期，产业链延伸耦合、循环经济园区化发展等内容。化工循环经济即资源节约利用及再利用、废弃物循环利用；化工清洁生产即采取改进设计、使用清洁的能源和原料、采用先进的工艺与设备、改善管理、综合利用等措施，从源头削减污染，提高资源利用效率，减少或者避免生产和产品使用过程中污染物的产生和排放；化工循环经济和化工清洁生产均是化工行业绿色制造的题中之义。

化工行业本身来说，是一个高投入、高能耗、高污染的行业，其产品原材料又是由其他工业产生的，在生产活动中难以考察其未来状态，很难有效回收利用。针对化工行业的这种特点，很难应用一般的延长产品生命周期等循环经济研究方法来对其进行分析。另一方面，中国是世界上最大的化工产品生产商，占全球化工市场的三分之一，是染料、颜料、医药、农药、涂料、油墨、助剂及中间化学品等许多化工产品的重要生产基地，但是我国化学工业还未能完全摆脱粗放型的经济增长方式，再加上技术状况的相对落后，就会带来资源浪费和环境污染等问题。

化学工业绿色化指标现状及趋势分析

从长期来看，资源、能源消耗和环境影响随着时间的演变，一般依次遵循两个“倒 U 形曲线”（参考图 3-1）——强度曲线和总量曲线[1]。资源消耗或者污染物的排放两个倒 U 形曲线的规律是不可逾越的，不同倒 U 形曲线的高峰之间经历的时间可以缩短，峰值可以降低。通过制度安排、结构调整、技术进步乃至社会行为的调整，在促进经济发展和满足人们自身需要的同时，以较低的资源和环境代价，能尽早实现资源消耗和污染物排放高峰的跨越。该规律也意味着在应对资源和环境问题时，不能脱离开经济发展阶段和国家基本国情，必须循序渐进地推进。

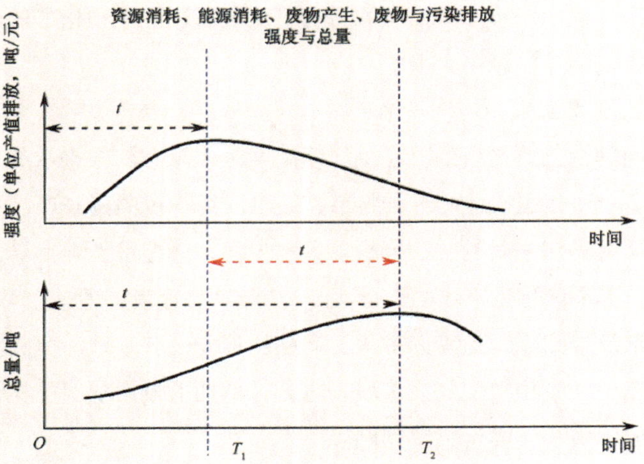

图 3-1　强度和总量两个倒 U 形曲线示意

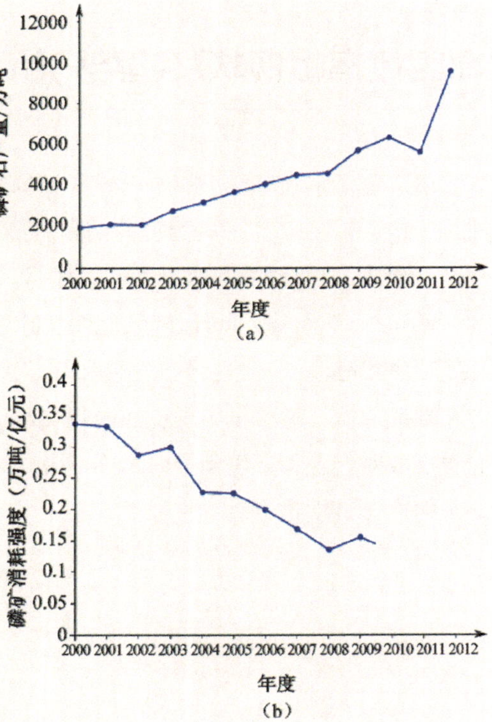

图 3-2　资源消耗强度及总量（资源消耗强度=资源消耗总量/产值）

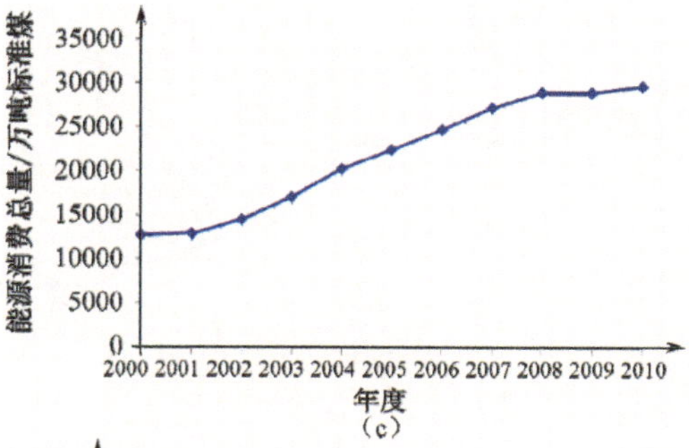

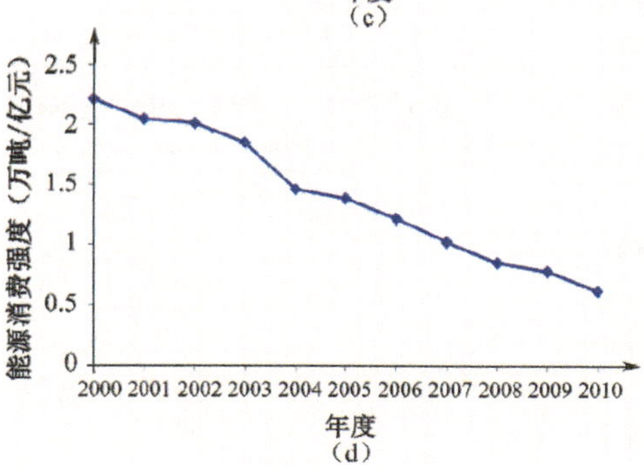

图 3-2　资源消耗强度及总量（资源消耗强度=资源消耗总量/产值）续

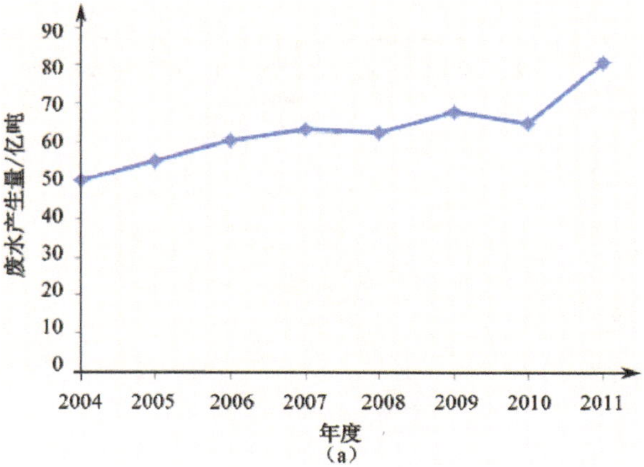

图 3-3　废物产生强度及总量（废物产生强度=废物产生总量/产值）

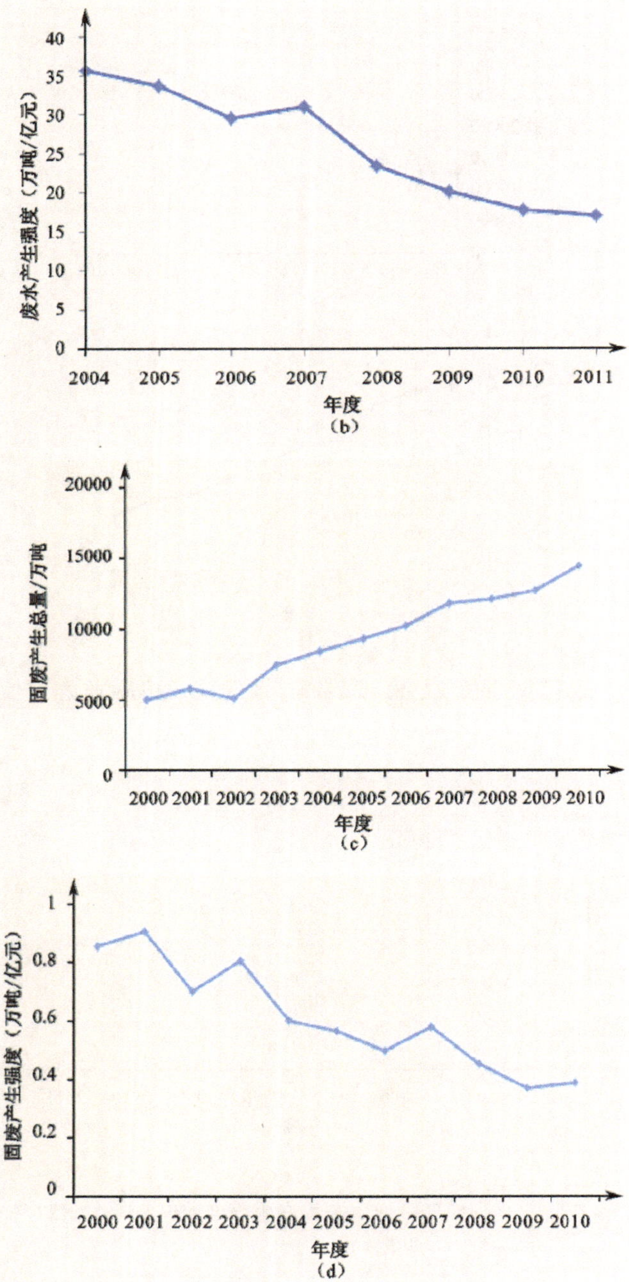

图 3-3　废物产生强度及总量（废物产生强度=废物产生总量/产值）续

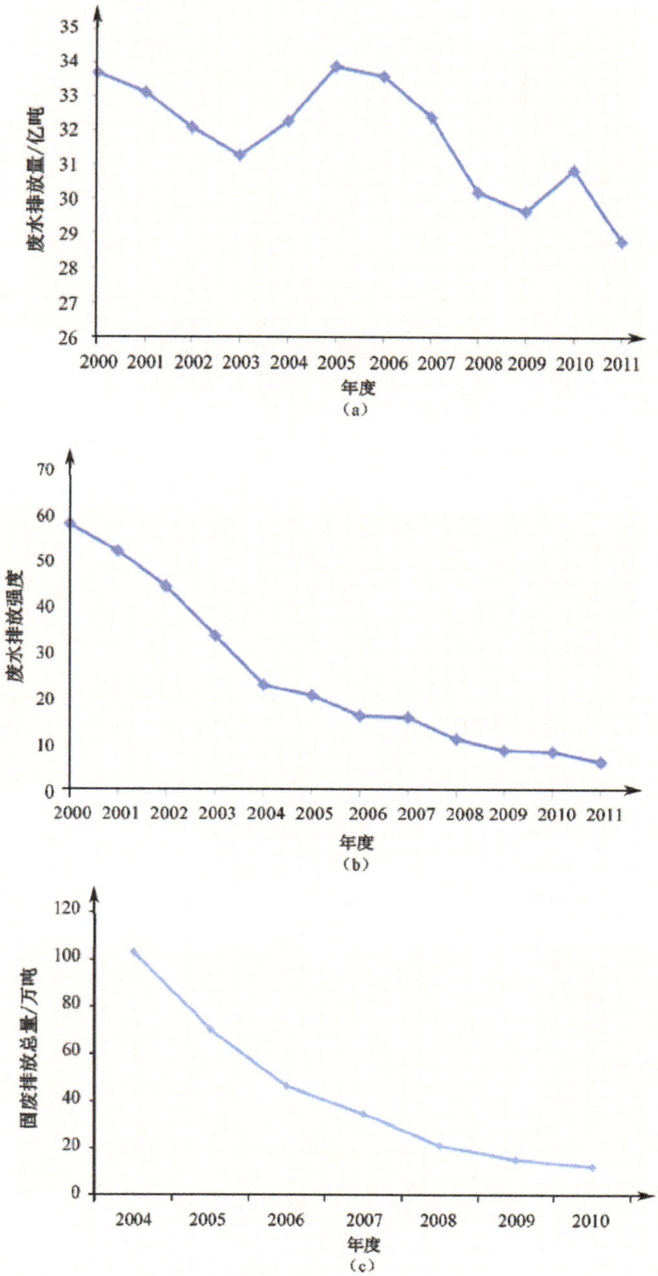

图 3-4　废物及污染物排放强度及总量（污染物排放强度=污染物排放总量/产值）

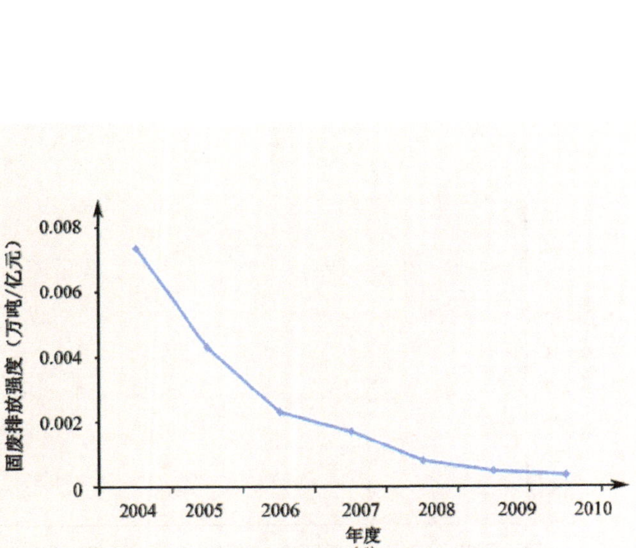

（d）

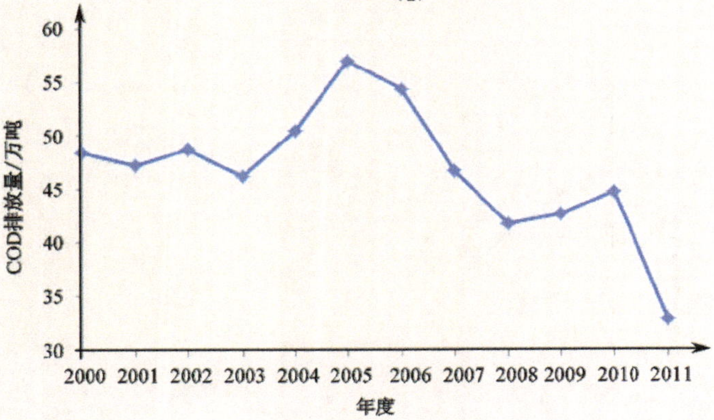

（e）

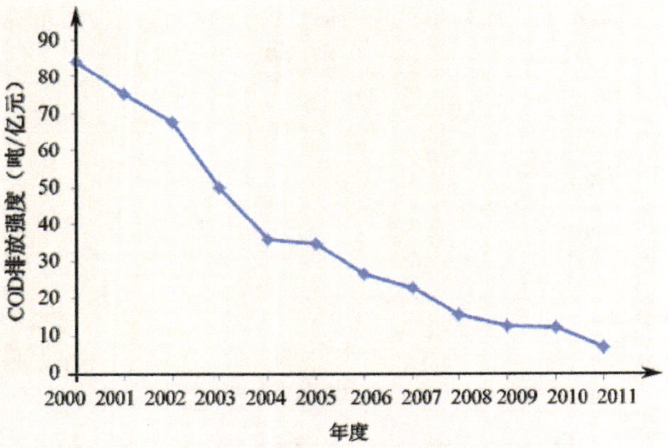

（f）

图 3-4　废物及污染物排放强度及总量（污染物排放强度=污染物排放总量/产值）续

通过图 3-2～图 3-4 可知，目前化学工业绿色化指标的现状和趋势如下：在强度方面，我国化学工业资源能源消耗、废物生产及排放、污染物排放强度近年来均呈现下降趋势，其峰值已出现，并将持续下降至平稳状态。在总量方面，主要污染物排放指标大部分也已过峰值呈逐年下降趋势，资源能源消耗、废物生产两总量指标尚未达到峰值，预计仍呈现上涨趋势。

化学工业绿色制造的总体策略框架

1. 全生命周期环节的绿色制造策略

“资源”是全生命周期的起始环节。中国是世界上最大的资源消耗国，但是，我国资源总量和人均资源量却都严重不足。中国工业的高能耗，高污染对我国的生态环境造成了严重影响。化工行业就是高能耗、高污染产业之一，实现化学工业原料绿色利用有助于提高资源利用率和保护生态环境。化工行业 90%以上的产品原料来自矿产资源。在原料绿色化利用方面，可发展原料分质利用、低品位原料利用、新型原料替代及开发、伴生资源回收等原料绿色化重点关键技术。

“过程”是全生命周期的核心环节。化学工业的过程即指一系列物理或化学的加工处理的步骤。可通过改进设计、采用先进的工艺与设备、改善管理、综合利用等措施，提高资源利用效率，减少生产过程中污染物的产生和排放，实现化学工业制造过程的绿色化。

“产品”是全生命周期的重要环节。我国是世界上最大的化工产品生产国，1984 年，中国的化学工业总产值为 465.6 亿元，2014 年中国化学工业总产值为 8.8 万亿元[2]，30 年增长了 189 倍。化工产品和我们的生活息息相关，在产品绿色化方面，应重点从绿色产品替代发展方向、高附加值产品设计、资源产出率提升等方面提出绿色产品重点关键技术。

“使用”是全生命周期的终端环节。化工产品的绿色应用是指化工产品在使用的过程中采用相应的技术方法，从而提高产品的利用率，充分发挥产品的使用效果，减少甚至避免对环境和人类身体健康造成损害。在化工产品的使用绿色化方面，应强化产品在使用过程中的环保技术的应用。

2. 化学工业绿色制造从“1.0 阶段”到“3.0 阶段”的跨越

“1.0 阶段”的重点是末端治理。化学工业的末端治理是指在化学工业生产过程的末端，针对生产过程产生的污染物进行有效的处理。但随着工业化进程的加速，末端治理的局限性也日益显露：首先，处理污染的设施投资大、运行费用高；其次，末端治理往往不是彻底治理，而是污染物的转移；第三，末端治理未涉及资源的有效利用。

“2.0 阶段”是指通过清洁生产和循环经济等多种策略的集成来实现化工行业的绿色制造。强调在源头和过程中减少或消除污染并提高原料和资源的利用率。清洁生产不同于末端治理的环境保护理念，它强调在生产过程中进行全程污染控制，采用新技术、新管理方式，减少能源消耗，降低废物和污染物产生量。循环经济即资源节约利用及再利用、废弃物循环利用。

“3.0 阶段”是化学工业绿色制造的高级阶段，也是化工行业未来的发展方向。首先，随着社会经济技术条件的不断进步，一些颠覆性的技术不断涌现，这为化学工业的绿色制造进程创造了新的机遇，如微化工、新能源、新材料等技术能够更有效地减少对环境的污染、更好地满足人类的需求；其次，随着信息化革命的高速发展，信息资源对人类社会越来越重要，甚至会超过能源和物质资源，成为社会生产力中起主导作用的因素。可以通过信息化革命的成果（如互联网，人工智能）来变革行业的发展模式，以促进化工行业的绿色制造。

“1.0 ~ 3.0 阶段”并不是依次进行的，后一个阶段的到来并不意味着前一个阶段的结束，三者是交叉和共存的。化工行业整体的发展趋势一定是由“1.0 ~ 3.0 阶段”的不断过渡和进步。

3. 重点行业领域

化工行业是国民经济的支柱产业，主要包括石油化工、化肥、氯碱、煤化工、化纤、塑料与日用化工等领域，与国计民生息息相关[3]。在化学工业中，化肥工业和煤化工的资源消耗及环境影响较大。中国的化肥施用量和总产量连年高居世界第一[4]，化肥工业与种子、农药一起构筑了中国粮食稳产、高产的基石。科学施用肥料可以提高土壤肥力，促进作物的生长，提高农业生产力；我国是世界上最大的煤化工生产国，煤化工产品种类多，生产规模较大，煤制合成氨、煤制甲醇、电石和焦炭的产量已位居世界第一，但由于煤化工属于高耗水产业，所以存在产业的无序发展引发的区域水资源供需失衡等问题。本章将根据化学工业绿色制造的内涵和策略框架，对化肥和煤化工两个重点领域展开研究。

二、肥料行业绿色发展战略研究

“十二五”期间，我国的氮磷钾肥料行业仍处于绿色制造“2.0 阶段”，其在资源开采、加工、产品生产和应用等环节仍存在各种各样的问题。但作为重要的传统农资供应行业，肥料行业自身的绿色化发展以及新常态下的转型升级对于实现粮食安全、农业现代化生产等方面都有举足轻重的作用。在“2.0 ~ 3.0 阶段”的过渡时期，肥料行业需要加大绿色化改造力度；未来在新一代高新技术的带动下，肥料行业的生产和流通都将实现信息化和智能化的全面升级。

磷肥行业的绿色发展战略研究

1. 磷肥工艺流程现状、绿色工艺发展情况

2014 年全年，我国磷肥（折五氧化二磷 100%）产量为 1 669.93 万吨，同比增长 2.59%。我国的磷复肥产能约为 2350 万吨，产能过剩较大。

磷肥的加工主要通过湿法磷酸和热法磷酸两种途径。湿法磷酸与热法磷酸相比，成本相对较低。随着国内湿法磷酸工艺的进步，未来将会逐步取代热法磷酸的部分用途[5]。

在磷矿资源开采方面，对于磷矿资源的日益稀缺，我国需要加大磷矿资源开采及加工技术的创新力度，提高资源回收率。我国矿石回采率较高的大型矿山有贵州瓮福磷矿、贵州开磷磷矿、云南晋宁磷矿及湖北黄麦岭磷矿，均已接近当前国际先进水平。在磷矿开采及选矿方面的创新技术主要针对提高资源回收率、提高采矿效率、降低采矿成本及提高采矿安全性等问题[6]。

在磷肥生产过程方面，近年来我国的磷肥生产技术得到了多方面的突破与改进，例如磷铵料浆浓缩技术改进技术、磷石膏综合利用技术及磷石膏渣场防渗治理技术等，可以提高磷铵产品强度，促进磷酸分级利用，减少废气排放，提高环境效率、经济效益与社会效益。此外，窑法磷酸技术的产业化、规模化有待进一步开发，该技术不但能够直接利用中低品位磷矿，还能缓解我国硫资源的短缺问题[7]。

在磷肥的产品应用方面，通过缓控释肥料技术的应用，可使养分按照植物生长需要缓慢释放，减少肥料损失和提高氮肥利用率，其技术特点是包膜的取材是以肥包肥，成本低、无二次污染。另外，复合肥、复混肥、BB 肥、花卉草坪专用肥、水溶性肥料配方开发等在我国得到越来越广泛的应用。通过测土配方施肥技术可以依据作物需肥规律、土壤供肥特性与肥料效应，合理确定氮、磷、钾和中、微量元素的适宜用量、施肥时间和施用方法。

2．磷肥资源、能源消耗和环保水平及约束分析

我国磷矿石平均品位世界最低，90%以上的磷矿石品位低于 26%，平均品位仅为 16.85%。在全国的磷矿资源分布上，湖北省磷矿石的产量最高，占全国总产量的 38.72%。紧随其后的是贵州省、云南省和四川省，分别占总产量的 28.21%、22.14%和 8.43%。随着世界各国加强对磷矿资源的控制，我国湖北、云南、贵州、四川等省都将逐步完成资源整合。

目前我国磷肥生产中的环保问题较为严峻。磷石膏、黄磷磷炉尾气、磷炉渣、氟硅酸是磷肥工业主要的污染物和副产物。磷复肥行业最大的环保隐患是磷石膏，其产生量巨大，每生产 1 吨磷酸（折纯）约副产 5 吨磷石膏；2014 年磷石膏产生量已超过 7 600 万吨，全国堆存已有数亿吨，而目前综合利用率仅为 30%左右。

3．磷肥绿色发展趋势

在磷矿资源的绿色开采与利用方面，我国将逐步完善磷矿资源保护机制，整合磷矿石资源，杜绝乱采乱挖现象。通过将磷矿石资源集中到大型磷化工企业手中，形成规模优势。通过加大磷矿资源加工技术的创新力度，提高磷矿资源利用率，将品质高的富矿用来生产技术含量高、附加值高的精细磷化工产品，控制低层次磷产品的生产[8]。

在磷肥的绿色生产过程方面，通过引进和推广国际上先进的节能降耗技术和设备，并对引进设备进行消化、吸收、创新和国产化，推进我国磷肥产品的升级换代。通过加强磷石膏处理技术的研发，改进湿法磷酸生产工艺，提高我国磷石膏的品质，减少对污染排放。通过加强对窑法磷酸技术的研发，提高中低品位磷矿石的利用率。

在磷肥产品的绿色应用方面，一方面要稳定发展磷肥高浓度品种，研发磷肥新品种，推动新型环保肥料研究和产业化的发展；另一方面要根据原料和其他生产要素的配置合理发展中低品位磷肥品种。发展测土施肥、精准施

---

[8] 王敏．我国磷肥产业化解产能过剩提升产业质量措施探讨[J]．磷肥与复肥，2013(06):6-11.

肥等现代施肥技术，发展与品种、栽培、土壤、气候相匹配的施肥技术[9]。

氮肥行业的绿色发展战略研究

1. 氮肥工艺流程现状、绿色工艺发展情况

中国合成氨产量位居世界第一，现已掌握了以焦炭、无烟煤、焦炉气、天然气及油田伴生气和液态烃等多种原料生产合成氨、尿素的技术，形成了特有的煤、石油、天然气原料并存，大、中、小生产规模并存的生产格局。

在资源处理方面，氮肥以煤炭为原料加工而成，我国的加压煤气化装置位居世界先进水平。我国拥有一批自主知识产权的煤气化技术，它们的研制成功与工业运行，使我国氮肥工业技术进步取得了重大突破，为氮肥工业实现节能减排、装置大型化奠定了基础。

合成氨生产过程中的一些关键技术水平普遍较高，部分拥有自主知识产权的技术已达到国际先进水平，如原料气精脱硫、醇烃化精制工艺、两段法变压吸附等[10]。近年来，双加压法硝酸工艺技术、耐硫变换催化剂生产技术，以及大型高效氨合成装置等项先进技术和装备的开发应用，使氮肥生产技术和装备水平得到进一步提升，单位产品能耗大幅度下降。

在氮肥应用方面，目前我国氮肥行业产能过剩十分严重。2014 年，国内合成氨产能达到 7 417 万吨/年，尿素产能达到 8 070 万吨/年，而市场对尿素需求约 7 000 万吨，尿素过剩产能约 1 000 万吨/年。近几年正在大力研发和推广氮肥产品下游清洁生产技术，不仅延伸了产业链，消耗了一部分产能，同时降低了资源消耗及能耗，增加了企业效益。

---

[9] 孙志立. 贵州“十三五”磷化工发展规划的思考[J]. 硫磷设计与粉体工程. 2015(05):1-8.

[10] 张卫峰,马林,黄高强,武良,陈新平,张福锁. 中国氮肥发展、贡献和挑战[J]. 中国农业科学, 2013,15:3161-3171.

2. 氮肥资源、能源消耗和环保水平及约束分析

氮肥工业是以煤炭、天然气等能源为原料的产业，也是水资源消耗和污染物排放较大的行业。全国氮肥行业氨氮、COD 排放量分别占全国工业排放量的 25.5%和 3.2%。氮肥行业是节约水资源消耗和氨氮总量控制的重点行业[11]。

氮肥生产也是能耗大户，我国氮肥生产以耗电为主，原料以耗煤和天然气为主，这三项能源消耗在全国总消费量中都占有相当的比例，特别是天然气，行业年消耗量连续几年都占全国总消费量的 20%以上，节能降耗迫在眉睫。

长期以来我国氮肥行业淘汰了大量落后装置（尤其是小型装置），并积极开展以节能降耗为重点的清洁生产，并取得初步成效，2012 年的吨氨能耗强度比 2005 年下降了14%。但是我国合成氨行业的能耗强度与世界先进水平相比，仍有较大差距。我国大型装置的能耗强度比美国高出 36%以上，主要原因在于我国合成氨以煤为主要原料，各种装置的平均能耗强度较高。同时，合成氨行业平均规模偏低，产业集中度不够高，也是行业能源消耗偏高的重要原因。但是，在全国各行业经济高速发展带动能源消耗快速增加的情况下，氮肥行业通过积极开展节能降耗，能耗总量增长速度比全国能耗总量的增速低，我国氮肥行业能耗总量占全国总量比例从 1990 年的 4.4%下降到了 2012 年的 2.2.%。

氮肥生产也是污水排放大户，污水中污染物质种类较多，氨氮和 COD 分别占工业年总排放量的 25.5%和 3.2%。氰化物、硫化物、油类及 SS 等也是该行业的特征污染物。因此，污水处理工艺较复杂，难度大，投资大，运行费用偏高。随着我国技术的发展，合成氨生产中各工艺的工业废水量、COD、氨氮等污染物的产生强度都达到了国内先进水平，部分先进工艺更达到世界先进水平。相比 1995 年，2010 年煤头合成氨的废水、COD、氨氮和固废产生强度分别下降了超过 96%、89%、90%和 99%。

---

[11] 王媛媛. 氮肥企业氨氮污水处理的环保问题[J]. 新疆化工, 2015, 02:8-10.

3. 氮肥绿色发展趋势

在原料的利用方面，一方面优化资源结构，增加非无烟煤的比重；另一方面，通过发展新型煤气化技术，对工业废气资源（如钢铁焦炉行业的焦炉气、电石行业的电石炉气、磷化工行业的黄磷尾气、冶金行业的高炉炉气等）加以综合利用，促进资源循环利用。

在生产过程方面，推动常压固定床气化技术升级改造，推广使用节能减排清洁生产技术。加强“三废”处理技术的研究和应用，并提高其利用价值、变废为宝，全面提高氮肥企业的资源综合利用水平及经济效益[12]。

在产品应用方面，氮肥向高效化、液体化、缓效化、复合化及复混化、功能化、生态环保化的方向发展。通过延伸产品链，促进产品的精细化发展。通过建立多层次、多产品的氮肥产品体系，加强对专用、高纯和精细化学品等高附加值产品的研发与市场开拓[13]。借鉴国内外的先进经验，实现多联产，重点在液化合成气、脱硫硫胺、烯烃、乙二醇等产品上形成突破。

钾肥行业的绿色发展战略研究

1. 钾肥工艺流程现状、绿色工艺发展情况

中国拥有钾肥品种 6 个：氯化钾、硫酸钾、硝酸钾、硫酸钾镁肥、磷酸二氢钾和含钾矿物肥。

2014 年，中国氯化钾年产能达到 782 万吨，同比上涨 5%，产能增加主要来自青海盐湖的新建项目投产。实际产量 733 万吨，同比上涨 14.35%，达到历史新高；生产企业总计 32 家，减少 4 家，氯化钾产能进一步向大企业集中。2014 年 1～11 月，中国进口氯化钾总计 722 万吨，较上年同比增长

---

[12] 王大生. 生态循环有机农业产业化的探索与实践[J]. 科技促进发展, 2014(06):11-20.

[13] 巨晓棠, 谷保静. 我国农田氮肥施用现状、问题及趋势[J]. 植物营养与肥料学报,2014,04:783-795.

33%。

2014 年，中国硫酸钾年产能 272 万吨，同比上涨 9.7%，产能增加主要来自冷湖滨地钾肥和中信国安的改扩建项目。2014 年硫酸钾实际产量为 201 万吨，同比上涨 26.4%。2014 年，中国硫酸钾市场总需求量达到 420 万吨，较 2013 年的 275 万吨同比提高了 52.7%。

我国的青海、新疆、内蒙古及西藏等地的盐湖均还有一定的钾资源勘探潜力，近年海水钾资源的提取突破了经济关，结合海水提钾技术的产业化开发进展，适时布局海水钾等非常规钾矿资源开发利用产业显得尤其重要[14]。我国拥有非常丰富的富钾硅酸盐岩石，近年发明的水热化学反应法能将其转化为富钾矿物肥料来代替水溶性钾矿，目前已进入大规模产业化推广阶段。

目前国内以盐湖含钾矿物资源为原料生产氯化钾的工艺主要有以下 3 大类：浮选工艺、兑卤盐析工艺（4#工艺）及热溶冷结晶工艺[15]。硫酸钾生产领域业已形成规模生产能力的硫酸钾生产方法主要有硫酸盐、氯化钾转化法，曼海姆法，浮选—转化法。硫酸钾镁肥的生产主要有两种方法：两段转化机械筛分除钠法及一段转化—浮选法。

2．钾肥资源、能源消耗和环保水平及约束分析

2014 年，中国钾肥（折氧化钾 100%）产量达 610.47 万吨，与 2013 年同期相比增长了 2.9%。自 2010 年以来（除了 2011 年），中国钾肥（折氧化钾 100%）产量整体保持稳步增长的态势，产量均高于 350 万吨。2012 年，我国钾肥产量增长率一度达到 37.4%的高位，产量也是 2010 年来首次突破 500 万吨，达到 529.95 万吨。此后的两年一直保持增量减速的态势。增长率由 2012 年的 37.4%逐步下滑至 2014 年的 2.9%。产量却由 2012 年的 529.95 万吨上涨到 2014 年的 610.47 万吨，突破 600 万吨大关。从境外钾资源看，中国在老挝、刚果（布）、加拿大萨省等拥有的钾石盐和光卤石资源量约 200

[14] 田宝宝. 磷钾矿重选尾矿中钾资源的利用研究[D].武汉工程大学,2014.

[15] 曹飞,杨卉芃. 世界钾资源研究系列之三-国内外钾盐开发利用对比[J]. 矿产保护与利用,2015(03):76-78.

亿吨 KCl 以上，是我国贫乏的可溶性钾的重要补充和永续支撑。

3. 钾肥绿色发展趋势

扩大中国钾盐基础储量，并做好今后 10 年、20 年甚至 100 年的长远可持续开发规划。我国应通过加强土壤钾资源的挖掘，进一步加强有机资源循环利用。此外，要加强新资源勘探，提高现有资源的开发利用效率，加强周边国家新增资源的开发，并根据钾资源需求情况进行合理规划[16]。

为实现钾肥生产现代化与绿色化，应大力进行技术创新和改造，实施节能减排，采用信息化技术和先进的管理模式。同时，加强国内卤水钾资源的勘探和技术创新工作，加强对我国不溶性钾矿物如钾长石、海水钾资源合理利用技术的研究。

为实现钾肥的绿色应用，应突破高端产品生产技术，实现产品的差异化。可利用中国有限的可溶性钾资源，生产低单耗的优质钾肥产品品种，比如硫酸钾镁肥；推广以钾长石等含钾岩石为原料的焙烧法工艺生产的硅钾肥/硅钙钾肥等新型肥料。推动钾肥科学使用和测土配方项目。重视开发我国自主的钾肥施用技术，加强相应的研究和技术推广工作，逐步摆脱对外资公司的依赖。依靠科学的钾肥施用技术来调控钾肥需求。通过农田增施有机肥及秸秆还田等重要措施，增加有机资源中钾的农田施用，提高有机资源中钾还田量。

肥料行业的信息化及智能化研究

1. 新一代 ICT 技术推动智能农业和科学施肥

肥料作为农业生产必要的生产资料之一，对土壤养分的补充、粮食增产

[16] 张发莲，王晓波，刘万平，张娟. 我国难溶性钾资源制肥工艺研究进展[J]. 化工矿物与加工，2013(09):51-53.

等起到关键作用，但是目前在化肥施用环节中仍存在着亩均施用量偏高、区域施肥不均衡、施肥结构不平衡（传统人工施肥占主导、机械施肥仅占30%）等问题。随着农业部“化肥使用量的零增长”的提出，对精准智能的农业生产方式、肥料的科学施用、肥料本身的制造和销售方式都提出了更高的要求。

1）物联网、互联网等驱动农业生产过程智能升级

随着云计算、物联网、互联网、传感器技术的发展，以计算机为核心对当前信息技术综合集成的先进农业生产和管理方式将是未来集约、精准、智能农业发展的趋势[17]。精准农业即是借助卫星、遥感、计算机和自动控制等高新技术，对农业的生产进行精准化管理，实现种、肥、药等生产要素的精量播施及农机作业的精准控制系统。智能农业将实现农业生产全过程的信息感知、智能决策、自动控制和精准管理，农业生产要素的配置更加合理化、农业生产经营的管理更加科学化。例如依托物联网和传感技术的智能型肥水一体化膜下滴灌模式，其包括水源动力系统、过滤施肥系统、田间管网系统、田间数据采集及环境监测系统、智能控制系统与信息化系统这六大系统，可以实现腹膜、播种、精准化灌溉、施肥及施药等一体化机械作业。

随着农业信息化普及，据测算，未来土地确权市场空间将达到400～600亿元；精准智能农业市场容量有望达到400亿元以上；农产品追溯体系市场规模预计也有百亿规模。

2）大数据技术应用于土壤养分数据库、测土施肥数据库建立

要实现化肥用量“零增长”，不仅需要从肥料的技术进步和结构调节出发，更要重视科学施肥技术的改进、深入研究植物营养理论平衡好肥料、土壤与作物三者的关系。因地制宜，统筹兼顾土壤供肥性能、肥料增产效应和作物需肥规律，用科学合理方法精准合理施肥。因此基于大数据技术的土壤数据库和测土施肥数据库的建立非常必要。

建立土壤养分数据库有助于农民方便快速地了解土壤的主要性状、生产性能、耕层养分数据等，对农作物的种植进行合理高效的管理。建立测土配

[17] 于守武，顾佳妮．传统农业的升级发展——互联网+农业[J]．现代经济信息，2015(13): 308.

方数据库可以有效组织、管理、应用有关施肥数据，快速掌握耕地资源状况，优化配置土肥水资源，有助于开发测土施肥客户端（手机服务系统），引导测土施肥、合理施肥。

2. “互联网+”引领肥料行业的新型商业模式

在传统肥料生产和销售的基础上，“互联网+农化、农资”[18]平台的完善将促进现有肥料企业生产和流通方式的转变，主要内容如下：

1）依托互联网的农化服务升级将成为企业新的增长点[19]

肥料生产作为具有制造业属性的行业，其从单纯的产品制造走向产品、服务一体化（生产型—服务型）是实施肥料制造业转型战略的重要策略。在肥料产能过剩的今天，农化服务的地位将逐步凸显，肥料企业将跨领域延伸产业链，逐渐提高在价值曲线上的位置，通过农化服务来打造企业新的利润增长点。

肥料企业可凭借自身独有的优势和原有的销售渠道，搭建农化服务咨询平台，开展肥料科学施用、田间实地指导、农技专家咨询、肥料信息查询等软服务，为农户提供全方位的种植方案和专业技术服务。借助互联网服务平台的不断完善，肥料制造企业的重心也由以往的生产式驱动，转移到以服务为中心、销售肥料为辅的业务模式。逐步在服务口碑的带动下，占有市场、圈定客户范围，以技术指导为核心打造系列增值项目，并实现肥料产品销售渠道的稳固。

2）农户需求的肥料定制化将主导未来环向生产方式

随着土地流转和土地三权的落实，农业规模化生产将逐步推广，再加上耕作方式的变革，未来农户对于肥料定制化的需求程度将加大[20]。生产与消费模式的主导权将实现逆转，更加强调消费端的个性化需求，肥料生产端也

---

[18] 刁书中. “互联网+”形势下的农业信息服务探讨[J]. 农业技术与装备, 2015(05): 17-18,21.

[19] 倪毅军. 肥料企业农化服务模式及发展分析[D]. 陕西：西北农林科技大学, 2015.

[20] 贾然然. 农化服务迈向高端定制化时代[J]. 中国农资, 2015(42): 19.

将更加重视由消费端反馈而来的产品配方调整、技术指导等具体要求。

消费者可以根据土地营养条件和作物生长条件，通过服务平台与肥料生产企业直接对接，提供具体条件和需求来定制肥料。这种方式不仅为农民更高效地解决了问题、节省中间经销商的成本，同时由于耕种规模大于传统小农经济，对于企业排产规模的合理化、肥料配方的改善、肥料产品的精细化和高值化等也都有一定的促进作用。这种由生产端主导、经销商参与的单向链式生产模式以及由消费端定制、强化反馈需求的互动式环向模式，将是未来肥料产业的新型生产模式。

3）互联网农资平台将成农村电商生态圈新的亮点

随着电子商务（B2C）的发展和农村互联网技术的进一步普及，中间商角色将逐渐被面对面的商业模式取代，肥料企业和农户之间扁平化、平台化的结构将更加明显，互联网农资平台的建设也将更加完善。相比其他的生活服务性产品（服装、日化、电器），农资电商的份额将越来越大。

未来肥料企业将打破原有的单一肥料供应模式，强化与其他农资企业的互动和互联，将肥料供应连同种子、农药等其他农资产品一同销售，实行战略联合，共享农资电商销售平台；甚至连同电器、金融等其他电商主体，实现农村电商产品生态圈的跨界打造。移动互联终端为载体的订单农业的快速发展，将极大提高农资订购速度，原有的农资线下推广业务将转为物流及售后业务，未来将实现线上预订线下使用相结合的业务形态。这种农资平台化的业务模式大大缩短了生产者和消费者的距离，加快了市场传导速度，提高了肥料及其他农资产品的流通效率。

三、煤化工行业绿色发展战略研究

我国的能源特点是煤炭资源较丰富，油气资源较贫乏，我国石油对外依存度已接近 60%，天然气对外依存度超过了 30%。为了更好地保障我国的能源安全，发挥我国煤炭资源丰富的优势，近年来我国煤化工行业进入了产能迅速扩大的高速发展阶段。

我国的煤炭资源主要分布于内蒙古、山西、陕西、新疆及宁夏等地区[21]，随之在这些地区形成了众多煤化工产业园区，大量的煤化工项目开车投产，并且还有许多项目仍在建设中，即将投产。这些煤化工项目为这些地区引进了高额的投资，创造了经济利益和就业机会，但也带来了一系列的生态环境问题[22]。

我国的煤化工项目大多数位于我国的西部地区，由于煤化工项目水耗较大，三废排放量大，而我国西部地区水资源较为匮乏，生态环境脆弱，从而造成了水资源过载、地下水污染、生态退化等生态环境问题，制约了煤化工行业的进一步发展[23]。

煤化工走绿色发展之路，不仅是当今社会可持续发展的必要需求，也是煤化工产业发展的必然趋势[24]。煤化工行业实现绿色发展，首先需要政府相关部门的参与以及大力支持；其次需要大力加强煤化工技术攻关，使工艺技术更加清洁绿色；并且需要积极推动多产业合作，构建产业链网，实现资源的最大化利用和单位产值污染排放的最小化；最后还需要煤化工绿色发展的信息服务网络以及信息反馈机制，便于技术的研究应用与推广，确保煤化工绿色发展顺利进行。

煤化工行业目前正处于从绿色制造 1.0 向绿色制造 2.0 过渡的过程，当前绿色发展的核心关键在于节能降耗减排与提高资源利用率。对于传统煤化工绿色发展，节能降耗减排是关键；要提高资源利用率，需要发展煤炭分质利用和新型煤化工等工艺路径。

[21] 夏昊.关于绿色煤化工发展的探索和思考[J]化肥设计, 2012, 50(2):1-4.

[22] 何铮.煤化工大跃进下的绿色变身猜想[J]当代石油石化, 2014(8):8-11.

[23] 赵铁军.煤化工企业绿色生产模式构建探究[J]化工管理, 2015(6):196-197.

[24] 田雪芹.煤化工要走绿色发展之路[J]科技风, 2013.

传统煤化工绿色发展战略研究

1. 传统煤化工行业现状、绿色工艺发展现状

作为我国国民经济重要支柱产业的传统煤化工，主要产品包括焦炭、电石和合成氨。合成氨属于氮肥行业，在第二章就已进行阐述。本章针对传统煤化工中焦炭和电石的生产及其重要下游产业进行阐述。

焦化产业是为冶金产业服务的重要基础能源原材料产业，自 20 世纪 80 年代以来，随着中国经济的快速发展和城市化进程的逐步推进，钢材需求持续增长，焦炭产量也呈逐渐递增之势。中国的炼焦工业也进入了一个快速发展期。20 世纪 90 年代初，中国的焦炭产量跃居世界第一，成为世界最大的焦炭生产国，2014 年，中国焦炭产量已达到 4.77 亿吨。2005—2014 年，我国焦炭产量占世界焦炭产量的比重逐年稳步增加，近两年我国焦炭产量占世界焦炭产量比例已逐渐逼近 70%。

由于近年来我国焦化企业开工率低，产能过剩严重，并且现有产能对环境影响较大，因此国家发改委、经贸委、工信部及环保部陆续发布了焦化行业准入政策和落后产能淘汰政策，从源头和末端控制污染，很大程度上提高了焦化行业的集中度，促进了企业开展节能降耗工作，提高了焦化行业的清洁生产水平。

我国焦化行业在淘汰落后产能的同时，也在不断新增先进水平的产能。焦化行业不断推进技术进步，生产工艺和装备水平有了很大提高，先后开发了一批更清洁更节能的新工艺新技术。例如干熄焦技术，可以高效回收利用炼焦过程中的余热资源，是焦化厂节能减排的主要方向。干熄焦技术是回收红焦显热的最佳技术措施，我国采用高温高压锅炉干熄焦装置的比例在逐步增加。截至 2013 年底，我国已有干熄焦装置 155 套，干熄焦炭能力超过 2 万吨/小时，约占我国 2013 年钢铁行业消费焦炭量的 46%。

电石作为重要的基础化工原料，主要用于产生乙炔气，也用于有机合成、氧炔焊接等。近年来我国电石行业发展速度较快，2014 年，中国电石产能约

4 000 万吨，产量约 2 600 万吨，消费量约 2 400 万吨，是世界第一电石生产和消费大国。

近年来受经济利益驱动，我国电石产能迅速扩张，截至 2013 年底，我国电石产能约占世界电石产能的 96%。为了遏制电石行业低水平重复建设和盲目扩张趋势，促进产业结构升级，规范行业发展，维护市场竞争秩序，国家发改委会同有关部门制订了一系列政策措施。

在产能控制方面，开放式电石炉、内燃式电石炉是近年来淘汰的重点，大型密闭式电石炉正在大规模推广过程中。

在控制污染物排放方面，鼓励电石炉尾气的综合利用，电石法聚氯乙烯（PVC）企业通过与周边水泥企业或其他可消纳电石渣的企业合作，使电石渣得到充分利用。

在产品市场方面，鼓励聚氯乙烯产品的对外出口，有利于化解国内电石产能过剩，不断加强国内技术创新，生产高附加值、高品质产品并鼓励出口。

在工艺技术方面，国内正在通过改革电热法合成路线，采用新的电石合成工艺和合成方法，提高电石炉的电效率和热效率，降低电石生产中的电耗、提高能量利用率。新工艺技术包括改变反应炉加热方式、改变电石合成工艺、改变合成所用碳源及催化法合成电石等。

2. 传统煤化工行业资源、能源消耗水平和环保水平及约束分析

焦化行业能耗大是目前存在的问题之一。我国 30%以上焦化企业的吨焦耗电量，远远高于炼焦行业清洁生产每吨焦小于 40 千瓦时的标准。炼焦耗洗精煤、炼焦耗热量和炼焦工序能耗是焦化行业的三大能耗指标。炼焦耗热量、炼焦工序能耗指标近年来略有下降，但幅度不大。

焦化行业还存在着资源能耗先进与落后指标差距较大的问题，不合理的指标设定造成了大型企业与中小型企业在能耗方面有着巨大的差距，不利于行业进行绿色发展。

电石行业虽然产品单耗逐年下降，但我国电石生产总能耗和 CO_2 排放量仍在增长。电石行业产生的废气难以回收利用。由于电石炉尾气的成分复杂，

含有一氧化碳、氢气、甲烷、乙炔、硫化物、磷化物、氰化物、煤焦油等十几种成分，并且含尘量大、温度高、易析出焦油、易燃易爆、气体压力小。因此对其输送、净化或提纯的难度都很大，回收利用较难。

电石行业主要下游产业电石法聚氯乙烯存在着废汞污染的问题。生产过程中使用的触媒，以活性炭为载体，浸渍吸附 10%～12%左右的氯化汞制备而成，失活的汞触媒成为废汞触媒。目前，我国每吨聚氯乙烯消耗氯化汞触媒平均约 1.2kg（以氯化汞的平均含量 11%计），以 2013 年我国电石法聚氯乙烯产量 1 250 万吨计算，电石法聚氯乙烯行业使用汞触媒约 1.5 万吨，氯化汞的使用量约 1 660 吨，汞的使用量约 1 228 吨。如不采取措施，电石法聚氯乙烯企业不仅面临汞资源匮乏的威胁，也面临环境约束对行业发展影响的压力。

3．传统煤化工绿色发展趋势

传统煤化工绿色发展的关键在于总量控制、优化布局、技术升级、节能减排、循环经济、淘汰落后等，主要包括以下 6 个方面：

（1）控制产能总量，加强宏观调控，严格准入标准，以满足国内市场需求为目标，逐步淘汰落后产能，抑制产能过剩。通过控制产能总量，减缓能耗及三废排放总量上升趋势。

（2）优化产业布局，鼓励在煤炭资源丰富的地区建设“煤—热电（焦炭）—化工—建材”上下游一体化项目，实施耦合式发展。通过更加全面系统的布局，减少系统整体的资源消耗与废物排放。

（3）提高技术水平，对现有产能进行升级改造，降低能耗与三废排放量。加强对核心技术研发的投资，例如干熄焦技术和焦炉余热回收利用技术，电石炉尾气深度净化和综合利用技术及无汞触媒技术。

（4）倡导循环经济，提高产业关联度，构建适度发达的产业链条，提高资源利用效率。综合出台财政、金融、税收等方面的扶植政策，加大焦化、电石行业清洁生产项目的资金支持力度，推进清洁生产技术发展，支持推动资源开发、产品应用及行业集成耦合技术研发。

（5）推进节能减排，提高“三废”综合利用水平。严格执行相关污染物排放标准，严格企业水污染物和大气污染物排放限制、监测和监控要求，采用更加绿色清洁的工艺技术。

（6）淘汰落后产能，严格准入标准。焦化行业逐步淘汰小型机械化焦炉和土焦炉/改良焦炉，严格执行《焦化行业准入条件》（修订）中的相关规定。电石行业逐步淘汰内燃式电石炉，加快推广大型密闭式电石炉，逐步淘汰含汞触媒，推广低汞触媒及无汞触媒。

煤炭分质利用绿色发展研究

1. 煤炭分质利用现状、绿色工艺发展现状

低阶煤是我国目前应用广泛的煤种，但目前对于低阶煤的利用并不充分，煤中一部分有用成分被浪费，部分资源转变成了污染物，不仅浪费了资源，还增加了污染物治理的成本和难度。煤炭分质利用是煤化工行业绿色发展的一条新途径，可以实现低阶煤资源的综合利用和价值最大化[25]。

煤炭分质利用是根据煤炭（目前主要针对低阶煤）的构成及性质，采用中/低温热解等技术，将煤热解成气、液、固三相，再根据各类热解产物的物理化学性质，并结合周边原料供给和项目布局情况，有区别的进行梯级利用和延伸加工，生产燃料、化工原料和各类化学品。

目前煤炭分质利用工艺主要包括干燥脱水技术、压缩成形技术和低温热解技术三大类[26]。其中，干燥技术是基础，成形技术是提升产品质量的关键，热解技术是核心。

干燥脱水技术分为烟气干燥、管式间接干燥、热水干燥、热油干燥和蒸

---

[25] 白向飞.中国褐煤及低阶烟煤利用与提质技术开发[J]. 煤质技术, 2010(6):9-11.

[26] 曾凡虎,陈钢,李泽海,黄学群.我国低阶煤热解提质技术进展[J]. 化肥设计. 2013,1(2):1-7.

汽流化床干燥。

烟气干燥技术在较低的温度及常压下进行，故运行和设备成本较低。但干燥过程中气固两相直接接触，操作中常常会出现因局部过热导致煤质变差的情况，控制得不好还会引起燃烧甚至爆炸。典型技术有：澳大利亚怀特能源公司 BCB 技术，在印尼建有 100×104 吨/年的工业化装置；神华集团 HPU 技术，在宝日希勒建成了 2×50 万吨/年的褐煤提质工业试验项目。

管式间接干燥具有安全、可靠性高、结构合理及传热效率高等特点。干燥效果较好，特别适用于燃点低、易燃、易爆的年青煤种。典型技术有：德国 ZEMAG 工艺（上海 Zemag 敏达机械设备有限公司拥有该技术），在低变质年青煤的干燥方面有着数十年的历史，已经具有较为成熟的运行经验。呼伦贝尔金新化工有限公司 100 万吨/年。

热水干燥操作方便安全，干燥效果较好，煤发热量有较大的提高，煤炭反应活性好、易燃且燃烧完全，但要求原煤的粒度一般在 6 ~ 80 mm 之间，干燥前必须对原煤进行筛选。该装置为间歇式，处理量小，不适于低阶煤大规模提质利用。典型技术有美国 K 燃料工艺（1980s），经过 20 年的完善已进入工业应用阶段。

热油干燥成本取决于所能回收的油的数量。提质效果较好，产品煤的发热量较高。典型技术有日本神户制钢所 UBC 技术（1993），在印尼的工业示范装置运行顺利，已进入工业化应用阶段。

在蒸汽流化床干燥技术中，干燥蒸发的蒸汽中不含空气和其他杂物，可通过多种方法进一步利用。回收干燥所需热量，使热效率大大提高。典型技术有：德国 RWE 工艺，目前已经建成了三套工业化试验装置。在国内，山东省科学院在该技术的研究中走在了领先的位置。

压缩成形技术分为无黏结剂冷压成形、有黏结剂冷压成形和热成形。

无黏结剂冷压成形技术不加黏结剂，只靠外力的作用使粉煤成形，节约大量原材料（黏结剂），能够保持型煤的碳含量，简化成形工艺，成形压力高；适用煤种：泥煤、褐煤（年轻褐煤）。烟煤与无烟煤的煤化度高，无黏结剂成形困难。典型技术有法国 SC 无黏结剂辊压机制煤饼/褐煤饼工艺、澳大利亚 BCB 技术、澳大利亚亚太煤钢公司“冷干”工艺、德国 ZEMAG 无黏结剂挤压成形工艺/颗粒状成形工艺及德国冲压成形工艺。

有黏结剂冷压成形技术型煤产品强度好，易成形。降低型煤的固定碳含量；一般说来黏结剂价格比粉煤贵，即使使用数量较少，但也要增加型煤成本；黏结剂本身需要处理，要与粉煤混合均匀，以及后期固结等，使工艺复杂化；工业用型煤数量大，黏结剂要有充足的来源。典型技术有 DKS 法冷压成形工艺、HBNPC 法冷压成形工艺、ICBM 法冷压成形工艺、FMC 法冷压成形工艺、鹤壁瘦煤的冷压成形工艺以及日本神户制钢所的 UBC 低阶煤煤提质技术。

利用热成形技术可以制得以单一煤种为原料的型焦。典型技术有神华集团 HPU 技术（对辊压成形）、洛阳双勇无黏结剂热压成形技术。

热解技术分为气相热载体热解、固相热载体热解及无热载体热解。

目前国内典型的热解技术有蓄热式无热载体旋转床干馏技术、MRF 技术、带式炉改性提质技术、CF-I 型褐煤提质工艺、LCC 工艺、循环流化床煤分级转化多联产技术、神华模块化固体热载体热解工艺、煤拔头—煤炭综合利用新工艺及 DG 技术。

目前我国煤炭分质利用工业项目大多集中在内蒙古和陕西北部，其中包括大唐华银公司、神华集团以及陕煤化集团等。少数中试装置位于北京、安徽等地，其中包括神雾集团、中科院过程所等。

2．煤炭分质利用资源、能源消耗水平和环保水平及约束分析

煤炭分质利用与传统煤化工相比，资源、能源的利用率都相对较高，而三废排放更少，具有废水“近零排放”，废气“超低排放”的特点，工艺路线更加清洁绿色。

每使用 1 吨煤进行煤炭分质利用，可生产约 75 kg 成品油（焦油加氢制得）和 52 m^3 天然气。煤炭分质利用过程水耗低至传统煤化工的 1/7，每制 1 吨油，耗水 3~5 吨。煤炭分质利用过程生产成品油的能源利用效率为 78%~80%，相比较其他过程较高。

热解及后续分离过程基本不产生固废，固废主要来自于提供系统热量所

燃烧的煤。每处理 1 吨原煤，需燃料煤 140 千克，产生煤灰约 40 千克。在焦油分离过程中由于采用水冷工艺会产生含酚废水。每处理 1 吨原煤，约产生含酚废水 100 千克。热解及后续分离过程基本不产生废气，废气主要来自于提供系统热量所燃烧的煤。每处理 1 吨原煤，燃料煤产生烟气约 1.4 吨。

3. 煤炭分质利用绿色发展趋势

煤炭分质利用相比于传统煤化工，能耗较低，三废排放更少，对于煤资源的利用率更高，是未来煤化工绿色发展的一条重要路线。但目前煤炭分质利用仍在技术、经济性、市场等方面存在着不少问题，制约了煤炭分质利用的发展。

在技术方面，一些技术瓶颈尚未完全突破，不同的技术路线分别存在干燥、成形（包括原料利用与产品加工）、高温除尘等各种问题。

在市场方面，由于国内外经济放缓以及我国目前存在严重产能过剩，产品消纳无法得到有效保障。

在经济性方面，由于煤炭市场的不景气以及石油价格的低迷，焦炭与煤焦油的利润均无法保证，而热解气占煤炭分质利用产品的比例较低，无法拉升整个项目的经济性。

为了实现煤化工行业在未来的绿色发展，应在煤种适宜的地区大力发展煤炭分质利用。通过对相关研究的密切关注与大力支持，解决目前面临的技术问题，突破技术瓶颈；鼓励煤炭分质利用企业与电厂、化工企业联合生产，提高整体能效；通过热解焦油深加工技术、热解气综合利用技术、热解焦转化技术的不断改进完善，推动下游产品的精细化发展，提高下游产品的附加值，增加其国际竞争力，进而保障煤炭分质利用的产品消纳，保证煤炭分质利用的经济性。

新型煤化工绿色发展研究

1. 新型煤化工现状、绿色工艺发展现状

新型煤化工主要包括煤制油、煤制天然气、煤制烯烃、煤制芳烃、煤制乙二醇等。新型煤化工相比于传统煤化工，产品具有更高附加值，产业链网更完整，资源利用率更高。要提高煤化工行业资源利用率，实现绿色发展，就必须合理发展新型煤化工。

煤制油工艺包括直接液化、间接液化和 MTG。直接液化指煤在氢气和催化剂作用下，通过加氢裂化转变为液体燃料的过程；间接液化指以煤为原料，先气化制成合成气，然后将合成气转化成液体燃料的过程；MTG 工艺是将传统煤化工生产的甲醇转化成液体燃料。煤制油的工艺技术数量多且成熟度高，近年来，我国为了保障能源安全，调整能源结构，逐渐重视了煤制油项目的发展。截至 2015 年 8 月，已投产的项目有 5 个，设计产能共 178 万吨，在建项目 10 个，拟建项目 1 个。

煤制天然气是指煤经过气化产生合成气，再经过甲烷化处理，生产代用天然气（SNG）。煤制天然气的能源转化效率较高，技术已基本成熟，是生产石油替代产品的有效途径。截至 2015 年 8 月，已投产的项目有 3 个，设计产能共 111 亿方，建成投产的产能 45 亿立方，在建项目 4 个，拟建项目 18 个，规划项目 4 个。

煤制烯烃是指以煤为原料合成甲醇后再通过甲醇制取乙烯、丙烯等烯烃的技术，对“以煤代油”，改变我国能源结构有着重要意义。由于聚乙烯等塑料的需求快速增长，我国的煤制烯烃项目数量也快速增长。截至 2015 年 8 月，已投产的项目有 13 个，设计产能共 836 万吨，在建项目 25 个，拟建项目 11 个，规划项目 1 个。

煤制芳烃是指以煤为原料，通过煤气化技术进行芳烃的合成。由于完成工业试验的技术不多，大多数技术仍处于小试、中试阶段，所以煤制芳烃项目数量并不多。截至 2015 年 8 月，已投产的项目 1 个，设计产能 3 万吨，

在建项目 2 个，拟建项目 1 个，规划项目 1 个。

煤制乙二醇是指以煤为原料，通过草酸酯路线生产乙二醇。我国乙二醇消费量因受到聚酯需求日益增长的影响快速增长，为了降低乙二醇的对外依存度，煤制乙二醇近年来发展迅速。截至 2015 年 8 月，已投产的项目有 10 个，设计产能共 195 万吨，在建项目 11 个，拟建项目 8 个，规划项目 4 个。

2．新型煤化工资源、能源消耗水平和环保水平及约束分析

新型煤化工根据煤种、煤质特点及目标产品不同，采用不同煤转化技术，并在能源梯级利用、产品结构方面对不同工艺优化集成，提高了整体经济效益。但大型煤化工项目年用水量通常高达几千万立方米，吨产品耗水在 10 吨以上，相当于一些地区十几万人口的水资源占有量或 100 多平方公里国土面积的水资源保有量。在这些地方建厂会打破本地区脆弱的水资源平衡，直接影响当地经济社会平稳发展和生态环境保护。

煤化工产业也是污染物产生较多的行业，煤化工生产过程要排出相当数量的废渣、废水和废气。全国各地煤炭含硫量各有差异，分为低硫、中硫、高硫三个级别，含硫量小于 1%的是低硫煤，含硫量 1%～3%的为中硫煤，含硫量大于 3%的为高硫煤。煤的碳氢比远高于原油和天然气，因此工艺过程中必然要排出一定量的 CO_2，1 吨标准煤约排放 2.6～2.8 吨二氧化碳。

3．新型煤化工绿色发展趋势

随着我国环保政策逐渐严格，新型煤化工进行绿色发展势在必行。新型煤化工绿色发展的重点在于关键技术绿色化、合理有序控制产能。

突破一批核心、关键技术，例如大型煤液化、甲醇制烯烃（MTO）、流化床甲醇制丙烯（FMTP）工艺完善和技术升级，掌握具有自主知识产权的关键技术，降低投资和运营成本。加大煤气化、净化、硫回收、废水处理等方面的技术研发力度，积极推进新型煤化工通过技术升级节能减排，探寻温室气体减排路径，开发二氧化碳捕捉、封存、综合利用技术和装备并推广应用。

抓好现有示范工程，坚持单项技术发展与系统优化集成相结合，统筹规划，优化布局，采用产业链延伸、耦合式发展模式，提高能源资源的利用效率，减少污染物排放，以重大示范项目建设为突破口，加快先进技术研发和产业化，加强差别化和高附加值产品的生产，提升国内煤化工产业的竞争力，促进煤炭利用和消费方式革命。加强项目审批管理，严格审批程序，防止产能盲目扩张，促进新型煤化工产业有序、健康、科学发展。

四、与化工绿色制造相关的新一代技术展望

在 20 世纪，信息、材料、能源是社会发展的支柱[27]。随着技术的兴起，新材料与信息技术、生物技术并列作为新技术革命的重要标志。

在新材料领域，各种高性能材料，包括高强、高耐温、高耐蚀、高硬度、超导、超细微、柔性、自组装材料等[28、29]，是高端制造业的基础，未来的化学工业必须重点布局这一领域。

在能源领域，人类的能源利用经历了从薪柴时代到煤炭时代，再到油气时代的演变，在能源利用总量不断增长的同时，能源结构也在不断变化。每一次能源时代的变迁，都伴随着生产力的飞跃，极大地推动了人类经济社会的发展。同时，随着人类使用能源特别是化石能源的数量越来越多，能源对人类经济社会的发展的制约和对资源环境的影响也越来越明显。因此，通过化工过程对新能源进行开发利用，实现耐用性、柔韧度、弯曲度合适的薄膜太阳能电池材料低成本规模化生产[29]、开发高效低成本的晶体硅太阳能电池

[27] 才磊. 材料是 21 世纪发展的物质基础——记材料科学技术名词审定工作[J]. 中国科技术语, 2010(04): 5-8.

[28] Marmolejo-Tejada J M, Velasco-Medina J. Review on graphene nanoribbon devices for logic applications[J]. Microelectronics Journal, 2016(48): 18-38.

[29] Wang Q, Xie Y, Soltani-Kordshuli F, et al. Progress in emerging solution-processed thin film solar cells Part I: Polymer solar cells[J]. Renewable and Sustainable Energy Reviews, 2016(56): 347-361.

材料[30]、研发可规模化应用的高效生物质能[31]，逐渐摆脱对不可再生能源的依赖，同时实现能源消费的绿色化，也是化学工业未来的重要领域。

在生物化工领域，利用可再生的生物质资源为原料，生产高端的生物制药、生物化工材料，以及生物能源产品，为农业的转型升级延伸产业链提高附加值提供技术和服务，具有广阔的发展前景。

与此同时，绿色工艺与清洁生产、智能制造密不可分。传统化工过程中存在很多高污染、高能耗的产品生产路线。通过清洁催化剂、清洁溶剂技术等绿色工艺流程改进原有工艺，同时运用更加高效智能的微化工过程[32]、物联网系统[33]等先进生产管理系统进行智能生产，实现化学工业规模化生产与个性化产品订制的统一，解决大宗化学品过剩而专用材料不足的矛盾，通过基于互联网信息化的化工智能制造，满足未来发展的不同需求。

致谢本章其余作者

（按姓氏笔画顺序）：

马淑杰　李光耀　李瑾　宋晓旭　张群　樊炯明

---

[30] 姚叙红. 高效太阳能电池关键技术研究[D]. 中北大学, 2009.

[31] Aslan A. The causal relationship between biomass energy use and economic growth in the United States[J]. Renewable and Sustainable Energy Reviews, 2016(57): 362-366.

[32] 骆广生, 徐建鸿, 李少伟等. 微结构设备内液-液两相流行为研究及其进展[J]. 现代化工, 2006(03): 19-23.

[33] Lee I, Lee K. The Internet of Things (IoT): Applications, investments, and challenges for enterprises[J]. Business Horizons, 2015, 58(4): 431-440.

4

有色金属工业与金属矿业的绿色发展

邱定蕃[1]　倪　文敖　宁　陈永强　王成彦

1 北京矿冶研究总院 院士

有色金属工业和金属矿业是以开发利用矿产资源为主的基础原材料产业，也是我国能源资源消耗和污染物排放的重点行业之一。本章针对这两大领域的能源消耗现状，二氧化碳、尾矿与废石排放特点，研究了国内外该行业目前采取的主要节能减排措施等，分析了我国有色金属工业和金属矿业今后一个时期的发展趋势，预计在 2020—2025 年，中国有色金属工业的总产量与总能耗将进入一个平台期后并开始缓慢下降。此外，根据我国产业现状，还提出了在氧化铝、电解铝、铜冶炼、铅锌冶炼、有色金属和黑色金属矿业几大业务领域中，绿色发展的关键技术及前沿技术方向，可作为我国“十三五”时期在这两大领域绿色循环低碳发展的技术参考。

一、中国有色金属工业概况

中国有色金属工业近 10 多年来取得了巨大进步，在 20 世纪 70 年代开始引进国外先进技术和装备的基础上，中国的科技人员和企业职工进行了大量的科学研究和创新，政府给予了强力支持，企业家对技术创新也倾注了很高的热情，到本世纪初，中国有色金属工业的科技进步已十分明显。现在，可以认为中国有色金属工业的主流工艺和装备已经处于世界先进水平，其中不乏由国人独创的技术，为中国有色金属工业的发展做出了十分重要的贡献。

自 2002 年以来，有色金属产量一直位于世界第一，今天我国有色金属的产量和消费量均超过世界的 40%，虽然有色金属技术进步使单位产品的能耗和污染物排放已大大减少，但它们总量还在增加。近年来国内环境污染事件显著增多，其中因铅、镉、汞、砷等有害元素引发的污染问题需要引起我们的重视。中国有色企业将面临更加严峻的挑战，环境保护成为有色企业的生命线。

有色金属工业绿色化发展的核心是环境保护，即在保证良好的生态环境的前提下，发展有色金属工业。为此，必须尽可能地提高资源的利用率，降低单位产品的能耗，最大限度二次资源循环利用，减少废弃物排放，并进行无害化处理。工业绿色化发展是有色金属工业可持续发展的必然选择。

有色金属工业在国民经济中的地位

有色金属是国民经济发展的基础材料，航空、航天、汽车、机械制造、电力、通信、建筑、家电等绝大部分行业都以有色金属材料为生产基础。随着现代化工、农业和科学技术的突飞猛进，有色金属在人类发展中的地位越来越重要。它不仅是世界上重要的战略物资，重要的生产资料，而且也是人类生活中不可缺少的消费资料的重要材料。

进入新世纪以来，中国有色金属生产持续增长，技术不断创新，产业结构逐步优化，节能减排成效显著，有色金属产量连续 13 年居世界第一。2013 年中国 10 种有色金属产量达到 4 154 万吨，占全球产量的 41%，是俄罗斯、美国、加拿大、澳大利亚等世界主要有色金属生产国产量合计的 2 倍。

有色金属生产和消费的基本情况

有色金属工业是一个复杂的系统流程产业，有色金属的生产包括地质勘探、采矿、选矿、冶炼和加工等过程。

我国是目前世界上最大的有色金属生产国和消费国。2013 年，中国精炼铜产量 666.7 万吨，占全球的 31.79%；电解铝产量 2315.5 万吨，占全球的 48.51%；精炼铅产量 493.5 万吨，占全球的 43.92%；锌产量 528 万吨，占全球的 40.96%。

2013 年，中国精炼铜消费量是位居其后的美国、德国、日本、韩国合计消费量的 1.7 倍。原铝消费量是位居其后的美国、德国、日本、印度合计消费量的 2 倍。中国铜、铝消费结构见表 4-1。

表 4-1　2013 年中国铜、铝消费结构

消费结构	铜	铝
消费总量（万吨）	978	2521
建筑业（%）	3.31	33.55
交通运输（%）	7.81	20.28
电力（%）	41.25	11.61
包装（%）	—	10.20
机械制造（%）	10.07	8.01
日用消费品（%）	15.20	7.85
电子通信（%）	15.10	3.85
其他（%）	7.26	4.65

二、中国有色金属工业的节能减排

有色金属工业是以开发利用矿产资源为主的基础原材料产业，也是我国能源资源消耗和污染物排放的重点行业之一。

中国有色金属工业“十二五”期间的发展和问题

“十二五”期间，累计淘汰落后冶炼能力电解铝 117 万吨、铅（含再生铅）354 万吨、锌（含再生锌）112 万吨。

2012 年，有色金属行业单位工业增加值能耗为 1.564 吨标准煤/万元（2010 年不变价），比 2011 年下降 6.9%。铜冶炼、铅锌冶炼、镁冶炼、稀有

稀土冶炼等金属品种综合能耗都有不同程度的降低，有害重金属污染物、化学需氧量、二氧化硫等排放量都有不同程度下降，尾矿、冶炼渣等大宗固体废物综合利用水平不断提高。

2013 年，综合能耗氧化铝 527.8 千克标准煤/吨、铜冶炼 316.4 千克标准煤/吨、铅冶炼 469.3 千克标准煤/吨，分别比 2010 年下降 10.6%、20.7%和 11.4%。铝锭综合交流电耗为 13 740 千瓦时/吨，比 2010 年下降 224 千瓦时。

循环经济实现较快发展。2013 年再生铜、再生铝、再生铅产量分别达到 275 万吨、520 万吨和 150 万吨，“十二五”期间年均分别增长 14.6%、30% 和 11.1%。赤泥回收铁、铝电解槽废内衬回收、镁渣回收等综合利用技术开发取得新成果。

但是，中国有色金属工业节能减排依然面临严峻局面：

（1）国内企业间能耗水平相差悬殊。我国电解铝综合交流电耗总体已处于世界领先水平，但是企业之间差距较大，最好的企业为 13 200 千瓦时/吨左右，最差的企业超过 15 000 千瓦时/吨，相差 2000 千瓦时/吨。

（2）有害重金属污染问题较为突出。有色金属工业的行业特征决定了其在生产过程中有害重金属污染物产生和排放量较大，铜冶炼、铅锌冶炼、镍钴冶炼、锡冶炼、锑冶炼和汞冶炼等有害重金属污染防治重点行业面临新增污染源防治与历史遗留污染解决的双重任务，工作难度和压力较大。

（3）淘汰落后产能有待深入推进。尽管中国有色金属工业在淘汰落后生产能力方面已取得重要进展，但能源消耗高、环境污染大的落后生产能力在部分环节还占有一定比例，淘汰落后产能任务仍十分艰巨。

（4）固体废物综合利用形势严峻。2013 年，中国铝工业产生赤泥 4000 万吨以上。由于氧化铝生产排放赤泥的利用是一个世界性难题，目前中国的赤泥综合利用率不到 4%，累计堆存量超过 2 亿吨。预计 2015 年，累计堆存量将达 3.5 亿吨，固体废物综合利用面临的形势十分严峻。

中国有色金属工业的能源消耗现状

有色金属工业是中国重要的能源消费领域。随着国家大力建设资源节约型、环境友好型社会，产业面临的节能减排、生态保护压力越来越大。

2013 年，中国有色金属工业能源消费达到 16 020 万吨标准煤（按发电煤耗计算），占全国能源消费总量的 4.38%。特别是在国内电力和煤炭消费中，有色金属工业占有重要地位。2013 年，全行业电力消费量达到 3909.1 亿千瓦时，占当年国内电力消费的 7.88%。

中国有色金属工业的能源消费主要集中在冶炼环节。2013 年冶炼环节消费能源 8 589 万吨标准煤（按当量系数计算），占产业能源消费总量的 73.7%。其中铝冶炼领域消费能源 6 385 万吨标准煤，占产业能源消费总量的 54.8%。有色金属加工和矿山采选领域能源消费不多，2013 年分别消费 2 685 万吨和 383 万吨标准煤，占产业能源消费总量的 23%和 3.3%。

随着技术的进步，中国有色金属生产单位产品能源消耗呈下降趋势。2013 年，中国电解铝、铜冶炼等主要有色金属生产能耗指标已经接近或达到世界先进水平。其中，铝锭综合交流电耗下降到 13 740 千瓦时/吨，继续保持世界领先水平；骨干企业的铜冶炼综合能耗降到 316.4 千克标煤/吨，也进入世界先进行列。

但是，由于中国有色金属产量及消费量的总量较大，所以有色金属工业能源消耗的总量依然较大。

有色金属行业 CO_2 排放特点

中国有色金属工业的碳排放主要集中在铝（含氧化铝）、铜、铅锌、镁等产品的冶炼环节，约占产业碳排放总量的 70%以上，矿山采选、加工和其他金属品种冶炼只占全行业约 20%。2013 年冶炼环节中铝冶炼占 61%，铅锌冶炼占 7%，镁冶炼占 6%，铜冶炼占 2% 。因此，铝冶炼行业应作为有色金属工业节能减排潜力研究的主要领域。

2009 年我国有色金属工业由能源消费带来的 CO_2 排放总量约为 3.28 亿吨，约占全国 CO_2 排放（全国 CO_2 排放约 78.49 亿吨）的 4.18%。从分行业看，2010 年，电解铝消耗 2 264 亿度电（折合 7811 万吨标准煤），占有色金属工业能源消耗 12 151 万吨标准煤的 60%以上，因此与电解铝工艺相关的节能新技术将对有色行业 CO_2 的减排起重要的作用。

2013 年，我国有色金属产量达到 4154 万吨，推算的 CO_2 排放量达到 5.25 亿吨。

有色金属工业采取的节能减排措施

1. 国外有色金属行业减排的技术途径及措施

国外有色金属矿产开采的 CO_2 减排技术途径及措施有三个特点：

（1）追求规模效益，关闭小规模和技术设备不达标企业。

（2）注重先进设备和技术的利用，提高劳动生产率和降低成本，在矿区全面实现自动化，使劳动生产率大大提高。

（3）对废弃矿山采取合理的处理措施等。

国外有色行业 CO_2 减排相关法律法规主要集中在两个方面：

（1）有色金属单位产品的二氧化碳排放量（当量）。

（2）含有有色金属的产品回收制度。欧盟、美国、日本等主要工业国家在 20 世纪末到 21 世纪初都制定了生产有色金属单位排放相关标准。

国外有色金属的产品回收制度大部分都建立在循环经济的概念之上，汽车、家电和机械设备等含有大量有色金属，对这些废旧有色金属重复利用可以大大降低有色金属生产成本，同时降低二氧化碳的排放，以铝为例，循环铝（再生铝）和电解铝相比，节省能源可达 95%。

欧美等发达国家在回收体系建立方面的共同经验：

（1）立法保证。

（2）配套的优惠政策。

（3）制订废弃有色金属回收的计划和有色金属在新产品中所含份额和生产的具体措施。

（4）采取强力措施改变阻碍废弃有色金属回收发展的各种不利因素。

（5）建立非政府组织机构。

欧美等发达国家在财政上支持有色金属企业。在欧盟，可利用成员国的结构性基金投资不太发达地区，开发新的生产项目。在美国和加拿大，采矿业和其他工业一样，可以得到人员培训、研究和开发或环保方面的投资项目基金。

税收上优惠有色金属企业。国外在税收上采取了多项优惠措施，如对优先发展的项目，在限定时间内，对若干税种（如资本收入税和财产交易税）进行减免，对采矿业免去部分企业税，使矿山企业投资加速回收；部分减免矿山投资或销售费用。

2. 我国有色金属行业减排的技术途径及措施

为了提高资源利用效率，实现可持续发展，走新型工业化道路，必须依靠科技进步，把节能降耗摆在重要位置，大力发展循环经济。其中，铝冶炼工业以节能为中心的技术进步是有色金属工业节能工作的重点。

我国有色金属工业采用先进技术，实行规模化生产采取的节能措施主要是：矿山重点采用大型、高效节能设备，提高采矿、选矿效率；铜熔炼采用先进的富氧闪速及富氧熔池熔炼工艺，替代反射炉、鼓风炉和电炉等传统工艺，提高熔炼强度；氧化铝发展选矿拜耳法等技术，淘汰了能耗高的自焙铝电解技术，推广使用了大型预焙铝电解技术，并实现了规模化生产。同样，我国铜冶炼、铅锌冶炼等行业的能源消耗下降也在很大程度上得益于采用先进技术、推进规模化生产的举措。具体措施及取得的成绩包括“十一五"期间淘汰了落后冶炼能力铜 50 万吨、铝 80 万吨和铅 40 万吨； 2010 年氧化铝、铜和铅的综合能耗比 2005 年分别下降 36.6%、50.8%和 30.7%，吨铝锭综合交流电耗为 13 979 千瓦时，比 2005 年下降 596 千瓦时，居世界领先水平。有色金属行业水资源重复利用率达到 77%，比 2005 年提高了 23%。铜、铅、锌冶炼二氧化硫固化率由 2005 年的 90%提高到 2010 年的 95%。

发达国家实现工业化的实践已经证明，大量利用废旧有色金属资源，实现循环使用节能减排效果显著。以资源缺乏的日本为例，虽然目前该国铝年消费量已经超过 300 万吨，但其中有三分之一以上是利用国内的循环铝（再生铝）资源，这样就大大降低了对海外资源的依赖程度。由于我国经济发展程度不高，国内废旧有色金属的蓄存量不多，虽然近年来再生有色金属生产发展很快，但主要是依靠进口废杂有色金属原料获得发展。根据有色金属产品的使用寿命，以后国内蓄存的废旧有色金属原料将在我国有色金属工业中占有重要地位，从而可以大大降低有色金属工业的能源消耗。

三、中国有色金属工业的发展趋势

“十三五”期间是有色金属产业加快转变发展方式，初步实现建设世界有色金属工业强国目标的关键时期。

初步估计，“十二五”期间，我国十种有色金属产量年均增长 8%左右，2015 年达到 5090 万吨。预计到 2020 年，十种有色金属产量控制在 6000 万吨左右，年均增长率为 6%。其中精炼铜、电解铝、铅、锌产量分别控制在 1000 万吨、3500 万吨、630 万吨和 750 万吨，年均增长率分别为 5.8%、6.7%、5.9%和 5.5%。四大再生有色金属年均增长率保持在 6%左右，到 2020 年总产量达到 1650 万吨，其中再生铜 420 万吨，再生铝 800 万吨，再生铅 230 万吨，再生锌 200 万吨。

“十一五”以来，我国有色金属工业技术进步发展十分迅速，国内自主开发的串联法生产氧化铝及利用高铝粉煤灰提取氧化铝、液态高铅渣直接还原、铅富氧闪速熔炼、底吹炼铜等技术实现了产业化，具有国际先进装备水平的铜冶炼产能占 95%，大型预焙槽电解铝产能占 90%以上，先进铅熔炼产能占 60%，湿法炼锌产能占 80%，多条具有世界先进水平的铜、铝加工生产线投入生产，上述关键技术、工艺和设备的更新换代对有色行业的节能减排起到了重要作用。

通过技术创新和加强管理，进一步推进节能减排，使万元工业增加值能源消耗、单位产品能耗进一步降低。到 2020 年，铅、镁、电锌冶炼综合能耗分别降到 300 千克标准煤/吨、3500 千克标准煤/吨和 900 千克标准煤/吨及以下，铝锭综合交流电耗、全流程海绵钛电耗分别降到 13 200 千瓦时/吨和 20 000 千瓦时/吨及以下。到 2020 年，再生铜、铝、铅平均能耗水平比 2015 年下降 4%。

以实现绿色发展为目标，推进矿山尾矿和废石资源的综合利用，争取到 2020 年利用率达到 10%左右；实现粉煤灰提取氧化铝的产业化，争取 2020 年产量达到 200 万吨；到 2020 年，争取赤泥综合利用率达到 25%；积极发展有色金属再生利用，到 2020 年，争取再生铜、铝、铅分别占到国内供应量的 40%、20%和 30%。

总体来看，“十三五”期间有色金属工业产量增长速度减慢，增长幅度将明显低于“十二五”时期，单位产品能耗和污染物排放继续下降，但总能耗和污染物仍将上升，环境污染问题是有色金属工业发展的主要制约因素，社会对中国有色金属工业绿色发展的重要性将达成共识，一批有色金属工业绿色发展的新技术必然出现。预计在 2020—2025 年，中国有色金属工业的总产量与总能耗将会进入一个平台期后开始缓慢下降。

四、促进有色金属工业绿色发展的关键技术

到 2020 年，为促进有色金属工业绿色发展，需要在以下方面开展有色金属工业绿色发展的关键技术研究。

需要开发或推广应用的氧化铝工业绿色发展关键技术

我国氧化铝行业的技术水平与国际先进水平相比仍存在一定的差距，主要表现在铝土矿资源品位低，工艺装备的大型化、节能化和自动化的程度较差，这是导致我国氧化铝生产平均能耗偏高的主要原因，节能仍然是我国氧化铝工业技术发展最重要的任务。

我国拜耳法生产流程进一步节能提效的主要途径是推广应用高效强化拜耳法技术，包括强化拜耳法系统各关键工序，提高工序效率和产出率；解决拜耳法循环系统的瓶颈环节，使系统流程均匀化、高效化，实现整个系统高循环效率。高效强化拜耳法投入少、见效快、经济效益显著。

促进铝电解工业绿色发展的关键技术

截至 2005 年，我国已基本淘汰了自焙槽电解技术，成为世界上首先全面淘汰自焙槽技术的国家。由此，我国铝电解工业彻底消灭了自焙槽严重的沥青烟污染，明显地降低了铝电解生产的电耗，大大改善了铝电解的劳动生产环境和条件，提高了生产率。

尽管我国铝电解工业的节能已达到了世界领先技术水平，但距离世界铝工业技术发展路线图的高水平目标仍有差距，需要进一步优化新型结构电解槽等重大节能技术，主要优化方向和目标是继续降低单位产品电耗，提高电流效率，提高铝电解的自动化和信息化水平。

促进铜冶炼绿色发展的关键技术

在火法炼铜中，烟气制酸能耗占总能耗比例较大。传统的制酸工艺进转化烟气二氧化硫浓度在10%左右，未对制酸过程中低温位余热进行回收，吨酸工艺能耗高达 90～120 千瓦时，即 330～400 千瓦时/吨阳极铜，折算为 106～129 千克标准煤/吨阳极铜，占从铜精矿到阳极铜总能耗的三分之一左右。因此，烟气制酸是火法炼铜节能潜力最大的工序。

P-S 转炉吹炼工艺及装备成熟，处理冷料较为便利，粗铜含硫低，目前仍是主要的冰铜吹炼方法。但 P-S 转炉吹炼效率低、设备台数多、间断操作、二氧化硫泄漏及逸散问题难以彻底解决，已成为火法炼铜技术进一步向高效节能、环保清洁方向发展的制约环节。长期以来，冶金工作者致力于连续炼铜、连续吹炼技术的研发，以下是促进铜冶炼绿色发展的关键技术。

（1）熔炼炉渣余热回收技术的研发。研究表明，熔炼（贫化电炉）炉渣带出的热量相当于 110.3 千克标准煤/吨阳极铜，占火法系统总热量的 35%，从理论上讲，对其热量进行回收是火法炼铜节能应重点着力之处。

（2）铜冶炼高砷物料中砷的脱除与固化-稳定化技术。在炉渣选矿的情况下，炉渣中的砷部分进入渣精矿返回熔炼，这将使砷在系统内循环累积的问题更为凸显。因此，从硫化砷渣、高砷烟尘或黑铜粉等火法炼铜高砷物料中将砷脱除，然后将铜等有价金属回收返回系统已成为发展趋势，目前在国内外很多原料含砷较高的炼铜厂，正是通过这一技术措施解决砷累积问题的。更为重要的是研究如何使矿石中的砷尽可能不分散，以便集中处理，并研究砷的应用领域和无害化处置。

促进铅锌工业绿色发展的关键技术

铅锌工业近年来创新了很多新技术，主要为了降低单位产品能耗和污染物排放，提高生产效率。“十三五”期间，中国的铅锌工业发生了很大的变化。

例如，三段炉炼铅技术，即底吹炉熔炼 – 液态高铅渣直接还原熔炼 – 烟化炉烟化技术，炉料中的金属硫化物及部分铅液发生氧化反应，生成金属氧化物和二氧化硫，产出粗铅和高铅渣，并将贵金属富集于铅中。高铅渣经渣流槽转入还原熔炼炉，铅氧化物在高温和还原剂作用下被还原成粗铅。鼓风炉热渣转运至烟化炉中，熔渣中的氧化锌、氧化铅在高温还原环境中还原成气态的金属锌、铅后再挥发到炉子上部空间，在二次风作用下再度氧化成氧化锌和氧化铅，随炉气一起进入收尘系统。铅富氧闪速熔炼法主体设备由闪速熔炼炉和还原贫化电炉构成，设备配置更类似于铜的闪速熔炼，铅的熔炼和炉渣贫化还原分别在两台装置中联合完成。在熔炼阶段，约 90%的 PbO 与焦炭层产生的 CO 及 C（碳）发生反应被还原成金属铅，铅与渣在沉淀池分离后从沉淀池放铅口虹吸放出；少部分铅呈 PbO 和硫酸铅的形态进入炉渣，经流槽自流至贫化电炉进行深度还原，电炉粗铅从放铅口虹吸放出浇铸成铅锭。

此外，还有铅矿浆电解技术、锌冶炼热酸浸出 – 赤铁矿除铁技术、铅膏泥全湿法处理技术等新工艺也取得了很大进展。

但是，铅锌工业绿色化的核心是环境污染问题，由于铅锌矿石常含有砷、镉、汞等有害元素，生产过程中如何回收这些元素或对含有这些元素的废弃物进行无害化处理是实现铅锌工业绿色化的关键。铅锌工业的科技创新也要以此为中心，才能从根本上改变铅锌工业的局面。

促进有色金属二次资源利用绿色发展的关键技术

“十三五”期间，我国再生有色金属产业技术装备水平进一步提升。金属熔炼回收率不断提高，产品结构不断优化。在预处理领域，废旧有色金属机械化拆解预处理技术，废铅酸蓄电池无污染破碎分选机械化国产技术，铝废料预处理技术，白色家电和其他电子废弃物预处理技术将进入持续改进优化设计阶段。在熔炼领域，再生铜倾动式阳极炉，竖炉及其他新型强化熔炼炉，废杂铜分级直接利用技术，再生铝熔炼炉的大型化、蓄热式燃烧技术，废铅蓄电池铅膏、铅栅分类熔炼技术，废铅酸蓄电池湿法冶金清洁生产技术，含锌废料湿法冶金清洁生产技术等，将得以推广应用。在节能环保领域，余热回收利用技术设备，再生有色金属污染物治理技术和设备，有毒有害物质智能化控制技术，再生有色金属物料自动配比技术，废旧有色金属成分快速检测设备、放射性检测设备等，将得到普及并取得积极成效。

五、中国金属矿业概况

金属矿业在我国国民经济中的地位

金属是国民经济发展的基础材料，而金属矿石则是我国金属生产的最主要原料。我国自产矿石虽然在大多数主要金属矿产品中都少于进口比例，但在平抑国际市场矿石价格，保障我国经济发展的资源安全、保障国民经济和社会平稳健康发展方面却起着极为重要的战略作用。我国部分有色金属及稀散稀土金属矿的储量占世界探明储量的50%以上，具有控制性的国际战略地位。例如，我国稀土出口几年来占据了全球稀土贸易总量的80%～90%，我国金属铟出口占据了全球铟贸易总量的 70% ~ 80%。此外，2014 年我国金属矿业还直接带动就业约 200 万人，创造产值约 6 700 亿元，其中黑色金属矿业约为 1 600 亿元，贵金属及稀散稀土金属矿业约为 2 700 亿元，有色金属矿业约为 2 400 亿元。

金属矿产在我国生产和消费中的基本情况

2014 年我国铁矿石进口 9.33 亿吨，占国际贸易量的 69%（占国内总消费量的近 80%）；我国铜、镍、铝土矿、铅锌等对外依存度超过 50%，有的高达 85%。我国各种金属的冶炼还处于大比例依赖天然矿石的阶段。废旧金属每年回收利用的比例与发达国家相比还有巨大差距。例如，我国粗钢产量中，废钢比多年来一直未能突破 10%，而美国等发达国家已超过 60%。

六、金属矿业的节能减排与生态环境保护

中国金属矿业的能源消耗现状

金属矿产品生产的能耗主要体现在采矿和选矿两个主体环节。由于我国金属矿富矿少贫矿多，简单易选的富矿就更少。大多数有色金属矿和稀贵金属矿为复杂难选的共伴生矿，并且大多为贫矿。在铁矿方面，像澳大利亚、巴西等国正在大量生产的易采易选或不用选的富矿在我国早已消耗殆尽。目前我国开采的对象大多是极难采的深部和超深部矿体，露天转地下已经是大

多数大型露天矿企业所必须面临的问题。极难选的超细粒赤铁矿、鲕状赤铁矿、菱铁矿或复杂共伴生铁矿在我国还有巨大储量。因此我国总体上来说，金属矿产品生产的单位能耗远远高于世界平均水平。澳大利亚的部分铁矿山不设选矿厂，富矿品位达到63%以上，开采的铁矿石可直接运往钢铁厂冶炼，其吨矿生产能耗只有我国同品级铁精矿能耗的 10%~20%。我国采矿和选矿装备的大型化和自动化水平与发达国家及加拿大、澳大利亚等矿业大国相比也还相差甚远。以大型露天矿装运设备研发为例，太重集团成功地研制出了 WK55 型矿用机械电铲，斗容为 $55m^3$；由北方重汽公司研制的 MT5500 型电动轮矿用卡车，额定载重量为 326t。但在目前技术经济条件下，此类装运设备仅在国内特大型露天矿山有可能派上用场。中小型露天矿山仅采用 4～$10m^3$ 的电铲和 20~50t 的自卸矿车，在一定程度上限制了工作效率和单位能耗的下降。在加拿大、瑞典、澳大利亚等国家，无人采矿工作面和遥控采矿甚至是无人矿井已经成为现实。我国也正在朝这方面发展，但总体和国外发达国家技术相比还有很大的差距。

我国在金属矿业领域能耗低于发达国家的唯一环节是用于环保和生态恢复的能耗，根本原因是我国在金属矿业领域环保和生态恢复的水平远远低于发达国家。

中国金属矿业排放特点及其对生态环境的影响

金属矿产资源的开发在建国初期曾经是我国工业的核心基础产业。特别是近几年来，几乎所有金属矿的原矿石产量都居世界第一位，而所开采出来的原矿石，如果按质量计算，被利用部分几乎是全世界最低的。我国也是每年动用与金属矿产相关的自然地质地体数量最庞大、强度最高的国家。我国因开采金属矿石每年动用自然地质地体总吨位接近 70 亿吨。因此金属矿产资源的开发也是我国资源消耗和污染物排放的根本源头之一。

1. 我国金属矿开发每年产生的尾矿和废石总量巨大

2014 年我国金属尾矿产生量为 16.5 亿吨，综合利用量约 3.4 亿吨，累计堆存超过 130 亿吨。2014 年金属矿废石产生量为 48.8 亿吨，综合利用量约 1 亿吨，累计堆存超过 600 亿吨。金属矿尾矿和废石合计累计堆存超过 700 亿吨，相当于满载的重载列车绕地球 200 圈。

2. 我国金属矿开发导致严重生态破坏和安全隐患

2014 年当年我国金属矿采选活动直接破坏土地及扰动山地植被近 100 万亩，累计超过 1300 万亩。金属矿采选活动还会造成地表及地下水系扰动、周边土地沙化或重金属污染等。2014 年当年我国金属矿采选活动间接破坏土地及扰动山地植被近 300 万亩，累计超过 4000 万亩。我国金属矿区域性甚至一个矿体多矿主开采的现象非常严重。地下采空区的充填率平均不到 10%。金属矿地下充填采空区主要集中在贵金属和少数有色金属矿山。因此，由区域性地下水平衡遭到破坏和地表塌陷造成的生态破坏非常严重。对于露天采矿的植被恢复，不仅已闭矿的矿山历史欠债问题十分突出，在役矿山也大多不能按国家标准的规定进行及时的植被恢复。

另外，尾矿库和排土场的安全隐患一直是我国金属矿业可持续发展的心腹大患，重大溃坝事故时有发生。很多尾矿库超期或超负荷使用，甚至人为违规操作，使尾矿库存在极大安全隐患，对周边地区人民财产和生命安全造成严重威胁。新中国成立以来，我国多次发生尾矿库溃坝事故，造成大量人员伤亡。

3. 我国金属矿开发环境污染问题较为突出

在我国北方干旱地区，由于金属矿露天采矿的矿坑、排土场、尾矿库等的植被恢复历史欠债问题十分突出，在役矿山也大多不能按国家标准的规定进行及时的植被恢复，露天采矿始终是沙尘暴、大气细颗粒物、重金属和气凝胶污染的主要来源之一。较大区域性的高强度集中采矿活动对生物种群和地下水的高强度扰动还会与环境容量空间的急剧缩减和环境污染物的增加等因素形成恶性协同效应，使环境污染问题进一步加剧。在我国南方多雨地区，由于有色金属的采选在历史上大多数时期内不把黄铁矿、磁黄铁矿和毒砂等硫化矿物作为目标回收矿物，导致尾矿、废石和废弃矿井矿坑内经常由于氧化淋溶作用而形成大量酸性废水，同时与大量重金属的溶出外泄相互作用，特别是有色金属在较大区域内的高强度集中采矿活动，已经对地表和地下水系构成严重的酸污染和重金属污染。这种污染水系灌溉农田和旱季的扬尘则成为周边地区土壤中砷和重金属的重要污染源。这种间接污染的面积往往是划定采矿活动区域内面积的几倍至几十倍。我国南方多雨地区正在进行大规模开采的铁矿大部分为矽卡岩型、热液型或岩浆型成因，其尾矿、废石和矿井矿坑内也大部分含有黄铁矿和重金属硫化物，矿区内和周边地区也大部分具有较强的重金属污染特征。而锰矿和铬矿的集中开采区就一直是众所周知的污染重灾区。重金属污染、酸污染与自然生物种群的大区域强烈扰动相互协同，进一步加剧了我国南方金属矿采选对环境生态破坏的危害性。

中国金属矿业的减排及保护生态环境的基本现状

我国从建国初期一直到本世纪初，金属矿的采选一直未能把环境保护和生态恢复作为重点工作。特别是从 20 世纪 80 年代到本世纪初的 20 多年时间，由于金属矿的采选所涉及的土地破坏和植被扰动的面积每年都几乎以两位数的幅度增长，再加上采矿权证的管理经验不足，矿权归属、生产者责任延伸制度的欠缺和矿业领域的生态环境保护立法严重滞后，由金属矿的采选活动导致的生态环境破坏问题和安全问题日趋严重。

2005 年 8 月 18 日，国务院下发了《关于全面整顿和规范矿产资源开发秩序的通知（国发〔2005〕28 号）》，明确指出，“我国矿产资源开发中存在的深层次矛盾和问题尚未得到解决，一些地区开发秩序仍然比较混乱，存在矿山布局不合理、经营粗放、浪费资源、破坏环境、安全生产事故频发等问题”。明确强调，“坚决关闭破坏环境、污染严重、不具备安全生产条件的矿山企业”，“探索建立矿山生态环境恢复补偿制度。地方各级人民政府应对本地矿区生态环境进行监督管理，按照“谁破坏、谁恢复”的原则，明确治理责任，保证治理资金和治理措施落实到位”，“对废弃矿山和老矿山的生态环境恢复与治理，按照“谁投资、谁受益”的原则，积极探索通过市场机制多渠道融资方式，加快治理与恢复的进程”，“积极推进矿山生态环境恢复保证金制度等生态环境恢复补偿机制”。

2006 年 2 月 10 日，财政部、国土资源部和国家环保总局联合下发了《关于逐步建立矿山环境治理和生态恢复责任机制的指导意见》，强调“各级财政、国土资源、环境保护行政主管部门要高度重视建立矿山环境治理和生态恢复责任机制的工作，切实负起责任，采取有效措施督促企业按规定提取矿山环境治理恢复保证金，确保资金专项用于矿山环境治理和生态恢复”。

2008 年国土资源部、发展和改革委员会、环境保护部、国家安全生产监督管理总局联合下发了关于加强废弃矿井治理工作的通知（国土资发〔2008〕154 号），强调建立废弃矿井治理的长效机制，地方各级国土资源、发展改革、财政、环境保护、安全监管等部门应抓紧建立健全并落实好矿山环境治理和生态恢复责任机制，积极推进矿山环境治理恢复保证金制度，为废弃矿井治理提供资金保障，避免造成新的遗留问题。

2009 年 5 月 1 日国土资源部颁布了中华人民共和国国土资源部第 44 号令《矿山地质环境保护规定》，强调“违反本规定，扰乱、阻碍矿山地质环境保护与治理恢复工作，侵占、损坏、损毁矿山地质环境监测设施或者矿山地质环境保护与治理恢复设施的，由县级以上国土资源行政主管部门责令停止违法行为，限期恢复原状或者采取补救措施，并处 3 万元以下的罚款；构成犯罪的，依法追究刑事责任”。

2010 年国土资源部发布了《全国矿山地质环境保护与治理规划（2009—2015 年）国土资发〔2010〕44 号》，指出“我国矿山地质环境问题突出，危害严重。全国因采矿活动占用、破坏的土地面积达 330 万公顷，其中地面塌陷面积 43 万公顷；固体废弃物的累计积存量 353.3 亿吨；2008 年矿山废水废液排放量 48.9 亿吨。2006 年至 2008 年引发的矿山地质灾害 5000 余次，造成直接经济损失近 70 亿元。历史遗留问题多，治理难度大。当前，矿产资源开发利用仍然存在粗放浪费现象，矿山开发集约程度不高、技术设施落后、管理不规范、回采率和选矿回收率低，地质灾害和水土污染等矿山地质环境问题仍然比较突出。矿产资源需求持续增长，矿山地质环境保护压力不断增大。我国工业化、城镇化进程加快，资源需求仍将持续增长。据预测，到 2020 年，矿石开采量将继续增长，矿山地质环境保护与治理恢复的压力也将越来越大"。

2011 年 2 月 22 日国务院发布了《土地复垦条例》，2013 年 3 月 1 日国土资源部发布了《土地复垦条例实施办法》。该条例规定必须进行复垦的土地包括露天采矿、烧制砖瓦、挖沙取土等地表挖掘所损毁的土地；地下采矿等造成地表塌陷的土地；堆放采矿剥离物、废石、矿渣、粉煤灰等固体废弃物压占的土地；能源、交通、水利等基础设施建设和其他生产建设活动临时占用所损毁的土地。土地复垦义务人应当按照土地复垦方案开展土地复垦工作。矿山企业还应当对土地损毁情况进行动态监测和评价。生产建设周期长、需要分阶段实施复垦的，土地复垦义务人应当对土地复垦工作与生产建设活动统一规划、统筹实施，根据生产建设进度确定各阶段土地复垦的目标任务、工程规划设计、费用安排、工程实施进度和完成期限等。土地复垦义务人应当将土地复垦费用列入生产成本或者建设项目总投资。土地复垦义务人应当建立土地复垦质量控制制度，遵守土地复垦标准和环境保护标准，保护土壤质量与生态环境，避免污染土壤和地下水。到 2013 年为止，中央财政累计下达了资金 195 亿元，地方配套 143 亿元，治理的矿山达到 2 万个左右。特别是重点支持了国务院批准的资源枯竭型城市的矿山环境恢复治理，累计投入了 88 亿元的资金。

虽然中央政府在各个方面都大力推进我国金属矿业开发的生态环境保护工作，但是由于历史欠账太多，再加上前些年的政府领导政绩考核总是把地方 GDP 增长放在首位，对违反矿业开发生态环境保护政策法规行为层层加码的地方保护主义，导致对我国金属矿业开发的生态环境保护工作的推进实效与建设生态文明的目标还相差甚远。除了资金短缺、计划资金不能按时足额到位、挤占挪用专项资金等问题外，矿山恢复治理在技术、标准、规划、责任落实等问题上都还存在很多欠缺。同时，相关的责任机制和法律法规也没有很好地建立起来。这些导致已经关闭的矿山有很多历史遗留问题，一些在产矿山新增的环境问题越来越多，矿山生态环境日益严峻。目前，在矿山恢复治理中大量应用的稳沉后再治理（即后置式治理）的传统做法落后，相对于塌陷前治理（即前置式治理），治理效率低，土地利用率低，治理成本高，耕作层难以保护，耕地质量难以保证。

2012 年，国土资源部下发《关于开展工矿废弃地复垦利用试点工作的通知》，确定在河北、陕西、内蒙古、辽宁、江苏、安徽、河南、湖北、四川、山西十省区开展试点，通过对历史遗留废弃地的复垦利用，与新增建设用地相挂钩，合理调整建设用地布局。

2013 年，国务院正式印发《全国资源型城市可持续发展规划（2013—2020 年）》。这部我国出台的首部关于资源型城市可持续发展的国家级专项规划明确提出，“大力推进废弃土地复垦和生态恢复，支持开展历史遗留工矿废弃地复垦利用试点。继续加大对历史遗留矿山地质环境问题恢复治理的资金支持。”同时把矿山环境恢复治理作为地方政府综合考核评价的重要内容。近年来的实践表明，加快工矿废弃地复垦利用，是在新形势下全面落实科学发展观、实施资源节约优先战略的重大举措，有利于盘活存量用地、缓解土地资源瓶颈约束、促进耕地资源和生态环境保护，可全面改善群众生产、生活条件。

1. 国外金属矿业的减排及保护生态环境的基本现状

发达国家基本建立了完备的矿业生态环保法律体系。美国有专门的《复垦法案》，包括开采许可证制度、分类复垦制度和复垦基金及保证金，几乎涉及土地复垦的所有细节，且每一项都规定得非常具体，以确保土地复垦工作落到实处，同时还设立专门管理机构——内政部露天采矿与恢复（复垦）办公室。而澳大利亚的法律则强调公众参与土地复垦的综合目标控制和方案管理，对企业的复垦活动全程监控和责任追究，矿山企业随时可能因为土地复垦和环境保护等方面的问题遭到公众起诉及政府处罚，有效保障了土地复垦的质量成果。在澳大利亚，不管是政府主管部门还是矿山企业，都十分重视复垦的科学研究和成果应用，有很多专门从事土地复垦的机构。基于鼓励和推广的目的，澳大利亚实行动态土地复垦保证金制度，保证金缴纳面积为每年扩大开采的面积;将已复垦面积按比例抵消破坏的土地面积，以鼓励企业。此外，复垦工作做得好的企业的保证金缴纳比率可调低，最少的只需缴纳25%的保证金，做得不好则调高其比例。德国的《矿产资源法》更是将矿区景观生态重建纳入采矿活动的一部分，强调重建并不是将土地恢复到开采前的状况，而是建设为规划要求的状况，赋予土地符合可持续发展要求的新用途。为全面掌握废弃矿山的情况，加拿大部分省份实行了建立废弃矿山信息系统的管理办法。该系统使政府掌握废弃矿山及其对环境破坏的情况，对政府安排资金和组织力量进行统一治理起了巨大作用。在采矿技术绿色化方面，发达国家和加拿大、澳大利亚、南非、智利等矿业大国，早在20世纪中期就大力改进和推广胶结充填采矿方法。特别是全尾砂膏体胶结充填采矿，如果全部采空区都100%回填的话，大部分矿山基本可以实现尾矿、废石100%回填，实现无废采矿。但由于这种方法成本较高，一般只是对大型、特大型富矿才会进行全尾砂膏体胶结充填地下采矿，这与发达国家在20世纪和本世纪以来逐渐形成的特大型跨国矿业集团的垄断性有关，更与发达国家早在100多年前就经历了大规模的城市化过程和工业化过程，从而饱受高强度的环境污染之苦，生态环保法律的不断完善和加强密切相关。

采矿设备的大型化、智能化及数字矿山的建设，不仅在发达国家已经成为金属矿采矿降低能耗和提高采矿安全性的重要措施，在加拿大、澳大利亚、南非、智利等矿业大国也是系统综合节能和降低矿石开采成本的主要技术手段。在铁矿开采设备的大型化和系统智能化方面，以澳大利亚最为领先，这得益于澳大利亚哈莫斯利地区超大型的富铁矿较易进行大规模露天开采。地下深部采矿设备的大型化、系统的智能化和过程控制的可视化以南非的超大型高品位金矿的开采和智利的超大型高品位铜矿的开采为典型代表。加拿大则以超大型的硫化镍矿富矿体的深部开采和钾盐矿的开采为典型代表。

在选矿技术绿色化方面，发达国家和加拿大、澳大利亚、南非、智利等矿业大国，较早就开始了低毒性和高效率的绿色选矿药剂的研发与应用。在欧盟，氰化物早已被禁止用作浸金药剂，而属于具有持久性有机污染化合物类的合成选矿药剂也正在被淘汰。在低能耗高稳定性破碎和磨矿设备方面，以及选矿设备的大型化和智能化方面总体上领先于我国。在这些国家的选矿厂中，单台设备的自动化和信息化控制水平一般高于我国，选矿全流程工艺技术指标的系统动态优化，已成为金属矿选矿节能提效的重要成熟手段之一。

在尾矿与废石的处置与综合利用方面，发达国家和加拿大、巴西、南非、智利等矿业大国，基本上采用与欧盟和美国相近的严格环保标准进行管理。对于地下采矿，由于这些国家基本不开采贫矿和复杂难选矿，尾矿和废石所占比例一般较小。采用高浓度自流胶结充填采矿和膏体泵送胶结充填采矿方法相配套，大部分能将尾矿和废石 100%回填采空区。露天采矿对于尾矿和废石的处置，以按标准填埋和生态恢复与复垦作为主要手段。这些国家很少进行尾矿的再选处理和建材化利用。主要原因，一是这些国家的矿业开发经营集中度很高，几乎都处于寡头垄断状态，他们掌握着大量易采易选的富矿；二是这些国家的大型金属矿山大多远离人口密集的地区，一般尾矿建材很难找到适合运距的市场。

2. 我国金属矿业的减排及保护生态环境的技术途径及措施

在采矿技术绿色化方面，我国近几年大力改进和推广胶结充填采矿方法。特别是全尾砂膏体胶结充填采矿，如果全部采空区都 100%回填的话，大部分矿山基本可以实现尾矿、废石 100%回填，实现无废采矿。但由于这种方法成本较高，国内几乎没有一个矿山能够实现尾矿和废石 100%回填。一般只是在富矿赋存部位、高价值矿石赋存部位、为保障采矿安全而必须采取此项措施的部位，或特殊矿体和“三下”采矿，为了提高矿石的回采率，才会采用这种采矿方法。在矿价持续走高的情况下，一些无条件建设尾矿库或废石场（排土场）的矿山，也会主动采用胶结充填采矿方法，以便尽可能实现尾矿和废石的 100%回填。自 2013 年下半年以来，金属矿石（精矿）的国际市场价格持续走低，其中铁矿石的价格降到了过去十年历史最高价的 1/5，或过去十年平均价格的 1/3，有色金属矿和贵金属矿（精矿粉）的国际市场价格也多比十年历史最高价下降了 50%~70%。市场的压力迫使我国的胶结充填采矿的比例大幅度下滑，过去大比例采用胶结充填采矿法的铁矿山90%以上处于停产或亏损经营状态，个别矿山开始改变成传统无充填采矿的方法，并开始用采富弃贫的手段来维系矿山的运营。

采矿设备的大型化和智能化以及数字矿山的建设始终是我国金属矿采矿节约能耗和提高采矿安全的重要措施，近几年结合引进吸收再创新和自主创新，在新建和改扩建的大型采矿工程中有了一定的发展。大型深凹露天陡坡铁路运输系统、大型移动式破碎机和预抛尾系统结合大倾角胶带输送机在大型深凹露天矿的应用，与大型矿车运输的有机结合和集成创新，形成了具有我国特色的大型深凹露天矿高效运输系统综合节能技术。

在选矿技术绿色化方面，在大型矿山除了及时引进和集成创新研发国内外低能耗高稳定性破碎和磨矿设备外，普遍推广了设备的大型化和智能化。随着单台设备的自动化和信息化控制水平的提高，选矿全流程和采、选、冶跨流程工艺技术指标的系统动态优化，逐步成为金属矿选矿节能提效的重要手段之一。

低毒性和高效率的绿色选矿药剂的创新研发与低能耗大型自动化选矿设备的有机集成，已成为我国新建大型选矿厂的主流选择。以回收全部硫化物为终极目标的新的硫化矿选矿思想的逐渐深入，使尾矿和废石中的硫化物含量不断降低，在多种先进技术集成的硫化矿精细回收的流程中，部分矿山排到尾矿库或用于回填矿井及地表塌陷区的尾矿中残余全硫含量已经可以实现控制在 0.3%以下。相对于上个世纪末以前，在有色和稀贵金属选矿流程中大多把黄铁矿、磁黄铁矿和毒砂等富铁硫化物排除在目标回收矿物之外相比，近年来尾矿中总硫的含量下降了 10~50 倍。同时，也使尾矿中所含的铊、铅、镉、汞、砷、铟、锑、铋等强毒性亲硫元素，锌、铜、镓、锗等中等和弱毒性亲硫元素，以及镍、钴、钒、锰、铬等亲铁元素在尾矿中的含量大幅度降低，大大降低了尾矿在储存和回填矿井及地表塌陷区后的潜在环境风险。

低能耗高稳定性破碎和磨矿设备与多种不同磁场强度的大型永磁选矿设备的协同组合在磁性铁为主的新建大型选矿厂已得到普遍应用。包括大型高效浓密机、新型高浓度二相流输送泵、耐磨耐蚀材料和高承压管道、全程自动检测与控制系统等关键技术环节在内的尾矿高浓度长距离输送成套技术，在我国大型金属矿山尾矿输送的节能和提高效率方面正在显示越来越大的优势，并且正在与胶结充填采矿中的充填料输送技术进行有机结合，使多个环节的单项技术和整体控制水平不断提高。

七、中国金属矿业绿色发展趋势

中国有色金属矿业绿色发展趋势

相对于国外其他有色金属矿主要产出国而言，我国有色金属矿床总体来说具有非常典型的细粒复杂难选的共伴生矿多、单矿物颗粒粗和简单易选的矿种少，小矿多、大矿少，贫矿多、富矿少的特点。特别是在广大的岭南地区，包括湖南、江西、广西、广东、福建等地，与含砷、镉、汞、铊等矿物共伴生的矿体非常普遍。仅在湖南和广西两地，目前每年共半生砷的采出量就超过全球国际贸易的总量，因此大部分砷都残留在尾矿和废石中而未被提取，留下巨大的长期环境隐患。而镉、汞、铊等强毒性重金属一般在矿石中含量较低，在目前的经济技术条件下大部分不具备提取价值，但又远远超出当地土壤背景值或岩石背景值，大部分残留尾矿、废石和冶炼过程所产生的各种废渣或尘泥也构成长期的环境隐患。要实现中国有色金属矿业绿色发展，这些问题既是急迫需要解决的现实问题，也是必须要深层次考虑的长远问题。

基于我国目前大多数有色金属资源需求都大量或主要依赖进口，以及目前我国有色金属主产区的矿床特点，要满足我国日益增长的有色金属需求，除了加大科技攻关力度，加强西部找矿和解决现有有色金属矿主产区所面临的疑难问题外，需要进一步加快我国有色金属矿业“走出去”的步伐，并以我国不断增长的整体技术、经济、政治和军事实力作为有色金属矿业向“走出去”转型的战略保障。

为了保证有色金属矿业产业“走出去”战略的顺利实施，我国与有色金属矿业发展相关的生态环保和安全标准的国际化要先行，并要优先部署相关的技术集成攻关、技术研发原始创新和科学理论研究。

对于已经大量堆存和正在快速增加的含砷、镉、汞、铊等强毒性物质的尾矿库和废石堆，推广和进一步深化低成本的微生物地球化学法深度还原固化与生态恢复技术。对于正在产出的这类尾矿和废石，推广和进一步深化低成本的高稳定性高强度胶凝固化技术，并与深部采矿的胶结充填采矿法有机结合起来，以便大幅度降低处置成本和提高安全保障。

以回收全部硫化物为终极目标的精细选矿技术是有色金属尾矿无害化和建材化综合利用的前提保障，可在适宜的地区和矿区适度发展。以全尾砂膏体胶结充填 100%的地下采空区为主要手段，以无尾矿山建设和维持原有生态系统和地下水系统为终极目标的有色金属矿山的采、选和尾矿、废石的生态化处置与利用的无缝对接，是全球有色金属矿山发展的总体趋势，也是我国有色金属矿业绿色发展不可逆转的大趋势。

中国黑色金属矿业绿色发展趋势

2013 年下半年以来，国际铁矿石价格一路下滑。中国钢产量下滑也会打压铁矿石价格，由于国内矿业企业目前的生产成本远远高于市场价格，造成国内大批铁矿生产企业的停产和减产，使得我国 2014 年铁资源消费总量中，进口铁矿石所占比例创下了 80%的历史新高。

我国大部分主力铁矿山都处于露天开采转地下开采的转型期，而胶结充填采矿法是目前公认的露天转地下后最有效的采矿方法。国产铁矿石生产平均成本远远高出澳矿运到我国港口的成本将成为新常态。因此以前把国产铁矿石占我国铁矿资源消耗的比例来简单地定位成国家铁矿资源的战略安全性的问题需要进行重新研究。应当在国际市场、经济、政治、军事发展的新格局下重新定位国家铁矿资源的战略安全性的问题。铁矿资源的开发也应该考虑采取“走出去”的战略方针来保障我国铁矿资源的战略安全，使我国积累多年的铁矿资源的巨大投资能力和采选冶能力继续得到更有效的集中发挥。

对于我国大量堆存和正在快速增加的铁尾矿和废石，推广和进一步深化清洁低成本的尾矿建材生产技术，并与我国大部分主力铁矿山露天转地下和深部采矿的胶结充填采矿法有机结合起来，在提高资源回采率和地下深部采矿安全性的同时加大消纳尾矿和废石的力度。燕山山脉和太行山脉是首都和整个京津冀平原地区的绿色屏障和重要水源地，也是环首都生态建设的重点地区。同时燕山山脉和太行山脉也是我国最大的铁矿石生产基地。由于近几年大量超贫磁铁矿的开采，使该地区铁矿原矿石产量占全国的 30%~50%，因此导致了 200 亿吨以上铁尾矿和废石的堆存。仅 2014 年该地区就产出铁矿废石 117 092.24 万吨，铁尾矿 34 862.67 万吨，两者合计超过 15 亿吨，而当年的综合利用总量不到 2 亿吨。大幅度降低该地区铁尾矿和废石的堆存增加速度，尽快回复已破坏的植被，已成为该地区生态环境保护和涵养水源的重大问题。

铁矿行业的发展与铁矿采矿露天转地下应更加紧密地结合起来。我国大部分铁主力矿山都将先后进入露天转地下的开采阶段。阻碍铁矿山胶结充填采矿快速发展的最大障碍就是经济因素，而胶凝材料的成本在胶结充填采矿中最高可以占 50%以上。目前，以我国安徽六安地区为代表的大多数铁矿地下胶结充填采矿仍然使用普通硅酸盐水泥作为胶结剂。虽然唐钢石人沟等铁矿已经开始采用以矿渣微粉为主的胶结剂，成本有所降低，但仍需掺入一定量的普通硅酸盐水泥作为胶结剂。此外，由于现有的商品矿渣粉粒度不够细，由此导致的泌水、分层、堵管和接顶不良等问题还在困扰着铁矿山地下胶结充填采矿的快速发展。

因此开发成本更低和能够彻底避免泌水、分层、堵管和接顶不良等难题，用于地下采矿的新一代无水泥微膨胀胶结充填料，对于铁矿山胶结充填采矿快速发展具有重要意义。

铁矿行业发展与钢铁工业废弃物全产业链协同利用应更加紧密地结合起来。铁尾矿和废石生产的砂石料及尾矿微粉不同于目前常用的以方解石为主要矿物成分的石灰岩碎石和石灰岩粉，其表面有大量断裂的硅氧键和铝氧键，容易与高炉矿渣微粉和尾矿微粉为主的硅铝基胶凝材料形成化学键合。高炉水淬矿渣含有比水泥熟料高 2 倍以上的潜在活性硅氧四面体，而钢铁企业的钢渣经选出金属铁后还有大量尾渣没有找到合适的消纳渠道，可以与脱硫石膏一起作为矿渣微粉和尾矿微粉等硅铝质材料的激发剂，有利于生产出低水泥和超低水泥的高性能混凝土，对水泥混凝土行业的大幅度节能减排和降低成本具有潜在推动作用。充分利用含有比水泥熟料高 2 倍以上的潜在活性硅氧四面体的高炉水淬矿渣/钢渣及脱硫石膏，发挥矿渣微粉和尾矿微粉等硅铝质材料激发剂的协同功能，充分利用钢渣含有可膨胀 100%～200%的游离氧化钙及游离氧化镁的微粒膨胀效应，开发出成本更低且能够彻底避免泌水、分层、堵管和接顶不良等难题的新一代无水泥微膨胀胶结充填料，用于地下采矿。

因此，通过从钢铁工业废弃物全产业链协同利用的角度进行系统科技攻关，不仅能够促进铁尾矿和废石代替开山炸石来生产建筑用砂石料，还对促进钢铁工业固废零排放，减排 CO_2 和其他大气污染物、降低能耗也具有重要意义。

八、中国金属矿业绿色发展前沿技术

促进金属矿业绿色发展关键技术

1. 促进有色金属矿业绿色发展的关键技术

有色金属矿产资源的有效开采、合理利用和保障程度是“十三五”期间的一项重要任务。

（1）开展数字矿山建设，提升有色金属矿山的管理水平。如何合理开发与利用有限的矿产资源来满足人类社会可持续发展需求，已成为当今的共同主题。数字矿山的建设，可以对开采中的矿产资源进行适时控制，保证矿产资源的回收；可以改善现有生产控制水平，实现生产调度、选矿过程等的自动化，节约开采、运输、选矿能耗；可以提高矿山开发过程中各个环节的效率，节约人力资源，从而达到节约生产成本，减少消耗(减量化)的目的。

（2）开展有色金属矿产资源高效采矿、选矿技术研究，降低设备、能源等的消耗。矿产资源开发使用大量重型机械设备，消耗大量能源，因此要重点研究高效节能的采矿、选矿新技术和新设备，高效预选设备，高效节能新型破磨与分级设备，以及固液分离新技术与设备，大幅度降低能耗，大规模降低采矿、选矿成本，提高综合利用率。研究开发内容包括陡坡铁路技术与设备的研究与推广，汽车—胶带（大倾角）联合运输工艺与设备的研究与推广，高效爆破炸药和爆破技术研究及推广，连续化采矿技术的研究与推广，井下废石就地充填技术研究及推广，高压辊磨设备的研究，节能型球磨机的研究，高效选矿工艺与设备的研究，高效脱水设备的研究，将控制技术用于现有采矿、选矿设备，实现设备的自动控制等。

（3）有色金属矿区土地复垦与生态恢复。有色金属矿品位低、提取工艺复杂，固体废弃物产生量大，破坏和压占了大量土地。多年来重开发、少治理，面临的土地复垦与生态恢复问题十分严重，目前我国 80% 以上的矿区废弃地未得到恢复利用。因此，有效控制矿区环境污染、重金属污染土壤修复及矿区生态环境重建，是关系矿区可持续发展和保障人体健康的重大课题。应重点研发有色矿山酸性废弃堆场污染控制技术；强碱性赤泥堆场生态恢复及稳定化技术；矿区重金属污染土地修复技术；露天开采采空区和地下开采塌陷区综合治理与生态修复技术等。通过矿区废弃物堆场与污染土地综合整治，减缓矿产资源开发的环境压力。

（4）大力研究开发行业清洁生产技术、装备，以及技术集成创新。对“三废”实行减量化，从源头削减固体废弃物、废水、废气的产生量和排放量，加快“三废”治理、资源化的步伐；加强循环经济共性技术研究，提高二氧化硫利用率，工业用水循环利用率；特别要重视国内、国外废杂有色金属再生资源循环利用，建立若干个大型再生资源回收利用集散地；建立循环经济发展的技术体系。

1）成熟重点推广技术

促进有色金属矿业绿色发展的成熟重点推广技术，包括采矿装备的自动化、智能化技术，采矿过程信息化、数字化控制技术；采矿工艺参数的动态优化技术，全尾砂膏体泵送胶结充填采矿技术，高浓度结构流（柱塞流）自流输送胶结充填采矿技术，开采过程中复杂地质结构与安全隐患的超前探测技术，深部采矿的低能耗通风、控温、地压、岩爆控制技术，深部采矿的低能耗矿石提升与充填料输送技术，复杂伴生矿分质开采技术，低能耗矿石破碎与高效磨矿动态优化技术，复杂难选共生矿高效分离选矿技术，新型高效选矿药剂低能耗生产与合理应用技术，矿井废水及选矿废水高效处理与回用技术，尾矿低能耗压滤脱水与生态干堆技术，尾矿中硫化物高效去除与利用技术，尾矿微粉生产及应用技术。

2）需完善后推广技术

促进有色金属矿业绿色发展需完善后推广的技术包括采矿装备的自动化、智能化与信息化、数字化控制一体化技术，采矿工艺参数的在线动态优化技术，低成本全尾砂膏体泵送胶结充填采矿技术，安全高效深部采矿综合技术，破碎与磨矿设备的低能大型化技术，采选冶一体化的复杂难选共生矿高效利用技术，新型高效选矿药剂的低成本生产技术，矿井废水及选矿废水100%回用技术，水泥窑协同处置有色金属尾矿技术，有色金属尾矿提取有价组分协同无害化生产建材技术，矿山公园建设综合优化技术。

3）关键技术研发

促进有色金属矿业绿色发展急需开发的关键技术包括基于物联网、大数据和云计算的有色金属采矿可视化、智能化和无人化技术，全固废胶结充填采矿胶凝材料的生产和应用技术，胶结充填采矿协同固化重金属技术，地下选矿与无尾矿山前沿技术，有色金属尾矿库、废石堆微生物地球化学法深度还原固化重金属与生态化植被技术，有色金属尾矿深度提取有价组分协同无害化农用技术，有色金属尾矿深度分选全组分协同利用技术，有色金属尾矿与其他产业固废协同利用与产业链接技术。

2. 促进黑色金属矿业绿色发展关键技术

1）成熟重点推广技术

促进黑色金属矿业绿色发展的成熟重点推广技术包括大型铁矿企业信息化IT治理与综合集成技术，铁矿大型采选装备在线或远程状态监测与故障诊断技术，大型黑色金属矿山露天采矿全过程高效抑尘技术，黑色金属矿山地下采矿低能耗通风及高效抑尘技术，锰尾渣永磁综合分选及利用技术，低品位难选矿铁综合选别与利用技术，老尾矿库铁、锰尾矿再选及二次尾矿建材化利用技术，高硅铁尾矿生产轻质加气混凝土技术，大型黑色金属矿山露天采场、排土场、尾矿库快速植被化技术，铁矿山采选废水回用技术。

2）需完善后推广技术

促进黑色金属矿业绿色发展需完善后推广的技术包括千万吨级深部矿床开采关键技术及装备，大型地下铁矿崩落法转充填法开采技术，大型深凹露天矿高效开采与集运装备，复杂难采矿体绿色高效开采技术，复杂难选铁矿选冶药剂绿色设计关键技术，富硅高铁尾矿深度分选及大宗高值综合利用关键技术，废石资源中有价组分回收与优质建材原料协同优化清洁生产技术，尾矿、废石、冶金渣与煤电工业固废全产业链协同利用生产高性能混凝土技术，地下采矿胶结充填全固废高性能充填料生产及应用技术，用于地下采矿胶结充填的固废胶凝材料协同固铅技术。

3）关键技术研发

促进黑色金属矿业绿色发展急需开发的关键技术包括地下开采诱发矿山动力灾害的预警与防控关键技术，大型露天铁矿采场、排土场灾害安全预警、动态控制及生态修复关键技术，深井热环境控制技术，铁矿开采职业危害因素及环境污染物高效控制技术，铁矿山数字化开采关键技术，地下铁矿自动化采矿技术，露天铁矿生产过程智能控制技术，海洋采矿技术，低品位铁矿石节能减排选矿关键技术与装备，复杂难处理铁矿石选冶联合技术与装备，选矿生产过程智能优化控制技术，以铁为主的多金属共伴生矿石综合回收利用技术，尾矿/废石再选及制备高品质建材原料清洁生产技术，全尾矿废石骨料高性能低成本低碳混凝土生产与应用技术，新一代无水泥微膨胀地下采矿胶结充填料生产与应用技术，尾矿库安全及污染物控制关键技术。

5

建材工业绿色制造

徐德龙[1] 彭 寿 李 辉 同继锋

1 中国工程院副院长

本章针对我国建材工业绿色发展所面临的问题，给出了建材工业实现绿色制造的内涵，建立了建材工业绿色制造评价指标体系，并从产品绿色化、过程生态化、产业循环化和行业智慧化四个方面对代表性建材产品水泥的绿色制造指标进行评价。分析了国内外建材工业绿色制造技术现状、典型案例和未来的技术发展趋势，在此基础上指出了未来建材工业实现绿色制造的发展方向与技术路径。

一、绿色发展是建材工业转型升级的必由之路

建材工业作为国家重要的基础原材料产业，在“万丈高楼平地起”和“天堑变通途”日新月异的现代化建设进程中发挥了重要作用。经过新中国成立近60年特别是改革开放以后30多年的快速发展，中国建材工业已形成了完整的工业体系，门类齐全，产品配套能力强，在国际市场中占有举足轻重的地位。水泥、平板玻璃、建筑卫生陶瓷和墙体材料等主要建材产品的产量连续多年位居世界首位，中国成为名副其实的建材生产和消费大国（图5-1、图5-2和图5-3分别为近几十年我国水泥、平板玻璃和建筑陶瓷砖的产量及其占世界总产量的比例）。其中中国水泥工业前几年在需求拉动下快速发展，工艺技术与装备以新型干法水泥生产工艺为主向生产规模大型化、装备高效化、产品高性能化、生产过程清洁化以及废弃物综合利用等方面发展，各项技术除满足国内生产自身需求外，正在出口世界各地，达到世界领先或先进水平；中国玻璃工业在自主研发出世界三大浮法技术之一的“中国洛阳浮法玻璃工艺”后，经过30多年的研发、提升，技术吨级规模不断扩大，品种不断增加，结构不断优化，功能不断完善与增加，节能减排和装备制造水平都有了显著的进步与发展；建筑卫生陶瓷工业通过引进消化再创新，在技术装备方面大大缩短了与先进国家和国际领先水平的差距，在大吨位球磨机、大型喷雾干燥塔、大吨位压砖机、中高压成形机、宽体节能窑炉与干燥器、

产品轻量化和薄型化等一些重大技术装备方面达到国际领先水平；墙体材料工业在消化吸收国外技术的基础上，自行开发出粉煤灰、煤矸石、页岩烧结砖、蒸压砖和加气混凝土砌块等制造技术，向利用废弃物资源化生产墙体材料和节能墙体材料等方向发展，并逐步向机械化、自动化、精细化、清洁化转型升级，一批先进的墙体材料生产线先后在国内建成，提高了我国墙体材料行业的整体发展水平。

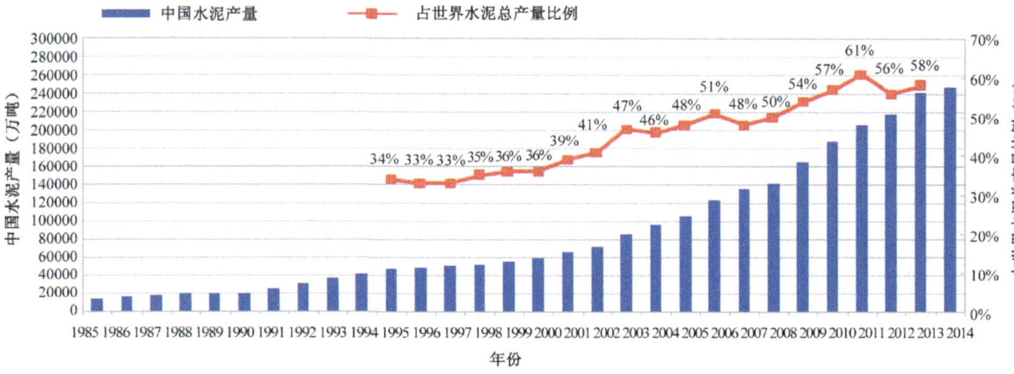

图 5-1　近 30 年全国水泥产量及占世界水泥产量比例

总体来看，我国主要建材产品的技术、质量都接近或达到世界先进水平，某些技术甚至创国际领先水平。但随着全球经济增长放缓，中国社会固定资产投资增速开始呈现下行趋势。此阶段的建设任务不再以满足数量增长为主要目标，转向满足人们对建筑物品质提升和功能增加方面的需求，建筑业朝着建筑工业化、绿色化、智能化方向转型升级，对建筑材料提出了更高的要求。中国建材工业面临的环境压力增大，资源、能源趋紧，企业治理成本大幅增加，产能严重过剩，企业利润空间大大压缩等问题急需解决，其发展由“增量扩张”转向“提质增效”已成必然。新形势下中国建材工业要实现由大变强、转型升级，走绿色发展之路是不二选择，而作为传统制造业之一，实施绿色制造是建材工业走绿色发展之路的重要方向和内容。

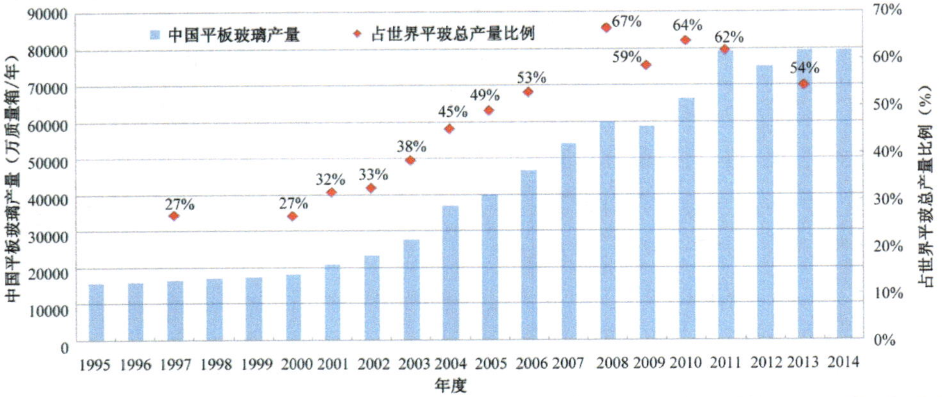

图 5-2　近 20 年全国平板玻璃产量及占世界平板玻璃产量比例

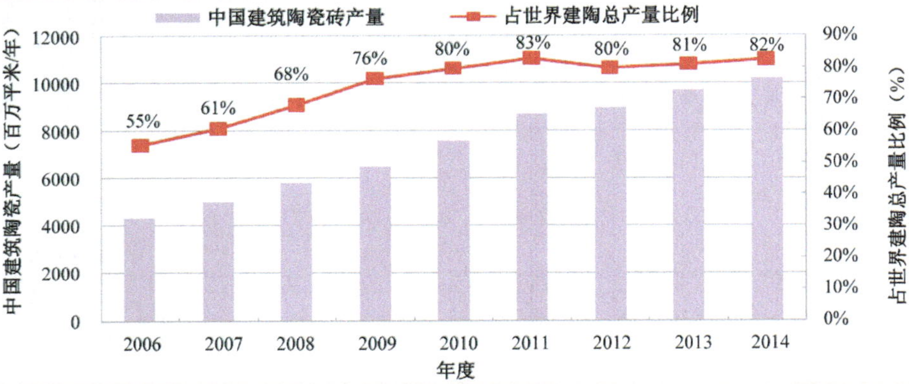

图 5-3　近 10 年全国建筑陶瓷砖产量及占世界建陶总产量比例

二、建材工业绿色制造的内涵

《中国制造 2025》提出要全面推行绿色制造，加大对先进节能环保技术、工艺和装备的研发力度，加快制造业绿色改造升级；积极推行低碳化、循环化和集约化，提高制造业资源利用效率；强化产品全生命周期绿色管理，努力构建高效、清洁、低碳、循环的绿色制造体系。

绿色制造实质是一种综合考虑环境影响和资源效益的现代化制造模式，其目标是使产品从设计、制造、包装、运输、使用到报废处理和循环利用的全生命周期中，对环境的负面影响最小，资源利用率最高，并使企业经济效益和社会效益协调优化。

建筑材料的制造是利用天然原材料或其他可替代材料（相关工业过程所产生的固体废弃物）经破碎、均化、配料、成形、煅烧等工艺加工为可专门用于土木、建筑工程产品的过程。其制造过程的特点决定了建材工业的绿色制造应重点包括产品绿色化、过程生态化、产业循环化和行业智慧化四个方面的内涵。

产品的绿色化

任何材料的生产过程都伴随着物质流和能量流，建筑材料生产亦如此。所谓建筑材料产品的绿色化，就是希望在其制造过程中，能够将所用的物质和能源“吃干榨尽”，提高建材产品生产过程对低质、劣质原料、燃料的适用性，提高建材产品生产的资源利用效率，减少产品使用对环境的负面影响，少破坏环境。

过程的生态化

通过技术创新，采用节能减排和清洁生产新技术，组成绿色生产工艺系统，不断降低单位建材产品生产的有害气体和粉尘排放，实现废水、废料的零排放，将建材产品生产过程对环境的负面影响降至最小。

产业循环化

利用建材工业可资源化利用各种工业固废为原料、燃料的优势，建立建材工业与其他工业有机链接的产业模式，实现建材与冶金、能源、化工、城市建筑等其他工业深度融合、集约、循环、和谐发展。

行业智慧化

充分利用物联网、移动互联、云计算、大数据等新一代信息技术，全面升级建材企业的生产和管理控制系统，整合建材企业与上下游其他企业的资源，建设行业内的物联网和（服）务联网，实现企业内部生产的智能化（建材企业内部各生产物流管理环节的信息无缝链接和人机互动）、市场决策与管理的智能化（建材企业与上下游合作企业间从产品设计、生产制造、物流配送、直至使用维护的产品全生命周期的管理和服务）和行业管理的智慧化（建材行业内各企业之间的资源整合和无缝合作）。

三、建材工业绿色制造评价指标体系

围绕认上所提到的产品绿色化、过程生态化、产业循环化和行业智慧化，可分别用绿色度、低碳度、循环度和智慧度[1]来对建材工业是否达到绿色制造进行定量评价。

建材工业的绿色度

一种建材产品的绿色化程度可以用绿色度 GD 来衡量：

$$\mathrm{GD}=\frac{\text{生产单位合格产品的天然资源理论消耗量}}{\text{生产单位合格产品的实际材料使用量}}=\frac{M_{ts}+M_{tl}+M_{tg}+M_{te}}{M_{s}+M_{l}+M_{g}+M_{e}-M_{w}} \tag{5-1}$$

式中，M_s——固体原料（矿物原料）的实际使用率，kg/kg 产品；

M_l——液体原料（水）的实际使用率，kg/kg 产品；

M_g——气体原料（空气）的实际使用率，kg/kg 产品；

M_e——能源（折合成标准煤）的实际使用率，kg/kg 产品；

M_w——废弃物的实际利用率，kg/kg 产品；

M_{ts}——固体原料（矿物原料）的理论使用率，kg/kg 产品；

M_{tl}——液体原料（水）的理论使用率，kg/kg 产品；

M_{tg}——气体原料（空气）的理论使用率，kg/kg 产品；

M_{te}——能源（折合成标准煤）的理论使用率，kg/kg 产品。

GD <1，表明产品的制造过程为污染过程；GD =1，表明产品的制造过程近乎理论过程，对环境无过度破坏；GD >1，表明产品的制造过程为生态友好过程，可将该产品定义为绿色产品。GD 值越大，表明该产品制造过程的绿色程度越高。

图 5-4 是基于我国水泥生产实际利用式（5-1）计算的 2002—2011 年中国水泥工业绿色度指标的变化。可见这些年水泥工业随着过程工艺的进步，资源化利用低品位原料、燃料和其他工业固废技术的突破，其绿色度逐渐由对环境无过度破坏向生态友好过渡。

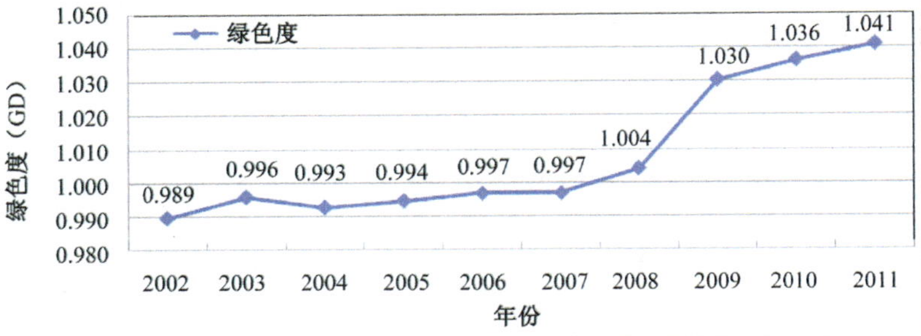

图 5-4　水泥工业 GD 随年份变化

建材工业的低碳度

在建筑材料生产所产生的各种有害气体（CO_2、SO_x 和 NO_x）和粉尘的排放中，对地球变暖负面影响最大的是 CO_2 排放，所以建材生产过程的低碳化是绿色制造在当下的一个关键问题。可以用低碳度 LCD 来衡量各建材产品制造过程的低碳化程度，其定义式为

$$\text{LCD}=\frac{\text{单位合格产品制造当年国际CO}_2\text{排放的领先水平值}}{\text{单位合格产品实际所排CO}_2\text{的总量}} \quad (5\text{-}2)$$

$0<\text{LCD}\leqslant 1$。LCD 的值越接近 1，说明其越接近当代世界领先水平。2015 年我国水泥工业的平均低碳度约为 0.925，已接近世界领先水平。

建材工业的循环度

建材工业与其他产业融合循环的目的是利用其富含硅酸盐、硅铝酸盐矿物的废弃物或具有可燃性的有机固废，部分或全部替代生产建筑材料的原料、燃料或熟料来制造高品质的建筑材料。用生产单位建筑材料产品时对其他固废的循环利用情况来表示建材工业的循环度 CD。以水泥工业为例，可用制造水泥时的熟料系数的倒数来表示：

$$CD=\frac{1}{k}-1 \tag{5-3}$$

式中，CD——循环度，无量纲；

K——熟料系数，即单位质量水泥产品中水泥熟料用量的比率，无量纲。

CD 的取值范围为[0，∞]。当 CD 为 0 时，无资源循环发生；随着 CD 增加，循环融合程度提高，以至无穷。图 5-5 显示近 20 多年来中国水泥工业的循环度逐年增长，尤其在 2007 年后，随着矿物掺和料技术的广泛应用，该指标飞速增长，2013 年我国水泥工业的 CD 值已达 0.779，比 1990 年增长了近 100%。

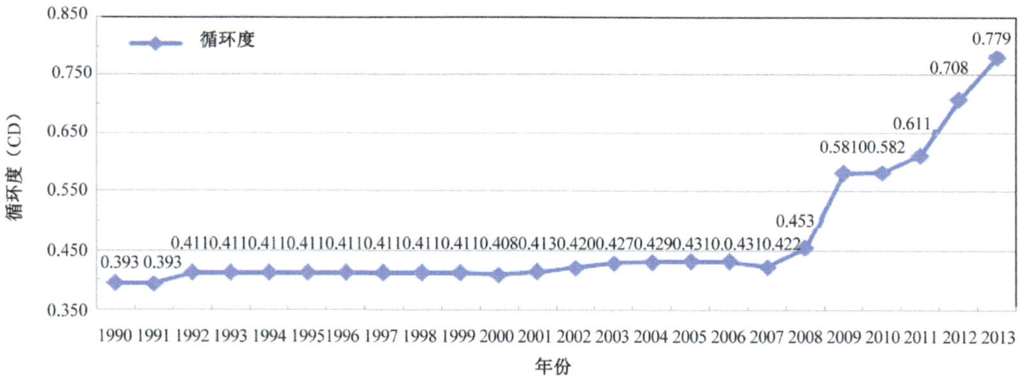

图 5-5 水泥工业 CD 随年份变化

建材工业的智慧度

用智慧度 SD 来衡量建材企业的智能化程度，其定义式为

$$SD=\frac{R_i}{R_a} \tag{5-4}$$

式中，SD——智慧度，%；

R_i——企业当年人均产值，百万元/人•年；

R_a——同行业内最先进企业当年人均总产值，百万元/人•年。

SD 的值越大，说明该建材企业的人均产值越接近于当年行业内最先进水平，在一定程度上可以反映该企业制造过程中的智能化、市场运营与管理的信息化程度。图 5-6 是 2015 年我国主要水泥制造企业的 SD 值。

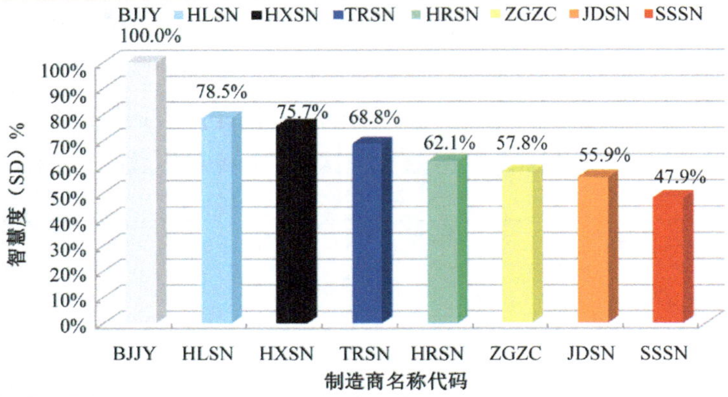

图 5-6 全国主要水泥制造企业的智慧度比较

四、国内外建材工业绿色制造技术现状与典型案例

为寻求中国建材工业实现绿色转型的技术支撑点和发展路径，需对国内外水泥、平板玻璃、建筑卫生陶瓷和墙体材料四个主要建材产业的绿色制造技术现状与发展趋势进行分析。

国内外水泥工业绿色制造技术的现状

1. 生产能耗

水泥生产能耗包括热耗和电耗两部分，其中电耗主要用于原料的破碎、均化和粉磨，熟料的煅烧与冷却，水泥的粉磨、包装和发送。热耗则主要用于原燃料的烘干与脱水、碳酸盐原料分解和熟料的烧结。目前水泥工业最先进的工艺是带预热器和分解炉的新型干法水泥生产技术。国外最先进的水泥生产热耗指标约为 97.3 千克标准煤/吨熟料，吨水泥综合热耗为 100.7 千克标准煤/吨水泥。

近些年随着优化产业结构、工艺系统和使用一些节能技术，中国水泥工业的能耗水平较 20 年前有了极为显著的进步，尽管中国水泥产量大幅增加，但其单位产品能耗一直呈下降趋势，总能耗占全国工业总能耗的比例也在逐年下降。目前我国水泥工业的平均烧成热耗约为 110 千克标准煤/吨熟料，吨水泥综合能耗为 103.8 千克标准煤/吨水泥。而由我国自主创新的 XDL 水泥节能煅烧新工艺技术已成功在日产 5000 吨水泥熟料规模的生产线上应用，实现烧成热耗 94.6 千克标准煤/吨熟料，吨水泥综合热耗为 80.8 千克标准煤/吨水泥，热耗水平国际领先 [2]。该技术已在国内不同规模的十余条水泥生产线上产业化应用。

2. 污染物排放

要实现水泥生产过程的生态化，必须执行最严格的污染物排放标准，表 5-1 为中国与其他国家的水泥工业污染物排放限值标准的比较。可以看出我国水泥工业的颗粒物排放限值标准仍然与德国、瑞士等国家的标准存在一定的差距，而 NO_x 和 SO_2 的排放标准限值[3]比德国和瑞士标准更严格。

表 5-1 各国水泥工业颗粒物排放限值比较 单位：mg/m^3

污染物种类	中国		德国		瑞士
	2013.7.1—2014.12.31	2015.1.1 以后	一般水泥窑	水泥窑协同处置废弃物	
SO_2	100	50	350	50	500
NO_x	现有 450 新建 320	320	500	200	500
颗粒物	50	30	20	10	20

国内外玻璃工业绿色制造技术的现状

平板玻璃是玻璃工业的标志性产品，浮法工艺是生产平板玻璃的主流核心技术。21 世纪以来，我国平板玻璃工业在工艺技术、装备水平、生产能力、产品质量等方面均取得了较大的突破和进展。2015 年底全国已建成浮法玻璃生产线 348 条，实际运行生产线 222 条，有效产能 8.68 亿重箱， 实际产量 7.39 亿重箱。TFT-LCD 玻璃、触摸屏高强盖板玻璃等新型玻璃需求旺盛，前景广阔。

表 5-2 从玻璃制造、产品质量、节能减排和产品用途四个方面将我国平板玻璃制造的技术水平与国外先进水平对比，结果显示，除生产线自动化水平有待进一步提高外，我国平板玻璃制造的先进水平已达国际先进。但因受经营理念、投资、时间、管理经验和市场环境等因素制约，我国浮法玻璃生产线的水平参差不齐，目前多数是生产质量一般的普通浮法线，优质浮法玻璃生产线占比偏少，若按工艺技术、装备和产品质量等级划分为高、中、低三个档次，三者分别占 35%、55%、10%。未来中国玻璃工业要“超越引领”，

从玻璃大国向玻璃强国迈进，必须实现这些中低水平生产线的提质增效。

表 5-2　国内外平板玻璃制造水平对比

名称	指标		国内一般水平	国内先进水平	国际先进水平
玻璃制造	原板宽度(mm)		2800～4500	2800～5200	2800～5200
	厚度范围(mm)		2～19	0.2～25	0.2～25
	切割度	尺寸公差(mm)	± 1 mm	± 0.5mm	± 0.5mm
		对角线公差(mm)	≤ 2	≤ 1	≤ 1
	总成品率(%)		<85	>90	>90
	生产操作规范程度		低	高	高
	智能化程度		低	较高	高
产品质量	玻璃质量（以5mm 为例）点状缺陷平均数（个/m^2）	< 0.3mm	2.4	< 0.35	< 0.35
		0.3～1mm	> 0.5	< 0.25	< 0.25
	光学变形（度）（以 2mm 为例）		< 43	≥50	≥50
	端面条纹		中等	轻	轻
	条纹等级		大于四级	三级以下	三级以下
节能减排	玻璃液热耗（kJ/kg 玻璃液）（以 600t/d 生产线为例）		6500	5500	5600
	单位产品能耗（kgce/重箱）（以 600t/d 生产线为例）		13.8	12.0	12.2
	大气污染物排放水平（kg/重箱）	二氧化硫	≤0.5	≤0.11	≤0.11
		氮氧化物	≤0.8	≤0.4	≤0.4
		颗粒物	≤0.12	≤0.072	≤0.072
产品用途			大部分用作建筑玻璃	高档建筑、汽车、制镜、电子玻璃等	高档建筑、汽车、制镜、电子玻璃等

国内外建筑卫生陶瓷工业绿色制造技术的现状

自 1993 年起，我国建筑卫生陶瓷产量稳居世界第一位而成为世界上名副其实的生产和消费大国。产区不断从沿海向内地转移和扩展，产业分布更加合理，生产技术与装备基本实现了国产化，达到国际同期先进水平，一些大型化、高效化装备走在世界前列，但产品结构以中档为主，高档产品与国外先进水平尚有一定的品牌差距。由于缺乏统一的原料标准和原料集中供应商，原料利用效率低。技术标准初步与国际标准接轨，卫生陶瓷标准正在向国外先进水平靠拢，对污染气体的处理与控制没有水泥行业、玻璃行业力度大。

目前制约中国建筑卫生陶瓷工业绿色发展存在的主要问题如下：

（1）产品结构不合理、低档产品比例依然偏高。虽然产品的内在质量不逊于国外产品，但装饰技术、造型以及生产设备等均落后于先进国家，加之生产控制技术和软件（如产品和模具设计、生产控制、质量检测和保证体系等）相对薄弱，致使产品质量档次不高，产品结构不尽合理，高档产品仅占 40%，中档产品 50%左右，仍有 10%的低档产品，而先进国家的高档产品比例为 60%，中档产品比例为 40%。

（2）生产规模小，企业集中度不高。全国目前仍有 500 多家卫生陶瓷厂和上千家建筑陶瓷企业，此外尚有少数企业还在使用落后的装备。

国内外墙体材料工业绿色制造技术的现状

发达国家的墙体材料工业规模大、集中度高，劳动生产率高，机械化、自动化程度高，产品品种齐全配套，注重节能和环保。德国的墙材工业在生产装备方面代表全球的最高水准，其人均生产效率是我国的 60 倍以上。由于生产线自动化水平高，其人均年劳动生产率最高可达 800 万块 / 人，生产线最佳规模为年产 8 000 万块标砖，最大规模的单线单机生产线年产量达 1.4 亿块标砖，全部采用隧道窑工艺烧制。

我国墙材工业企业数量多，以中小企业为主（墙材企业近 7 万家），企业平均规模为年产 1 000 万标块，距离合理经济规模的 6000 万块尚有很大差距。绝大多数企业新产品开发能力不强，生产产品不能完全满足建筑节能的要求。

我国建材工业绿色制造的典型案例

1. XDL 节能煅烧新工艺

由西安建筑科技大学粉体工程研究所自主研发的 XDL 节能煅烧新工艺，已在国内不同规格的 10 余条水泥生产线（见图 5-7）上推广应用，能耗水平国际领先，减排效果显著。与同规格普通新型干法生产线相比，使用该技术后生产线产量可增加 30%～40%左右，水泥熟料的质量提高 10%左右，热耗减少 10%～20%左右，单位产品电耗减少 5%～15%左右，废气中的 SO_2 降低 70%以上，NOx 降低 50%以上。以 5000 t/d 新型干法生产线改造为例，投资为 7000 万元，吨熟料生产成本可降低 15%～20%，各项技术指标居同行业世界领先水平。该技术既可用于新线建设，也可用于旧线改造，目前已有 3 条成功改造的案例。

图 5-7　采用 XDL 节能煅烧新工艺的水泥生产线

2. 建材工业对工业废渣的资源化利用

建材工业是消纳工业固废的最大用户。采用物理、化学等手段激发矿渣、钢渣、粉煤灰等工业废弃物的活性，可制备高活性混凝土矿物掺和料，大掺量替代水泥胶凝材料，改善混凝土的施工性能，提高混凝土质量和耐久性。如某年产 120 万吨的水泥生产线（水泥替代率 50%），每年可资源化利用工业废弃物 60 万吨，节约水泥熟料 42 万吨，节约标准煤 7.8 万吨，节电 8400 万度，减少 CO_2 排放 38 万吨。

图 5-8 是用高性能混凝土修建的三峡大坝工程。

图 5-8　用高性能混凝土修建的三峡大坝工程（使用了 1000 万吨 I 级粉煤灰）

3．建材工业对建筑垃圾的资源化利用

近年来我国每年约产生 15 亿吨以上的建筑垃圾，实现建筑垃圾的资源化利用成为亟待解决的问题。早期受分离技术的限制，对建筑垃圾的利用仅限于将其中的钢筋和木材等剔除，将其简单破碎作为再生骨料用于道路的基层施工。而随着预分离技术的突破，可以将建筑垃圾中的砂浆、钢筋、废砖和混凝土彻底分离，从而实现建筑垃圾的高附加值精细化利用：将建筑垃圾中的钢筋回炉炼钢，废混凝土制成建筑用再生骨料，废砖通过超细粉磨制成混凝土用微粉。用废砖所制得的微粉可作为混凝土的矿物掺和料使用，其他粉料可制成抹灰或砌筑砂浆。

图 5-9 是建筑垃圾循环利用工艺过程示意。

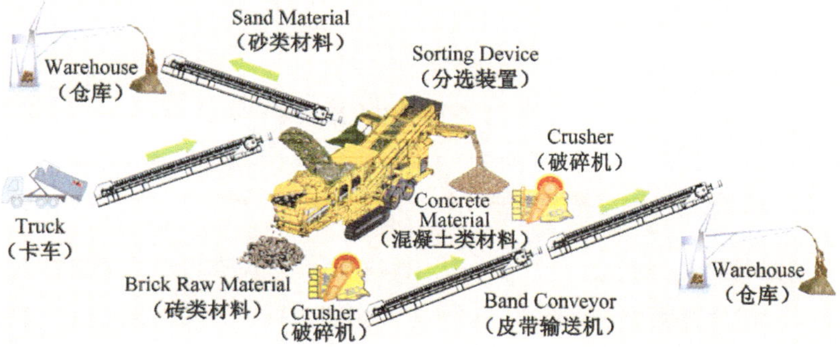

图 5-9　建筑垃圾循环利用工艺过程示意

4．水泥工业的余热梯级综合利用技术

目前水泥工业最成熟的余热回收利用技术是将篦式冷却机的高温余热用于发电，将预热器出口的中低温余热用于原料、燃料的烘干，该技术已在国内水泥企业大量使用，并实现装备国产化。使用该技术后，一条日产 5000 吨水泥熟料的生产线每天可利用余热发电 21～24 万千瓦时，可解决约 60% 的熟料生产自用电，产品综合能耗可下降约 18%，每年节约标准煤约 2.5 万吨，减排 CO_2 约 6 万吨。

图 5-10 是水泥纯低温余热发电技术示意。

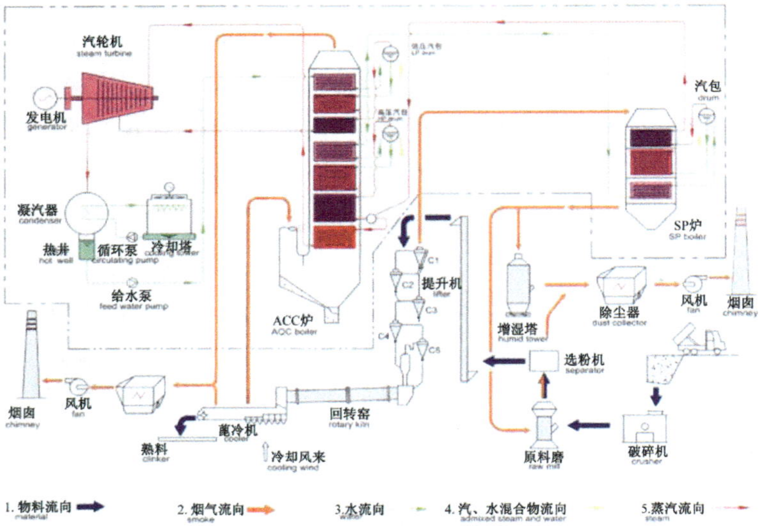

图 5-10　水泥纯低温余热发电技术

5. 玻璃工业用全氧燃烧技术

安徽某企业 550t/d 全氧燃烧太阳能超白浮法玻璃生产线项目在国内首次将全氧燃烧技术（氧气浓度≥92%）应用于大型浮法玻璃生产线，显著提高了燃烧效率、熔化质量，减少了 NO_x 的产生量，节能环保效果十分显著。与 550t/d 空气助燃的超白浮法玻璃生产线相比，使用该技术后，玻璃原料的熔化率提高，生产线的产量增加 30 万重箱，总能耗降低 22.19%，单位产品能耗降低 28.7%，销售收入增加 9%。各类污染物排放量大幅下降，废气排放量减少 60%以上，NO_x 排放减少 70%～80%，烟尘排放也降低 80%以上，对改善区域环境质量具有显著作用。

6. 玻璃工业浮法技术的转型升级与提质

蚌埠玻璃工业设计研究院自主研发的电子信息显示超薄基板工艺技术和成套装备，综合运用了先进制造工艺（全自动精细称量配料技术、变量熔化技术、梯度温降成型控制技术等）、先进智能装备（智能控制空间立体网状加热/冷却退火窑、智能拉边机、智能采装机器人等）、工业互联网等先进制造技术，生产出符合《液晶显示器用薄浮法玻璃》国家标准 A 等品的 0.2mm 超薄玻璃。该产品附加值是普通浮法玻璃的 16 倍，单位工业增加值能耗仅为普通浮法玻璃的 1/8。

该项目的成功实施对于我国浮法玻璃技术的转型升级和提质增效具有重要意义。

浮法玻璃升级换代技术路线图如图 5-11 所示。

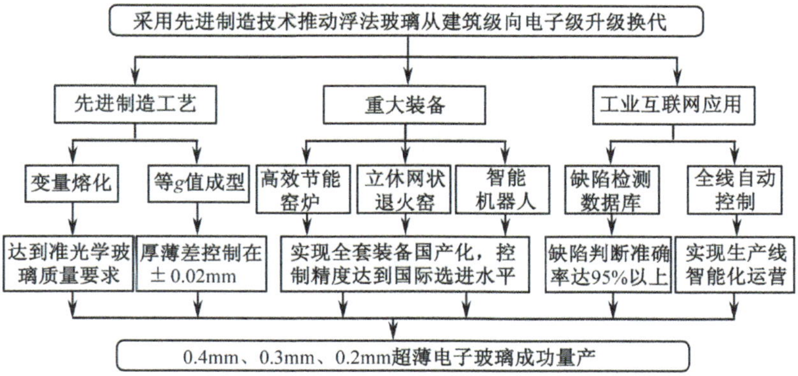

图 5-11　浮法玻璃升级换代技术路线图

我国自主研发的超薄玻璃如图 5-12 所示。

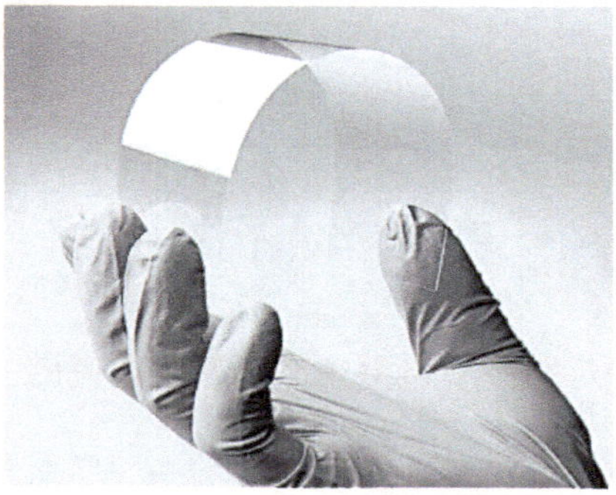

图 5-12　我国自主研发的超薄玻璃（0.2mm 厚）

7. 建筑陶瓷的薄型化

广东蒙娜丽莎新型材料集团公司自主研发的大规格超薄陶瓷板（900×1800×3～6mm）成套工程技术与装备，实现了具有世界领先水平的陶瓷薄板的产业化。与普通陶瓷砖相比，节约原材料 75%，节水 63%，节能近 59%，节约资源、能源和环保效果显著。该技术从花色品种、抛光技术及规模化、应用领域等方面全面超越国外同类产品，提高了我国建筑陶瓷的技术水平及其国际竞争力，带动了陶瓷产业产品结构调整和技术升级，其产品已在北京、上海、广州、黑龙江、天津、湖南等地的典型工程应用，并出口意大利、美国、澳大利亚等国家，为企业带来显著经济效益。

我国自主研发的超大规格陶瓷薄板如图 5-13 所示。

图 5-13　我国自主研发的超大规格陶瓷薄板

8. 用熔融高炉炼铁炉渣直接生产石材、陶瓷砖的工艺技术

山东焦化集团有限公司联合中国建筑材料科学研究总院和西安建筑科技大学在国内首次开发出利用熔融高炉渣（1500℃）直接生产石材和陶瓷砖的关键技术与装备。该技术根据高炉热态熔渣特殊的原料和热能优势，

将热态熔渣直接制备矿渣微晶石材变废为宝，并实现熔渣余热的全部利用，是冶金、建材工业利用高炉矿渣的一种新思路。该产品能够替代大理石、花岗岩，可大量减少石材、陶瓷行业对天然矿山的开发以及后期的加工浪费污染，并且利用熔渣直接制造建筑材料，可使制品熔制能耗降低 60%，节能节水，消纳炼铁炉渣，节约矿产资源，增加产品附加值，发展前景非常显著。

用熔融高炉炼铁炉渣直接生产石材、陶瓷砖的过程如图 5-14 所示。

(a) (b)

(c) (d)

图 5-14 用熔融高炉炼铁炉渣直接生产石材、陶瓷砖

五、国内外建材工业绿色制造技术的发展趋势

国内外水泥工业绿色制造技术的发展趋势

国内外水泥工业在绿色制造方面的技术发展趋势可以分为提高自然资源综合利用效率和有效控制污染物排放两大类。

1. 提高资源综合利用效率

在提高资源综合利用效率方面的主要技术如下所述。

（1）利用其他工业产生的废物和副产品作为原料和能源的技术。即用水泥窑“协同处理”其他工业的副产品或固废生产水泥，减少生产单位质量水泥对一次能源和原料的用量，在提高资源利用效率，降低生产成本的同时减小最终被填埋废物的体积，并降低生产、运输及燃烧这些燃料对环境的关联影响（如潜在的地下水污染，产生甲烷和有害灰渣等）。在欧洲、北美、拉丁美洲的一些国家和日本，水泥窑在城市生活垃圾和有害废物处理中起着积极作用。欧洲水泥厂的替代燃料使用率占总体能源需求的 20%（替代 15%的化石燃料和 5%的生物质燃料），荷兰水泥厂的燃料替代率达到 83%，瑞士和奥地利的替代率也均超过 45%[4]。北美、日本、澳大利亚和新西兰使用 11%的可燃废弃物替代化石燃料。拉丁美洲水泥工业的燃料替代比例达到 10%（6%的化石燃料和 4%的生物燃料）。我国在“十二五”的科技支撑计划和国家水专项中将利用水泥窑协同处置城市生活垃圾和污泥列为专项研究，在技术与装备开发方面已取得一些突破，但大面积工业化应用尚未全面展开，全国水泥企业的燃料替代率不足 1%。此外随着城镇化进程的加快，建筑施工和拆除垃圾大量产生，建筑垃圾的管理、处理与资源化成为亟待解决的环境问题。发达国家在该领域的成熟经验是从全生命周期角度出发进行高效的建

筑垃圾管理规划，从源头削减建筑垃圾的产生量。在此基础上借助低成本无害化处理技术将以废混凝土、砖、石、陶瓷为主的无机建筑垃圾变为再生骨料，用于再生混凝土的生产[5]。由于再生骨料表面大部分被水泥浆体包裹，表面疏松，结构粗糙，使其较之天然砂石密度低、吸水率高、耐磨性差、硫酸盐含量高，进而导致再生混凝土强度低，吸水率大，流动性差，配合比难以控制。我国目前拆除建筑多为砖混结构，建筑垃圾以废砖和混凝土居多[6]，在废砖和混凝土、已水化水泥浆体与砂石的有效分离方面取得突破，分类高附加值精细化利用建筑垃圾是未来建筑垃圾资源化利用的技术发展趋势。

（2）用其他工业产生的具有一定水化活性或潜在水化活性的富硅、铝酸盐的固体废物部分或全部替代水泥熟料生产高品质生态水泥和高性能混凝土技术，又称为矿物掺和料技术。在保证水泥和混凝土性能的情况下尽可能提高水泥熟料的替代率，显著减少因煅烧水泥熟料所产生的能源消耗和 CO_2 排放，提高资源的利用效率。在该领域国外常用的替代水泥熟料的固废主要有磨细高炉矿渣、粉煤灰、天然和人工火山灰（如硅灰、稻壳灰和煅烧黏土等）及石灰石粉等，对熟料的替代率一般不超过 30%。我国常用的替代水泥熟料的固废主要为磨细高炉矿渣、磨细钢渣和粉煤灰，石灰石粉使用较少。每年中国水泥、混凝土产业因替代熟料消纳的固废近 5 亿吨。借助混凝土外加剂技术，我国某些工程中矿物掺和料对胶凝材料的替代率可高达 70%以上。此外，诞生于 20 世纪 40 年代，在本世纪初被高度关注的化学激发胶凝材料（又称 Geopolymer[7]），无须经过煅烧，仅用激发剂激发固废材料的活性，就可配制出在力学、抗硫酸盐侵蚀、耐火等方面性能优异的胶凝材料[8]。近 10 余年国内外学者高度关注该材料的研究与应用，随着凝结时间控制、收缩等一系列技术问题的解决，该种材料被尝试少量用于一些示范工程。但对于化学激发胶凝材料用于结构工程的耐久性及是否产生碱骨料反应还有待时间检验和工程验证。

（3）生产工艺节能技术，即通过烧成或粉磨技术的进步，降低单位质量熟料的烧成热耗和原料、熟料、燃料的粉磨电耗。使用高效粉磨节能技术，可以显著降低粉磨电耗。虽然粉磨电耗在生产单位质量水泥的电耗中所占比例超过 60%，但与烧成热耗相比，电耗在生产单位质量水泥的综合能耗中所占比例只有 10%～20%，所以烧成技术的进步对于生产工艺节能至关重要。但目前最先进的烧成能耗指标已接近水泥熟料煅烧的理论烧成热耗，要进一步大幅度降低熟料的烧成热耗已非常困难。有关研究表明在水泥工业采用富氧燃烧技术可以带来显著的节能效果，但因制氧设备的额外投资，单从水泥生产成本考虑这项技术并不十分经济。

（4）高性能混凝土外加剂技术。在混凝土中使用极少量高性能外加剂，显著改善混凝土的工作性能和耐久性，延长混凝土的使用寿命，从全生命周期角度提高材料的使用效率，达到“四两拨千斤”的效果。

（5）余热回收利用技术。目前最成熟的余热回收利用技术是将篦式冷却机的高温余热用于发电，将预热器出口的中低温余热用于原料、燃料的烘干（该技术已在国内水泥企业大量使用，并实现装备国产化），但尚有部分温度低于 100°C 的低温余热未能利用。将来这部分余热可望被协同用于企业厂区和周边居民区冬季供暖与夏季热水的供应，但需解决供热的品质和不间断性。

2．污染物排放控制

国内外水泥工业在污染物排放方面近些年重点关注的是 CO_2 和 NO_x 的排放。

（1）CO_2 减排技术。CO_2 减排与工艺节能紧密相关，前面提到的矿物掺和料技术、烧成节能技术都有显著的 CO_2 减排效果，在近些年中国水泥工业减排 CO_2 方面发挥了重要作用。因此，中国水泥工业单位水泥产品的 CO_2 排放量大幅减少，未来应对温室气体效应的有效技术是 CO_2 捕集技术。依据捕集系统的技术基础和适用性，CO_2 捕集技术可分为燃烧后捕集、燃烧前捕集技术、富氧燃烧技术和化学链燃烧技术（Chemical Looping Combustion，CLC），适用于水泥工业捕集 CO_2 的是燃烧后捕集和富氧燃烧技术[9~11]。当前这两种技术的捕集成本依然偏高（欧洲燃烧后捕集技术的成本为 50～100 欧元/吨 CO_2，富氧燃烧技术的成本为 40～60 欧元/吨 CO_2）。随着制氧技术和 CO_2 分离技术的进步，燃烧后捕集技术可望在 2025 年实现商业化，富氧燃烧技术可望在 2030 年商业化[12]。

（2）NO_x 排放控制技术。目前国际上公认可获得的最好 NO_x 排放控制技术包括优化窑和分解炉的燃烧制度，从源头上消除 NO_x、使用低 NO_x 燃烧器和分级燃烧技术等，这些方式实施简单，投资、运行费用较低，是经济代价小、有效的技术措施[13,14]。

我国自主创新的 XDL 水泥节能煅烧新工艺技术之所以可使生产线的 NOx 排放水平较同规格普通干法技术降低 50% ~ 70%，正是由于该技术优化了回转窑与分解炉的燃料使用比例，使 70%左右的燃料在低于 1000℃的温度下燃烧的缘故。而低 NO_x 燃烧器和分级燃烧技术只能削减 NO_x 约 40%，随着 2013 年 7 月《水泥工业大气污染物排放》新标准的实施，我国大部分水泥企业 NO_x 的排放浓度很难达到要求，必须结合烟气脱硝技术进一步降低 NOx 排放量。依据反应的温度不同及是否需要催化剂，烟气脱硝技术主要包括选择性催化还原法（SCR）、选择性非催化还原法（SNCR）及综合法（SNCR-SCR）。选择性催化还原法（SCR）烟气脱硝技术，是通过还原剂（例如 NH_3），在适当的温度，并有催化剂存在的条件下把 NO_x 转化为 N_2 和 H_2O，脱硝效率可达 70% ~ 90%或以上[15]。该技术自 20 世纪 80 年代初开始逐渐应用于燃煤锅炉烟气脱硝，至今在发达国家已被广泛用于各类型的火电厂锅炉烟气的净化处理，被公认为烟气脱硝的主流技术。选择性非催化还原法（SNCR）脱硝技术是把炉膛作为反应器，将 NH_3 或氨基还原剂直接喷入炉膛温度 900 ~ 1100℃的区域，后者迅速热分解成 NH_3，NH_3 与烟气中的 NOx 反应生成 N_2。该方法不用催化剂，反应温度较高，脱硝效率较低，一般不超过 60%，且还原剂消耗量较大。SNCR 法和 SCR 法脱硝效果明显，但成本高、操作复杂、不稳定、投资大、易产生二次污染，国内只有少数水泥企业开始 SNCR 法的尝试。

国内外玻璃工业绿色制造技术的发展趋势

国内外玻璃工业在绿色制造方面的技术发展趋势可以分为提高自然资源综合利用效率、产品深加工精细化和制造技术信息化三个方面。

1. 提高资源综合利用效率

未来玻璃工业提高资源综合利用效率的技术途径主要有以下几种。

（1）绿色矿山技术。即借助矿山遥感数字化技术、科学的管理制度、技术规范、考核指标体系和政策调节机制，实现玻璃生产原料的高效利用。我国玻璃用石英原料生产布局分散，规模小，缺乏大型采矿企业，采矿整体技术水平不高，绿色矿山技术在我国才刚刚起步，绿色矿山建设的管理制度、技术规范、考核指标体系、政策调节机制等尚未建立，石英资源采矿还没有国家级“绿色矿山”试点单位。

（2）废玻璃回收利用。发达国家均已建立较完善的废玻璃回收系统，并建立专业的废玻璃回收利用工厂。瑞典、瑞士、德国、比利时、挪威以及澳大利亚等国家废玻璃的再生利用率已达到85%~96%。我国废玻璃的回收工作还未全面开展，各大、中、小城镇废品收购站统一集中回收废玻璃的运行模式尚未建立，废玻璃的再生利用率仅为13%。

（3）生产工艺节能减排技术。通过改进窑炉结构、实施余热余能利用技术、全氧燃烧技术、烟气脱硫除尘和脱硝治理技术、采用环境周期评价方法，调整改进现有工艺等，使熔窑热效率提高到60%~70%。对欧盟27国58座浮法玻璃窑的统计结果显示，其玻璃熔化能耗的平均水平一般在5800kJ/kg玻璃液左右，最佳能耗水平为5000kJ/kg玻璃液。我国大部分玻璃熔窑目前还达不到这一技术水平。发达国家严格控制玻璃工业污染物排放。以欧盟为例，2000年只有1/3的生产线安装了粉尘、SO_2减排装置，2007年安装率已提高到60.3%，NO_x减排装置的安装率从16.7%增加到48.3%。在我国玻璃企业所用的节能减排技术以烟气余热发电、脱硫脱硝等技术为主，80%以上玻璃生产线采用了余热发电技术，取得显著节能效果。“十二五”期间我国平板玻璃单位产品能耗年均降低4%、SO_2排放量年均减少4%。一条拥有自主核心技术的550t/d全氧燃烧太阳能超白浮法玻璃示范线在安徽华光光电材料科技集团有限公司建成投产，节能减排效果显著。

2. 产品深加工精细化[16]

建筑、信息、汽车、新能源与装饰装修等技术日新月异地发展，对玻璃材料提出了更高的要求。以建筑技术为例，随着建筑节能标准由50%提高至65%，对玻璃的节能要求也更严格。加工玻璃产品突出其功能，发展节能玻璃（Low-E 玻璃）、超薄玻璃、光伏玻璃、超白玻璃等产品成为未来玻璃产品的一个主流方向。蚌埠玻璃工业设计研究院自主研发出电子信息显示超薄基板工艺技术，于2015年4月在国内率先成功拉制出0.2mm超薄玻璃，实现我国超薄玻璃生产技术的重大突破。在德国、日本等国家,节能玻璃的普及率已经达到90%以上，而在我国节能玻璃的使用率还不到10%，这将是未来中国玻璃企业转型升级的潜在市场方向。

3．玻璃制造技术信息化

为降低企业成本，提高生产效率，玻璃生产与深加工过程智能化是玻璃工业技术发展的另一重要方向。在玻璃生产环节，综合应用先进制造工艺、智能装备与工业互联网技术，打造了超薄电子玻璃智能化工厂；在玻璃深加工环节，在实现对玻璃原片切裁、磨边、倒角、钻孔、清洗、干燥、检测，无缝连接预处理的一体化生产基础上，引入“联网化、数字化、智能化”概念，实现深加工产品的智能化处理。

国内外建筑卫生陶瓷工业绿色制造技术的发展趋势

国内外建筑卫生陶瓷工业在绿色制造方面的技术发展趋势主要有以下三个方面：

1．生产工艺的变革—改湿法工艺为干法工艺

传统建筑卫生陶瓷的生产采用湿法制粉技术：配料→球磨制浆→过筛→除铁→喷雾干燥制粉→陈腐→干压成形用粉料，其中喷雾干燥环节的热耗占陶瓷生产总能耗的30%以上。随着粉磨技术和压制成形技术的进步，陶瓷工

业正在尝试将湿法成形技术改为干法：配料→干法细磨→过筛→增湿造粒制粉→陈腐→干压成形用粉料。该工艺简单，设备投资少，占地面积小，无须经过制浆过程，制粉热耗不到湿法工艺的 1/10（见表 5-3），节能效果显著。

表 5-3 “干法”与“湿法”制粉的能耗与水耗比较

项目		干法制粉（kg 标准煤 / t 粉料）	湿法制粉（kg 标准煤 / t 粉料）
燃耗	电耗	5.53	8.60
	热耗	5.61	67.38
	总计	11.14	75.98
水耗（l/t）		40	480

2. 陶瓷制品的薄型化[17]

随着原料供应日趋紧张，优质原料日渐枯竭，优质原料减量化、低能耗成为陶瓷工业绿色可持续发展的必由之路。陶瓷制品的薄型化正是这种发展需求下诞生的一种绿色制造技术。1993 年，在德国慕尼黑的陶瓷展会上首次出现 3mm 厚的大尺寸陶瓷薄板；2001 年，在意大利博洛尼亚陶瓷展会上，意大利 System Ceramics 公司首次推出 1000×3000×3（mm）的陶瓷薄板以及生产该板的成套技术装备。从 2004 年开始我国连续在“十五”科技攻关和“十一五”科技支撑计划中立项支持大规格超薄建筑陶瓷砖制造技术与装备的开发，经过近十年的研发，自主研发出大规格超薄建筑陶瓷砖产品及其成套技术装备，制定了《建筑陶瓷薄板应用技术规程》。与传统陶瓷砖相比，这种陶瓷薄板既轻又薄，具有吸水率低、尺寸大、厚度薄、节能降耗以及轻质高强等特点，同时保持陶瓷材料原有的高硬度、高韧性、耐热、耐酸碱、防菌、抗污、易清洗的特性，已作为一种外墙装饰材料，广泛用于各种建筑工程，未来可进一步开拓其功能和应用领域。

3. 生产原料的标准化

目前我国没有大型专业的陶瓷原料生产工厂，建筑卫生陶瓷生产所用的主要原料性能波动较大，给生产过程控制带来很大困难。原料品质的稳定性是实现陶瓷产品生产过程均衡稳定的重要保证，对于企业提高产品质量和资源综合利用效率具有重要意义。要实现原料生产和供应的专业化、系列化和标准化，必须开展相关技术标准的研究，制定一系列建筑卫生陶瓷原料标准。

国内外墙体材料工业绿色制造技术的发展趋势

国内外墙材工业在绿色制造方面的技术发展趋势也可以分为提高自然资源综合利用效率、产品精细化和制造技术智能化三个方面。

1. 提高资源综合利用效率

墙材工业提高资源综合利用效率的技术途径主要有以下几种。

（1）生产工艺装备的优化与节能。通过推行节能型干燥室和隧道窑等先进节能烧结技术，优化生产线的自动化控制水平，提升产品的生产效率和质量，降低生产能耗。

（2）用工业废渣制备生态墙材。通过用粉煤灰、煤矸石、炉渣、工业石膏生产烧结制品或非烧结制品。中国墙材企业每年利用工业废渣 1 亿吨以上。目前正大面积推广 6000 万块/年或 15 万平方米/年规模的技术装备。墙体材料利用固体废弃物的范围在正快速扩展到城市污泥、建筑垃圾、生活垃圾、江河淤泥、海泥、磷矿渣、尾矿等。

2. 产品深加工精细化

在建筑节能和绿色制造需求的引导下，墙体材料企业致力于发展轻质、高强、节能、利废、尺寸精度高的产品。主要包括大孔洞率烧结制品、装饰空心砖、装饰清水砖、轻质保温砖、灰砂砖、混凝土砌块、加气混凝土砌块与板材、石膏板和轻质复合板材等。

3. 制造技术的智能化

提升筛式喂料机、高速切坯机、打磨机、高效码坯及卸坯机、打包塑封机等装备的自动化水平，推广机器人和智能化控制技术在墙材工业的应用，提高墙材企业的效率和产品质量。

六、建材工业实现绿色制造的技术途径

在新形势下，中国建材工业要打破环境、资源和能源制约，破解产能过剩难题，实现转型升级、绿色低碳循环发展，必须进行供给侧结构性改造，走以下技术路径：

（1）做好原料的均化与预均化，保证生产过程的均衡稳定。

（2）改进工艺，强化过程换热、传质和反应，实现过程节能低碳，并有效降低生产成本。

（3）重视并发展产品的精细化和个性化。开发可满足不同功能的个性化产品，深入开展与材料应用相关的性能研究。

（4）建设服务型建材工业。逐渐建立由建材领域专业人员提供从材料的设计、施工、维护到回收的一体化服务体系。

（5）加强信息化与工业化的深度融合，实现制造过程的智能化。

（6）建立建材工业内部及其与其他工业有机链接的循环经济产业模式，推动不同行业的有效链接和循环发展。

致谢本章其余作者

赵飞　肖慧　权宗刚　徐品晶　杨康

6

流程工业装备绿色工程研究

高金吉[1]　顾国彪[2]　胡正寰[3]　杨国安

1 北京化工大学 院士
2 中国科学院电工研究所 院士
3 北京科技大学 院士

为实施《中国制造 2025》和落实《能源发展战略行动计划》(2014—2020年),加快从制造大国转向制造强国,必须推进流程工业装备绿色工程,节能降耗,提升国际竞争力。流程工业装备绿色工程要立足于工业装备全生命周期,即工业装备的设计、制造、运行、在役再制造、再制造等阶段,还要考虑与生产过程的和谐适应,确保工业装备自身和生产过程的安全、节能、节材和环保,实现流程工业绿色制造。

本章分析了我国流程工业装备运行现状、差距和产生的原因,阐述了流程工业装备绿色工程的内涵和特征,研究了当前我国流程工业装备发展的现状及其面临的挑战;综合当前发展趋势,确定了今后的战略目标,并提出了相应的科技战略对策和措施,对我国开展流程工业装备绿色工程方法、技术与示范应用进行了探讨。

为实施《中国制造 2025》和落实《能源发展战略行动计划》(2014—2020年),加快从制造大国转向制造强国,必须推进流程工业装备绿色工程,节能降耗,提升国际竞争力。流程工业装备绿色工程要立足于工业装备全生命周期,即工业装备的设计、制造、运行、在役再制造、再制造等阶段,还要考虑与生产过程的和谐适应,确保工业装备自身和生产过程的安全、节能、节材和环保,实现流程工业绿色制造。

一、我国流程工业装备运行现状、差距与原因分析

钢铁、有色、石化、化工、建材与造纸等流程工业是国民经济的支柱产业,要实现制造强国,流程工业及其装备的制造占有举足轻重的地位。特别是石化、冶金等流程工业装备具有大型化、复杂化、生产工艺自动化及连续化的特点,其典型机械装备如压缩机组、连压轧机等关键能源动力装备,故障停机会造成重大经济损失,甚至可能导致机毁人亡的重大事故;这类设备是流程工业的耗能大户,仅炼化、冶金行业的压缩机组能耗就占我国工业能

耗的15%左右。石化、冶金等流程工业装备安全和经济运行至关重要。

目前我国流程工业装备普遍存在能耗高、故障率高和寿命周期短等突出问题，大量的低效运行、故障频发的机械装备在流程工业生产中仍发挥着重要作用，不可能同时大量报废[1]；同时流程工业连续生产，检修时间紧迫，有些机组能源浪费严重是众所周知的，但由于装备节能技术改造风险大，企业不愿也无暇顾及。如许多压缩机组实际运行效率比设计效率低5%～20%，事故时有发生。

与发达国家相比，我国流程工业装备普遍存在两个突出差距：

（1）流程工业机械装备故障较多，重大事故时有发生，不能确保安全长周期运行，国内同类机组的连续运转周期只有国外领先水平的1/2～1/3。

（2）流程工业大量机械装备长期偏离设计工况低效运行，许多国内和进口机组远离设计工况实际运行，效率比设计效率低5%～20%。

造成这些问题的主要原因如下：

（1）建设和设计问题：在设计、选型、采购和引进装备时片面追求设备本身效率，而忽视生产过程的实际需要，智能化程度低而自适应能力差，大量装备都处于大马拉小车的低效运行状态，美国能源部关于空压机负荷率调查数据表明，中国工业空压机负荷率比全球平均水平低13%。自适应调控能力差，跟不上生产负荷变化，低效运行在所难免。能效监测不力而盲目运行，也就谈不上如何调控节能。我国工业企业尚存大量低效运行、故障频发的机械装备，这些装备在流程工业生产中仍发挥着重要作用，不可能同时大量报废。而且行业相关基础技术薄弱、引进技术消化进步动力不足、国产基础产品研发及实用能力不强。设备缺乏健康监测和故障预警系统，长期处于亚健康状态运行，甚至游走于故障边缘，得不到及时维护，直接缩短运行周期。

（2）企业管理问题：节能部门关心工艺系统如何降能，设备部门负责维护以保生产安全，都不重视装备运行能效监测评估。只要装备能安全运行，装备节能无人问津。有些关键机组无备台，流程工业检修时间紧迫，能源浪费严重众所周知，企业无暇顾及也不愿冒节能改造风险。有的企业为保生产安全不惜牺牲装备效率，低效运行在所难免。再者，行业内对设备运行数据管理分析存在不足。涉及到企业机密的大量核心设备运行数据仍被封存，企业自身缺少大数据分析手段。行业内交叉专业管理力量不足[2]。

（3）政府导向问题：尚无针对在役装备能效监测评价的技术标准体系和相应法规，既无法建立起切实可行的能效评价制度，也很难以法律对浪费能源行为进行约束。科技投入重“顶天”轻“立地”，在高新技术领域不惜重金赶超国际先进水平，但许多企业仍处于技术落后、高能耗、高排放、依靠扩大规模来支撑国民经济发展的尴尬局面。

（4）人才培养和教育问题重创办世界一流大学，轻培育对国家最有用的大学；在高等教育领域，目前传统的单学科划分往往形成壁垒，不利于培养善于解决复杂工程问题的交叉学科人才，对工业过程、装备与控制交叉学科人才培养重视不够，不利于培养善于解决诸如装备与过程、控制的系统和谐设计及高效运行等复杂工程问题的交叉学科人才。

工业装备绿色化智能化工程要立足于工业装备全生命周期，即工业装备的设计、制造、运行、在役再制造、再制造等阶段，还要考虑与生产过程的和谐适应，确保工业装备自身和生产过程的安全、节能、节材和环保，实现绿色化智能化，如图 6-1 所示[3-8]。

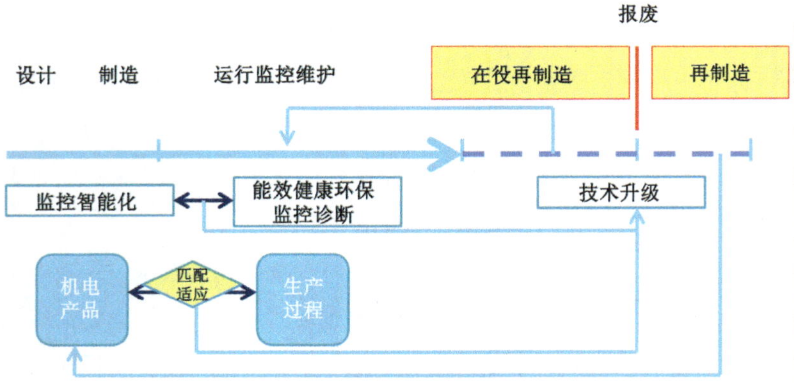

图 6-1　流程工业装备全寿命绿色化智能化工程

二、流程工业装备绿色工程内涵与特征

我国必须转变发展的模式，从规模、速度型向质量、成本和绿色化可持续发展型转变。在提升装备设计制造水平发展装备制造业的同时，应特别关注发挥流程工业现有生产设施和装备的作用，改变高投入、高消耗、高污染、低水平、低效益的现状，确保其高效经济运行、降低生产成本及提高国际竞争力，成为当前我国流程工业机械装备亟待解决的问题。

研究国际绿色制造发展的趋势，调查我国工业装备实现绿色化存在的主要问题和差距，分析其原因。从工业装备全生命周期，即从设计、制造、运行、在役再制造、再制造等方面提出我国工业装备绿色工程重点科技发展、自主创新方向和思路。

所谓工业装备全生命绿色工程是一种创新理念，贯穿了装备设计、成型制造、运行监控维护、在役再制造、再制造的各个环节，这些环节之间密切相关，缺一不可，只有在这些环节上都向绿色化发展，才能实现工业装备的绿色化，从而促进整个工业的绿色化进程。

流程工业装备绿色设计的内涵与特征

绿色设计（Green Design，GD），也称为生态设计（Ecological Design）或环境意识设计（Environmental Conscious Design），其基本理念是在最初设计阶段就将环境因素和预防污染等措施纳入到设计中去，在产品整个生命周期内，着重考虑产品环境属性（能耗低、污染小、可拆卸回收、可重复利用性等），并将其作为设计目标，在满足环境目标要求的同时，保证产品应有的功能、使用寿命、质量等[9-12]。绿色设计相关概念示意图如图 6-2 所示[13]。

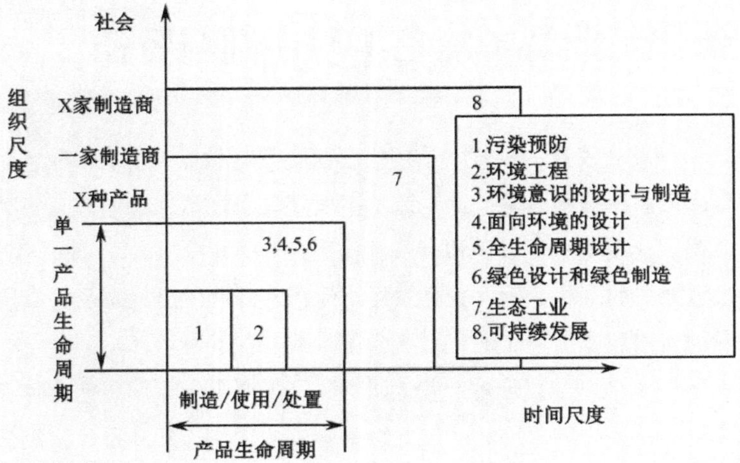

图 6-2　绿色设计概念随时间示意

绿色设计研究的主要内容包括[10]：绿色设计的材料选择、面向拆卸性设计、回收性设计、面向制造和装配设计、产品的成本分析与寿命周期评估等。绿色设计的支撑技术包括：绿色设计的数据库和知识库、绿色设计的环境影响评价、绿色产品的成本分析、绿色的实施工具和产品等。绿色设计的关键技术包括绿色材料选择、回收性设计、可拆卸性设计及生命周期评价等。

在绿色设计过程中主要遵循以下几个原则[14]：资源最佳利用原则、能源消耗最少原则、“零损坏”原则、“零污染”原则、生态经济效益最佳原则、技术先进性原则。

设计是先导，传统设计主要是考虑设备的功能，而绿色设计在满足功能前提下更要提高设备的能效，将能量发挥至最大效率，并充分利用能源，达到工业能源的“光盘效应”，还要尽可能地降低排放以减少对环境的影响，最后在设计过程中还要考虑设备的可回收性即可再制造性，以实现对资源最大利用，促进循环经济的发展。

流程工业装备绿色制造成形的内涵与特征

绿色成形制造主要包括铸造、锻压、焊接、热处理、切削加工、表面工程等成形工艺绿色化、成形材料绿色化、成形装备绿色化。绿色成形制造技术的内涵是在保证产品的功能、质量、成本的前提下，综合考虑环境影响、产品质量、资源消耗、生产效率、劳动条件等因素的现代制造模式。通过采用无毒、无害的原材料和辅助材料，清洁的能源以及高效、节能、降耗的先进成形工艺与设备，在整个成形制造过程中不产生环境污染或环境污染最小化，符合环境保护要求，对生态环境无害或危害极少，节约资源和能源，使资源利用率最高，能源消耗最低，劳动环境宜人，大幅度降低劳动强度[15~16]。

绿色成形制造的主要特征如下：

（1）成形制造实现近净成形、精密成形。

（2）成形制造工艺实现短流程、高能效。

（3）成形制造过程清洁生产、少或无废弃物。

（4）成形制造零部件薄壁化、轻量化。

（5）成形制造实现数字化、智能化。

（6）成形制造环境清洁化、宜人化[17~19]。

成形制造技术在绿色制造技术的发展过程中起着关键的不可替代作用，目前正从接近零件形状向直接制成工件，即精密成形或净成形方向发展。我国实施的国家与国防中长期科技发展规划以及“大型飞机”、“载人航天与探月工程”与“高档数控机床与基础制造装备”等一系列科技重大专项与重大工程对发展成形制造技术都有重大需求，迫切要求成形制造朝着高性能、轻量化、高精度、低成本、高效率、能源高效利用与资源节约、环境友好的方向发展。

流程工业装备运行绿色化与在役再制造的内涵与特征

工业装备运行绿色化对于我国流程工业装备安全和节能运行问题的针对性十分突出，要以我国流程工业装备可持续发展为目的，在对流程工业中的关键装备健康和耗能进行深入调研的基础上，分析我国流程工业关键装备故障率高及低效运行的原因，研究解决问题的技术途径。针对工业企业尚存大量低效运行、故障频发的机械装备的情况，以智能化技术对设备运行状态进行实时健康诊断和监控，以便及时维护，避免重大事故，同时提高运行能效，并协调匹配设备之间的运行参数，使整个工艺流程达到效益最大化，能耗和排放降到最低水平。

在役装备再制造工程是以装备健康能效监测诊断理论为基础指导，以在役老旧机电装备实现提升健康、能效和智能化水平为目标，以再制造后的装备更适应于生产为需求准则，以先进技术和再设计为手段，进行改造机电装备的一系列技术措施或工程活动的总称。通过在役再制造，融入新工艺、新技术和新材料而实现技术升级，使之更加适应工况，并提升能效、降低排放，健康而长寿地发挥这些设备的使用价值。其主要内容包括以下四方面：

（1）对在役老旧装备进行健康能效监测和系统诊断，查明存在的问题。

（2）以提高健康能效、智能化水平和适应生产系统需要为目标，应用新技术进行再制造设计。

（3）按再制造设计要求，进行机件和调控系统的预制。

（4）在适当时对装备进行再制造。

要通过在役再制造设计制造关键技术研究，提出我国石化流程工业机械装备在役再制造工程的发展思路、可行性、风险及技术经济分析和技术路线图，提出要重点研究的相关基础理论及要突破的共性关键技术，提出再制造工程新兴战略产业发展的目标和重点任务；推动我国制造业产业升级和结构调整，形成新的绿色经济与循环经济增长点。

基于工业互联网的健康能效监控智能化内涵与特征

数字化、信息化、网络化、集成化和智能化是科技革命和产业变革的必然趋势。互联网、云计算、大数据和工业机器人等新技术将引导并推动工业装备绿色化发展。推广和完善基于工业互联网的装备健康能效监测诊断系统，建立基于大数据分析的多参数健康监测综合诊断和能效评价体系，开发流程工业装备智能安全监控与过程相适应的节能自优化和故障自愈调控系统，实现工业装备健康能效监控智能化是未来发展的方向。

应用工业互联网、云计算及大数据等技术提高工业关键装备健康与能效远程监控智能化水平，实现工业装备绿色化是未来的发展方向。我国流程工业加快转变经济发展方式要抓住这个难得的重大机遇。另外，智能化和智能制造技术也将在绿色制造研究中发挥重要作用。绿色制造的决策目标体系是一个难于用一般数学方法处理的十分复杂的多目标优化问题，需要用人工智能方法来支撑处理。另外，在绿色产品评估指标系统及评估专家系统中，均需要人工智能和智能制造技术。基于知识系统、模糊系统和神经网络等的人工智能技术将在绿色制造研究开发中起到重要作用。

三、流程工业装备绿色工程发展现状与挑战

流程工业装备设计绿色化发展现状与挑战

流程工业中新建或改造须先设计。设计是否考虑到绿色化因素，能将绿色化落实到何种程度，将决定投产后的生产能否符合工业向绿色化发展。

1. 流程工业装备设计绿色化发展现状[9]

1）我国工业装备设计现状

（1）发展不平衡，总体水平较低。在工业装备设计水平方面，虽然部分达到高水平，但总体与国外先进水平相比尚有10年以上的差距。

（2）大多数企业设计开发能力弱。一方面是设计技术人员比例低、水平不够高，另一方面是设计开发投入少，观念落后，不够重视。

（3）创新意识落后更甚于技术落后。国内外企业在设计水平上的差距十分明显，创新意识的差距更为严重。

（4）设计思维封闭陈旧。设计人员运用简易的工具进行设计和计算，大都采用封闭式设计思维，运用的静态的分析计算，数据误差处理都采用增加安全系数，导致产品“肚大腰圆”。

（5）先进设计软件水平落后，设计单位组织协调能力差。大部分企业设计软件仍比较落后。更主要的是单位组织协调能力差，难以很好整合或调动社会资源，难以承接比较大的项目。

（6）体制和人才问题的解决尚待时日。许多企业目前的体制和经营机制仍旧很难适应多变的市场。工业装备设计人才的数量和素质水平也跟不上行业的快速发展。

2）工业装备绿色设计相关理论发展现状[10, 13]

绿色设计评价方法研究现状评价方法是绿色设计评价的基础。目前，绿色设计评价策略主要基于 LCA 将产品的绿色评价方法划分为两类：面向产品生命周期的评价方法以及面向产品生命周期各阶段的评价方法。

（1）面向产品生命周期的评价方法。面向产品生命周期的评价是以已有产品为绿色评价对象，以 LCA 为评价工具，从其整个生命周期的每个阶段都收集数据的评价，是对多层次、多指标的综合分析与决策。依据评价指标信息的特点，将现有方法分为两类：基于确定性信息的评价方法和基于模糊性信息的评价方法。

一是基于确定性信息的评价方法。目前，基于确定性信息的评价方法采用普遍，适合评价指标值可以精确量化的评价问题。基于确定性信息的评价方法主要有层次分析法、价值分析法、公理性设计及数据包络分析等。

此外，还可应用矢量投影法、粗糙集评价法、自学习算法、灰色理论、环境生态指数法、神经网络及遗传算法等方法评价产品的绿色程度。

二是基于模糊性信息的评价方法。产品评价信息通常具有多样性、复杂性、模糊性等特点，而模糊理论在模糊性信息处理方面具有独特的优势。目前，基于模糊理论的产品绿色评价主要是基于两种思想：模糊综合评价与模糊推理。

（2）面向产品生命周期各阶段的评价方法。从原则上讲，绿色产品评价所需的数据应源于产品生命周期的各个阶段。然而，数据收集与评价方法的复杂，阻碍了它的广泛应用。

面向设计方案的评价：产品绿色性能很大程度上取决于产品设计阶段，因而，设计方案评价对环境、产品设计改进及社会经济效益都具有重要意义。目前，设计方案评价方法可以概括为统计方法、模糊方法、人工智能方法以及基于 CAD 的评价方法等几类。

3）工业装备绿色设计应用发展现状[10]

目前，对绿色设计的研究机构大致可以分为两大类：一类是以国内外的高等院校等学术机构为主，试图找出绿色设计和绿色制造研究和应用的规律和运行机理。另一类则是以某些大公司的研究机构为主，一些国内外有影响力的企业很看重其产品的绿色性。但由于我国的工业发展基本还停留在工业革命的中后期，在绿色设计转化到实际的产品应用方面还比较薄弱，而且支撑工具和应用数据上比较匮乏，到目前为止还并没形成一套完整的绿色设计实际应用体系，也没有自主研发出充分考虑环保节能的绿色产品。

现行的工业装备绿色化设计中，关于绿色设计方面的研究主要集中在以下几点：

（1）可拆卸设计。可拆卸设计（Design for Disassembly）是指在产品设计的初步，在满足产品性能与功能的前提下改进产品的装配结构，充分考虑产品的可拆卸性，降低成本，节能减排，保护环境。

（2）可回收设计。可回收性设计是绿色产品设计的主要内容之一。设计初期充分考虑其零件材料的回收性有关的一系列问题，达到零件材料资源、能源的最大利用且环境污染最小。

（3）生命周期设计。各阶段满足污染预防要求，多级使用资源与能源，降低产品生产和消费过程对环境的影响，使其与地球的承载能力相一致，满足产品的绿色属性要求。

（4）绿色材料。在原料采取、产品制造使用和再循环利用以及废物处理等环节中，与生态环境和谐共存并有利于人类健康的材料具备净化吸收功能和促进健康的功能。

（5）虚拟设计。虚拟设计技术是以计算机支持的仿真技术为前提，在产品设计阶段，实时并行地模拟出产品开发全过程及其对产品设计的影响，预测产品性能、产品制造成本、产品的可制造性、产品的可维护性和可拆卸性等，从而提高产品设计的一次成功率。

（6）并行设计。并行设计（Concurrent Design，CD）是一种对产品及其相关过程（包括设计制造过程和相关的支持过程）进行并行和集成设计的系统化工作模式。并行设计更强调在产品开发的初期阶段，建立产品寿命周期中各个阶段性能的继承和约束关系及产品各个方面属性间的关系，以追求产品在寿命周期全过程中其性能最优。

此外，国内学者还对绿色管理、可维护性设计、逆向工程、产品优化设计、虚拟维修、绿色设计概念和评价方法等方面进行了研究。

2. 流程工业装备产品绿色设计与制造发展挑战

绿色设计作为制造业可持续发展的关键技术，已经成为人们的共识。但由于缺乏系统性的理论方法及其工具的支持，绿色设计的作用还未能充分发挥出来。

在对环境问题的逐渐了解中，人们已经由上世纪激进的“绿色运动”，发展到现在相对成熟的“绿色消费”行为。人们对产品的绿色设计需要更深入的认识并形成绿色生活的观念，还有很长的路要走。同时，工业装备绿色化制造与发展还在许多尚未成熟之处，仍需继续探索研究以下几个方面：

（1）充分考虑产品使用过程中的能耗和可维护性，选择绿色材料，使用多功能部件及模块化的部件来简化产品设计结构。

（2）为保证绿色设计的有效性，在设计方案完成后还应对资源消耗和环境影响等进行综合评价。

（3）建立面向能源和碳排放模型的生态化设计的知识库和数据库及相关技术规范和标准。

（4）做到既节省原材料又减少浪费和环境污染，同时降低机床使用时的能源消耗。

目前在绿色设计的研究中存在以下问题及挑战：

（1）只重视产品某方面设计的“绿色性”，忽略产品整体的“绿色性”。

（2）在设计过程中，仍采用传统设计的方法与流程，缺乏整体的绿色设计理念的运用。

（3）绿色设计方法研究一般多应用在工业产品设计、环境艺术设计领域，没有做出系统完备的研究。

（4）对绿色设计的结果缺乏有效的评价手段，缺乏政府法规及执行标准。

绿色设计是设计的必然选择，因此对绿色设计的设计方法和设计过程的研究是非常必要的。

流程工业装备制造成形绿色化发展现状与挑战

机械装备工业是国民经济的物质基础和产业主体，是经济高速增长的发动机和国家安全的重要保障，也是科学技术的基本载体。据统计，全世界75%的钢材经塑性加工，45%的金属结构用焊接得以成形。然而，在机械装备制造、运行、使用以及回收过程中，消耗了大量的资源和能源，产生了大量的工业废液、废气、固体废弃物等污染。存在产品制造精度低、原材料及能源消耗大，制造技术水平差，生产效率低，废弃物排放量大，环境污染严重，控制水平差，设备效率低等问题。绿色制造是《国家中长期科学和技术发展规划纲要（2006—2020 年）》制造业发展的重要趋势以及科技开发优先支持的主题，节能减排、清洁生产、可持续制造及循环经济等是制造技术发展的重要方向。

1. 流程工业装备绿色成形技术国内外发展现状[20~22]

无论是传统材料还是新材料，都需要成形制造；另外，零部件的最终组织与性能需要通过成形加工制造才能获得。成形制造技术创新对我国装备制造业等行业的振兴具有重要作用，对促进制造业的持续健康发展和建立资源节约型和环境友好型社会具有重要意义。

1）数字化、轻量化助推绿色成形制造

通过产品设计、制造及管理过程数字化，提高产品开发与制造能力，减少零件数量、减轻零件重量、采用优化设计使原材料的利用率达到最高，新材料的贡献低于新制造技术。发动机关键零部件更加薄壁化、轻量化。采用高强韧的优质材料满足铸件薄壁化，轻量化要求机床数字化、轻量化设计。尤其是运动部件的轻量化结构设计及材料选择优化，减少运动部件重量，进一步实现节能。图 6-3 为复合材料汽车零部件。

(a) (b)

图 6-3　复合材料汽车零部件

2）近净成形、清洁生产实现节能减排

通过以铸代焊、以铸代锻等工艺，精密成形零部件，实现节能减排；通过精密受迫成形技术与切削加工技术、多种连接技术等复合成形，减少加工余量，这是近净成形、清洁生产实现节能减排的重要方法。图 6-4 为郑州机械研究所开发的数控化精密成形锻件。

（a）冷精密成形锻件

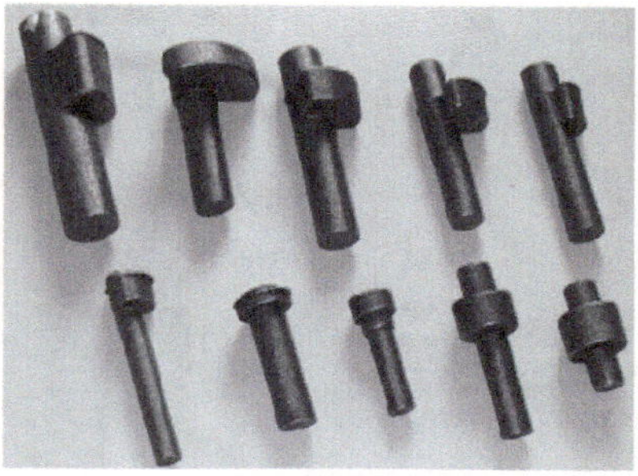

（b）热挤镦复合成形摇臂轴类零件

图 6-4　数控化精密成形锻件

楔横轧是一种高效清洁的轴类零件近净成形技术，是先进成形制造科学与技术的重要组成部分。图 6-5 为北京科技大学开发的凸轮轴楔横轧精密成形生产线。

(a)

(b)

图 6-5　北京科技大学开发的凸轮轴楔横轧精密成形生产线

俄亥俄州州立大学开展多重连接技术（激光焊、电磁连接等）进一步提高构件强度，降低构件重量。

增材制造直接制造金属零件，重量可以更轻。美国发展 3D 打印技术，实现用一半的时间、一半的费用完成产品开发。

3）短流程、无废弃物制造促进资源循环利用

美国提出“无废弃物加工”的新一代制造技术，即加工过程中不产生废弃物，或产生的废弃物能被整个制造过程中作为原料而利用，并在下一个流程中不再产生废弃物。

铸件余热时效热处理技术能够节约能源，绿色切削加工技术也对环境更加友好。数字化无模铸造技术，不需要木模、金属模等，节约大量资源[23,24]（见图 6-6）。此外，可降解、环境友好的成形材料也得到了广泛应用。

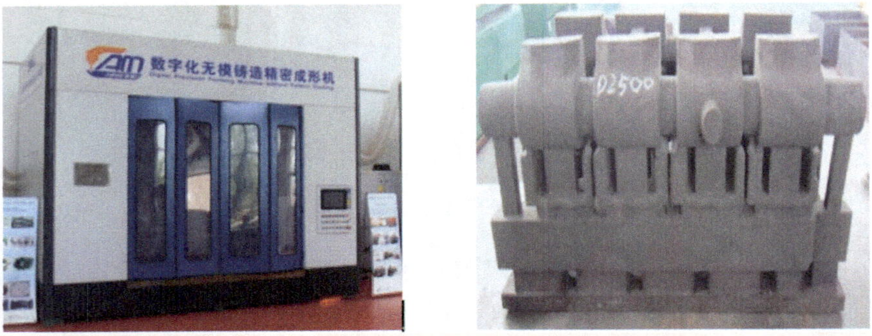

(a) (b)

图 6-6 数字化无模铸造技术

4）自动化、智能化控制成形技术及装备推进节能节材

随着成形工艺控制精度的提高，环境条件等干扰因素的不确定性矛盾将日益突出，这时将人工智能与控制技术相结合可使得成形设备或生产线具备良好的适应能力。

2. 流程工业装备绿色制造成形技术面临的挑战

世界主要发达国家都已深刻地认识到先进成形技术给制造业带来的重大变革，欧美国家高度重视基础制造业先进成形技术的发展，并将铸锻焊等先进成形列为未来关注的十大技术之一。我国工业装备绿色成形制造方面还

存在如下挑战:

1）产品制造精度低，原材料及能源消耗大

我国铸件产量第一，但精度低、废品率高、加工余量高、耗能量大、材料利用率低。我国成形制造业还处于劳动力密集型状态，总体技术含量与质量低、耗能耗材高、浪费严重、废弃物排放量大。

2）制造工艺水平差，生产效率低

我国锻造行业生产效率仅为国外先进水平的 20%～30%，整体水平落后 15～20 年。

3）废弃物排放量大，环境污染严重

在我国能源年耗总量中，煤炭占 80%左右，其排放的硫化物可达 1000 万吨以上，而用于锻造加热生产的标煤年耗量高达约 350 万吨，我国每年因污水排放和 SO_2 排放导致的经济损失分别在 5 000 亿元以上。热处理也是目前我国的能耗大户。我国吨合格铸件与锻件的三废排放量为发达国家的 10 倍。

4）控制水平差，资源利用率低

我国设备能源利用效率比发达国家低 30%～40%，其中发电效率低 30%。我国装备数字化率低、重要装备自主化率低。高端工艺装备多数需进口。

流程工业装备运行绿色化与在役再制造发展现状与挑战

流程工业能耗与排放是通过装备运行来体现的。生产和服务过程中的能源利用与能源种类、技术工艺、设备、过程控制、管理、员工、产品和废弃能，这八个方面的相关设备作为技术工艺的具体体现，对能源转换和能源利用具有重要的作用。自身的功能、设备的搭配（用能设备之间、用能设备和公用设施之间）、设备的维护保养、设备的自动化水平、设备先进程度等均会影响设备的运行效率，从而影响能源利用效率。因此，要从设备的自身的功能、设备的搭配、设备的维护保养、设备的自动化水平以及设备先进程度等方面查找差距、分析原因、提出对策，来提高设备运行绿色化水平。

以智能化技术对设备运行状态进行实时健康诊断，以便及时维护，避免重大事故，同时提高运行能效，并协调匹配设备之间的运行参数，使得整个工艺流程发挥更大效益，从而将排放降到最低水平。

1. 流程工业装备运行绿色化与在役再制造发展现状

1）流程工业装备健康与能耗现状

石化冶金等流程工业是能源消耗大户，其生产过程需消耗大量能源，其中设备耗能是炼油化工装置能耗的主要组成部分。提高泵、风机、压缩机等通用机械设备的健康水平和运行效率是石化等流程工业节能减排的主要途径之一。[7,25~29]

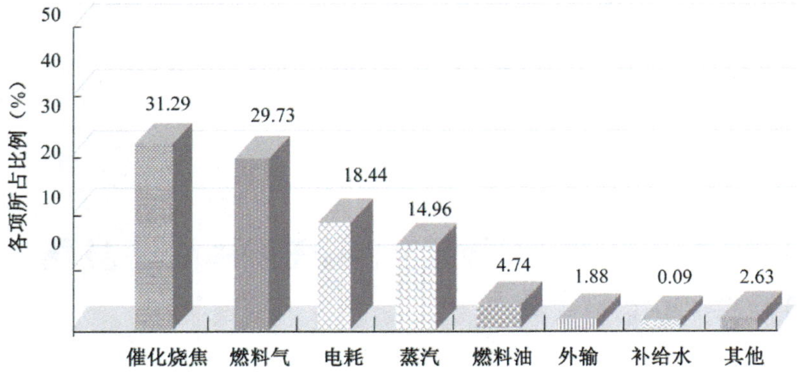

图 6-7　石化加工过程综合能耗构成

目前我国工业装备普遍存在能耗高、故障率高和寿命周期短等突出问题，大量的低效运行、故障频发的机械装备在流程工业生产中仍发挥着重要作用；同时流程工业连续生产，检修时间紧迫，有些机组能源浪费严重是众所周知的，但由于装备节能技术改造风险，大企业不愿也无暇顾及。我国流程工业机械装备故障较多，重大事故时有发生，不能确保安全长周期运行[7]。

（1）流程工业机械装备故障较多，重大事故时有发生，不能确保安全长周期运行，国内同类机组的连续运转周期只有国外领先水平的 1/2~1/3。

（2）流程工业大量机械装备长期偏离设计工况低效运行，许多国内和进口机组远离设计工况实际运行，效率比设计效率低 5%~20%。我国工业行业的空气压缩机负荷率要比全球平均水平低 13%。表 6-1 至表 6-3 列出了部分流程工业装备低效运行的工程实例。

表 6-1　某企业泵设备运行效率统计

项目	＜51%	51%~70%	70%~83%	＞83%	备注
装置 1	13	0	1	1	1963 年投产 2007 年改造
装置 2	16	5	1	0	1990 年投产
装置 3	10	5	2	3	1998 年投产
合计	39	10	4	4	

表 6-2　透平压缩机组低效运行工程实例

<table>
<tr><th>装备名称型号</th><th>所在装置</th><th>设计效率（%）</th><th>运行效率（%）</th><th>低效主要原因</th><th>检测单位</th><th>所属单位</th></tr>
<tr><td>透平机 CT5102</td><td rowspan="2">加氢精制</td><td>70</td><td>32.22</td><td rowspan="4">压缩机负荷较小，C1101 体积负荷仅 61%，C5102 负荷更低</td><td rowspan="4">中国石油石化节能监测中心</td><td rowspan="4">某石化分公司炼油厂</td></tr>
<tr><td>压缩机 C5102</td><td>75</td><td>55.98</td></tr>
<tr><td>透平机 CT1101</td><td rowspan="2">加氢裂化</td><td>70</td><td>64.71</td></tr>
<tr><td>压缩机 C1101</td><td>75</td><td>60.09</td></tr>
<tr><td>透平机</td><td>合成氨</td><td>75</td><td>51</td><td>密封间隙超标，喷嘴与叶片间隙超标；喷嘴或叶片变形。</td><td>北京化工大学</td><td>某石化分公司化肥厂</td></tr>
</table>

表 6-3　某炼油厂 6000V 压缩机效率测算数据

名称	型号	流量	效率%	功率 kW	电机效率%	负载率%	利用率%
氢压缩机	BTD—NICC	2000	38.7	186	75.6	53.1	29.3
氢压缩机	2D12—5.2/14—84	2200	29.4	286	86.1	80.6	25.3
氢压缩机	4M80—30/2.2—200—BX	16590	37.9	2088	71	67.8	26.9
燃料气压缩机	LG—68/6	4080	33.5	332	68	60.4	22.8
燃料气压缩机	2D16—74/16—BX	3640	67.5	147.2	40.1	65.2	27.1

2）流程工业装备健康与能耗监控现状

（1）流程工业装备健康监控现状。近年来，我国在流程工业机械装备健康监控方面也取得了不小的进步，例如北京化工大学与中石油等企业合作开发的状态监控系统正在对在役运行的近 1500 台压缩机、泵等进行实时动态监控，提高了机组运行的可靠性，如图 6-8 所示。

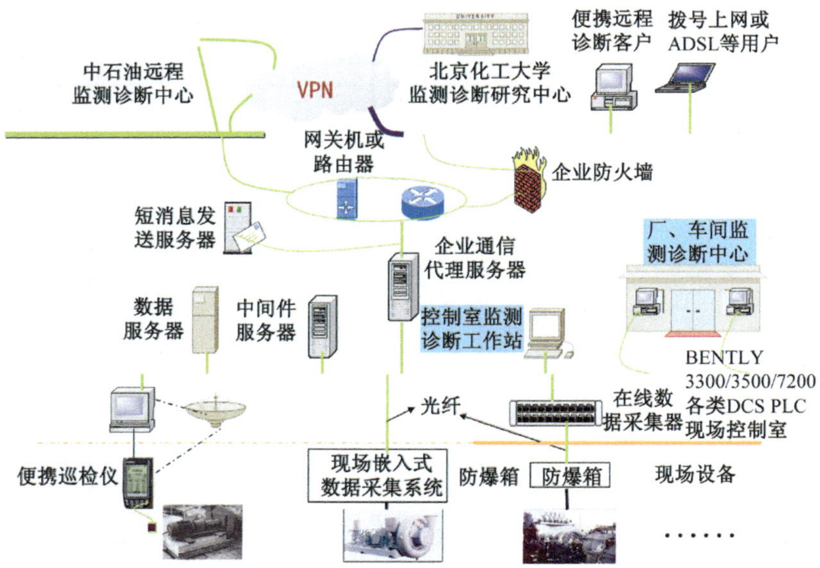

图 6-8　基于工业互联网的装备远程健康监测诊断系统

在透平式压缩机组监测系统方面。目前国内仍有许多企业的压缩机控制系统以经典控制理论为基础，采用模拟调节器，对其运行中的有关参数分别作必要的调节，构成单回路的并联控制系统，控制件也多为机械式的双位或比例调节器以及一些保护继电器。随着许多生产装置规模的不断扩大，对生产过程控制的要求发展到需要调节多参数，并且对控制系统的要求转变为对整套装置的综合控制。近年来，一些企业采用优化综合控制系统对旧机组控制系统进行改造升级，取得了较好的安全和节能效果。因此应用新型综合控制系统进行升级改造势在必行[30]。

在往复式压缩机组监测系统方面，大型往复式压缩机是石化装置的重要设备，由于结构复杂，易损部件多，运行中对安全可靠性要求比较高。采用先进的往复式压缩机网络化监测及故障诊断方法，是保证压缩机长周期安全运行的关键。我国自主开发的往复压缩机监测诊断系统在国内市场的占有率与进口相比已具绝对优势[31]。

（2）流程工业装备能效监控技术现状。目前国内流程工业装备如大型透平压缩机组、大型往复压缩机都上有振动在线状态监测系统，但是长年来对其低效率工况运转没有足够的重视，没有对高耗能设备效率单独考核。目前一般只是定期检测机组效率，检测周期长，缺乏长期、连续监测、记录手段，导致机组效率偏低。可见，运行效率偏低是目前国内石化装备系统普遍存在的共性问题。受工况变化、设计选型余量大等因素影响，国内往复压缩机实际运行负荷常低于额定工况，通过流量调控可获得显著的节能效果。近年逐渐引进国外先进的气量无级调节产品，取得了明显的节能效果。

3）流程工业装备在役再制造发展现状

大型装置紧急停车损失巨大，动辄数千万。为此国内外高度重视，开始研发设备健康状态监控的智能化系统，预警择机缓停检修，将损失降到最低。国外最早是霍尼韦尔，其次是 ABB 和 GE。国内是中石油与北京化工大学等院校合作建立远程监测与故障诊断中心，独立开发出针对大型机组的健康诊断系统。相比较而言，国内企业更有针对性和实用性，集团化生产模式更适宜远程智能化集控。石化冶金机械的用户和制造厂已对数千台关键机组运行实时监测和故障诊断，我国已建成世界上最大规模的炼化远程设备健康监控中心。发展基于工业互联网的装备健康能效监测诊断系统，诊断分析机器服役存在的问题，可为装备的安全和高效运行提供科学依据和技术支撑。

在役再制造工程（REIS）是在健康和能效监控基础上，对老旧和性能低下、故障频发技术落后的在役设备进行个性化再设计和改造升级，使其与生产过程匹配和谐，显著提高其健康、能效和智能化水平。随着互联网、大数据和云计算向各应用领域扩展，设备健康与能效监控也搭乘这个平台得以迅速发展。基于工业互联网的装备健康能效监控和在役再制造工程，可促使产业技术升级，降低生产成本，延长装备使用寿命，确保装备安全、节能、环保及长周期运行。

4）存在问题及原因分析

流程工业关键机组普遍存在能耗高、效率低、可靠性差、故障率高和运行周期短等突出问题，造成这些问题的主要原因如下。

（1）建设和设计问题：在设计、选型、采购和引进装备时片面追求设备本身效率，而忽视生产过程的实际需要，智能化程度低而自适应能力差。缺乏健康监测和故障预警系统，得不到及时维护，直接缩短运行周期。

（2）企业管理问题：节能部门关心工艺系统如何降能，设备部门负责维护以保生产安全，都不重视装备运行能效监测评估。

（3）政策导向问题：尚无针对在役装备能效监测评价的技术标准体系和相应法规，既无法建立起切实可行的能效评价制度，也很难以法律对浪费能源行为进行约束。基层企业仍处于技术落后、高能耗、高排放、靠扩大规模拼取微薄利润来支撑国民经济发展的尴尬局面。

2．流程工业装备运行绿色化与在役再制造面临的挑战

我国工业企业尚存大量低效运行、故障频发的机械装备，主要是在设计、选型、定购、引进装备时只重视设备本身的效率和片面追求过大的余量，忽视与生产过程的匹配，一些装备实际运行远离设计工况且设备智能调控能力差和健康状态监控不到位。主要存在以下几个方面挑战：流程工业机械装备

机械故障诊断基础研究薄弱，缺乏智能联锁保护和重大事故预防，缺乏先进的优化综合控制系统，机组在线智能监测、诊断及故障早期预警功能不足。

1）机械故障诊断基础研究薄弱

主要表现在：

（1）故障机理研究缺乏。尽管国内外在非线性故障和故障机理方面开展了深入研究，但针对新型重大装备故障机理还缺乏研究，导致无法有效预知和识别系统故障。

（2）早期故障、微弱故障、复合故障、系统故障等诊断方法还存在不足，可靠的诊断方法有限。

（3）故障定量诊断困难。

（4）智能诊断系统薄弱，缺乏基于底层的基础研究的人工智能诊断方法。

（5）国内缺乏对历史数据的积累，没有形成完善可靠的故障数据库。

2）压缩机组缺乏先进的优化综合控制系统

（1）国内在2000年以后新上的大型机组大多采用了优化综合控制系统，但以前的机组仍采用单体、分散式控制方式。虽然近年来，一些企业采用优化综合控制系统对旧机组控制系统进行改造升级，但仍有大部分机组保持原有的控制系统。

（2）绝大多数往复式压缩机组只有简单的性能参数监测，没有配置在线状态监测与故障诊断系统。

3）机组缺乏智能联锁保护和重大事故预防

不能够及时发现大型压缩机组的故障隐患而提前进行智能报警，也无法根据故障诊断结果进行有效停机，也会因为误报警等过保护策略导致不必要的停机损失。并且价格昂贵。

4）机组在线智能监测、诊断及故障早期预警功能不足

我国在理论研究、测试技术和仪器研制方面，都取得了成果，但这些系统离真正工程化、产业化还有一定的距离，特别是在炼油、化工等复杂环境下应用在线监测诊断系统一直处于尝试和探索阶段，另外，现有监测诊断系统在诊断准确率方面还有待提高。

通过对大型透平压缩机组进行在线智能监测（预测），能够预知系统的运行状况、是否会发生故障，并能够在进行系统故障分析的同时，对故障的传播和发展做出早期预测，从而使操作者可以从容地进行生产决策和管理。炼油化工机泵装备网络化监测及故障早期智能预警系统是动设备预知维修管理的难题之一。

与此同时，国内流程工业企业节能减排意识不强，绿色运行理念尚没完全建立，且缺乏能效监控的有效技术和手段，导致流程工业机械装备绿色运行与在役再制造工程存在管理和技术双重瓶颈。

（1）在运行管理方面，存在因节能意识与更新资金不足等原因，很多企业里仍有淘汰落后高耗能设备在运行。

（2）在设计制造方面，长期以来，我国许多工业装备技术以消化吸收、仿制为主，应用基础研究薄弱，自主创新能力差，低能耗与轻量化的绿色设计技术基础薄弱。既缺乏绿色设计理念，也缺乏绿色设计监管；数字化、信息化、网络化、集成化、智能化方面与发达国家差距很大；国有企业行为具有短期化特征，没有技术创新优势。

（3）国内主要是针对产能的记录来粗略地评价机组的性能，尚不能对机组的能效状态进行实时监控。

（4）目前国内的压缩机组监控系统主辅设备缺乏协同性。

（5）远程监控和能效报告能力有待提高，缺乏完善的压缩机性能监控和有效的喘振预测等，影响了压缩机组的运行效率和安全可靠性。

基于工业互联网的健康能效监控智能化发展现状与挑战

当前，以移动互联网、云计算、大数据等为代表的新一代信息通信技术

（ICT）创新活跃，发展迅猛。据分析判断，推动产业转型的新一代技术主要包括社交媒体技术、移动互联网和物联网技术、云计算技术、大数据与先进分析技术等[32~37]。

（1）社交媒体技术：借助于社交技术，人们可实现快速查找工作所急需的专业知识，能快捷地找到能提供帮助的人，在设计过程中实现全球协同等。

（2）移动互联网与物联网技术：互联网将计算机进行互联互通，移动互联网实现了人与人的联网，彻底改变了人与人的互动方式。物联网是指通过射频识别（RFID）装置、红外感应器、全球定位系统、激光扫描器等信息传感设备，按约定的协议，将任意物品与互联网相连，进行信息交换和通信，以实现智能化识别、定位、跟踪、监控和管理的一种网络。

从全球来看，物联网大数据处理和公共平台服务处于起步阶段，物联网相关的终端制造和应用服务仍在成长培育期。基础芯片设计、高端传感器制造、智能信息处理等产业环节依然薄弱。

（3）云计算技术：云计算是以虚拟化技术为基础，以按需付费为商业模式，具备弹性扩展、动态分配和资源共享等特点的新型网络化计算模式。

（4）大数据与先进分析技术：随着人们对越来越复杂的科学和工程问题本质探索认知的深入，基于机理性模型和假设检验为基础的数据分析技术已经越来越显得捉襟见肘。另一方面，大量的科学和工程检测数据所蕴含的大量信息潜能没有被充分发挥出来。大数据技术是从各种类型的数据中，采用新处理模式快速获得有价值信息的能力。从而实现深度理解、洞察发现与精准决策。

四、流程工业装备绿色工程发展趋势和战略目标

流程工业装备设计绿色化发展趋势和战略目标

设计绿色化应从社会、经济和环境的复杂系统结构出发，采用技术手段和方法，实现三者之间的有效协调和平衡，已成为我国机械制造业实现可持续发展的有效途径，具有广泛的应用前景。由于设计绿色化涉及的学科领域多、范围广，属于多学科交叉研究范围，其实施还需要企业、社会和研究机构共同努力，协同研究。

1. 流程工业装备产品绿色设计与制造发展趋势[38~40]

工业装备设计要特别重视与生产过程的匹配，改变实际运行远离设计工况且设备自适应能力差的现状。此外，还应做到以下几点。

（1）面向环境的设计，使装备运行与环境友好。

（2）在满足使用功能、保证力学强度和使用寿命的前提下，简化结构，实现装备的轻量化，达到节材和节能的效果。

（3）将科技进步的新理论、新理念、新材料、新工艺及新技术及时融入到设计中去，从而改进设备结构、提升运行监控水平，有效提升设备的绿色化程度。

（4）在设计过程中增强可回收的意识，使设备结构具有多重可回收性，推进资源循环利用。

（5）使先进成形技术向数字化、减量化、短流程、精密化、复合化、绿色化及智能化方向发展，装备零部件毛坯制造趋向近净成形——精确锻压成形、精确轧制成形、无模铸造精密成形、无废弃物制造促进循环利用等。

2. 流程工业装备设计绿色化发展战略目标[41~42]

设计绿色化不仅强调对自然环境的友好，而且同时注重设计的人性化，关注设计的人文内涵，进而促进自然环境和社会环境的协调发展。同时，环保问题的全球化和国际贸易的关系日益密切。各国政府、企业已逐渐意识到，商业上长期稳定的利润增长将与环保行为有密切关系，所以需要通过采用绿色设计方法，提高产品设计水平和科技含量，以达到国际环保标准，成为冲破绿色贸易壁垒，取得更大经济效益的有效途径。

提出工业装备设计绿色化发展规划如下：

（1）面向生态设计要求，提出产品轻量化设计、节能降噪设计、资源节约性设计等新理论和新方法。

（2）面向环境友好和可持续发展要求，提出产品设计的可回收性、可拆卸性、环境影响性、再制造性的要求和设计规范。

（3）建立绿色设计基础数据库和知识库，开发支持生命周期评价和生命周期成本评估技术的绿色设计软件工具。

到 2020 年，绿色化工业装备的制造发展将具备轻量化、节能降噪化设计、拆卸回收化及节能减排化发展等特征。具体战略目标如下：

（1）特别重视装备与生产过程的匹配，确保实际运行尽可能靠近设计工况且设备具备自适应调控能力；

（2）轻量化设计。重点研究流程装备轻量化对其运行等性能的影响，高强度材料性能评估与选择、零部件结构优化；研究流程机械节能降耗、降低噪声的减量化设计技术，形成支持流程机械减量化设计的方法和技术体系；

（3）典型产品节能降噪设计。针对量大面广的内燃机、风机、泵等典型产品，开展燃油高效燃烧技术、流体流动/流道分析和结构参数优化等；设计高效零排放智能型自动清洗装备。

（4）节能减排技术、产品与装备。开发电力拖动系统、内燃机、流体机械、生物质利用等一批节能、节油的绿色产品及装备；面向车间污染物治理、工业废弃物无害化处理以及环境检测等领域，研发出一批环境治理和无害化处理的技术与装备；进行推动数控系统、伺服驱动、节能工业装置、终端用能设备和关键基础部件等绿色环保产品的推广应用示范工程。

流程工业装备制造成形绿色化发展趋势和战略目标

世界机械工程技术的未来发展主题——开发新技术，以应对能源、环境、食品、住房、水资源、交通、安全和健康等挑战；创造全球性的可持续发展工程解决方案，满足全人类基本需要。

1. 流程工业装备成形制造绿色化发展趋势[43]

1）无模化、快速化发展推进成形工艺绿色化制造

成形制造技术向无模化、快速化方向发展。重点发展虚拟制造、网络制造、无模制造技术，更经济、更快捷、更柔性地组织生产和优化布局，从而缩短产品开发周期、降低生产成本、提高生产效率、节约资源。

2）精密化、复合化发展推进成形工艺节能节材

为实现节能节材和高质量，金属成形制造向近净成形、精密成形发展，进一步减少加工余量，成形制造技术向精密化、复合化方向发展。

3）短流程、清洁化发展推进成形制造过程节能减排

为实现无废弃物制造、低耗和绿色生产，成形制造技术向清洁化、绿色化制造方向发展。为保护环境、节约资源，积极倡导“绿色制造”和“清洁生产”，大力研究开发生态安全型、资源节约型成形工艺技术。

4）数控化、智能化发展推进成形工艺升级换代

为满足制造业生产柔性化、自动化的发展需求，成形技术智能化程度不断提高，实现控制过程智能化、提高成形质量和提高设备使用效率是成形控制的发展趋势。

2．流程工业装备成形制造绿色化发展战略目标

1）到 2020 年的发展战略目标

研制开发出绿色化、精密化、轻量化成形技术及装备，并在企业中推广应用，一批绿色成形制造工艺技术与装备进入世界中端行列，具有较高附加值的装备出口到欧美等发达国家，复杂、高性能、大尺寸构件可实现稳定绿色批量化生产。形成一系列绿色成形制造工艺与装备的行业及国家标准，包括材料性能标准、制造质量标准、制造工艺规范及绿色评价标准等。装备制造成形使用原料消耗减少 15%以上，能耗减少 20%以上，环境友好型材料使用率达到 50%以上，40%以上的企业实现优质、高效、绿色化生产与运行。

2）未来发展目标

高性能机械装备关键零部件可实现稳定、绿色批量化生产，建立完备的绿色成形制造行业及国家标准体系。装备成形制造企业，70%的企业能源消耗达到工业发达国家水平，单位产量能耗降低 30%，单位产量排污降低 25%以上。在成形制造方面，铸锻焊、切削加工等数控化、自动化、智能化成形装备达到 90%以上，企业的数字化生产线达到 80%以上，建立无人化智能制造车间及工厂的企业达到 70%以上，高性能、轻量化、绿色化的零部件在装备制造中的应用比例达到欧美国家同期水平。

工业装备运行绿色化与在役再制造发展趋势和战略目标

流程工业关键装备运行绿色化的主要体现为高效和安全无故障长周期运行，其关键为对机组健康和能效状态的监测与调控，其发展方向是由单一参数监控转为多参数同时监控，并逐步向远程智能化方向发展。

1. 流程工业装备运行绿色化与在役再制造发展趋势

纵观流程工业关键装备，尤其是高端压缩机控制系统的发展历史、现状及实际生产控制需求，必然向集成化和智能化方向发展。

1）大型透平压缩机组监控技术发展趋势

健康监控系统可对机器的整个运行过程进行监测，保证压缩机系统在正常的设计范围内运行，获得预期的性能参数，并在故障发生之前通过纠正动作从而避免较多的停机和昂贵部件的更换。尤其是随着企业的现代化和生产设备的大型化，状态监测和故障诊断技术在近 20 年内获得了迅速的发展，领域不断扩大到核电反应堆与汽轮机、石油化工厂的大型机组和塔容器、石油开采机械等诸多方面。压缩机运行与控制的发展趋势是压缩机运行状态的远程监测、智能控制技术及故障自愈化。

（1）大型透平压缩机系统故障动态演化机理、早期故障智能诊断与预警及故障自愈化。

（2）系统智能化程度显著提高。

（3）系统可靠性、故障预示与安全运行保障理论和方法得到发展，压缩机组系统可靠性更高、使用寿命更长[30]。

2）往复式压缩机组监控技术发展趋势

往复式压缩机组监控技术发展趋势是：

（1）用综合监测手段，将温度、压力、位移、转速、振动、噪声、电流、电压等多种监测法融合在一起，提高监测的准确性。

（2）研究直接测取汽缸内高温、高压动态压力的方法；绘制出最能反映压缩机运行状态的示功图；建立不同型号、不同介质往复压缩机正常状态示功图作为故障判别的初步依据，指出压缩机的非正常工作状态。

（3）研究故障起因与示功图畸变的内在联系，研究故障信号处理与特征提取的最佳方法。

（4）活塞杆断裂事故比较多，需要研究能监测活塞杆断裂前裂纹的新方法。

（5）以压缩机曲轴的相位为参考坐标，测取各个相位上的压力、位移、振动、噪声等参数，与正常工况下的参数值进行比较，分析诊断出故障。

（6）利用网络技术，将压缩机的运行参数进行远程传输，实现压缩机在线实时监测。

（7）不断加入新的信息处理方法如小波包变换、神经网络、模糊诊断及功率谱距等，以提高故障诊断的准确与可靠[32]。

3）能效监控技术发展趋势

能效监控系统的技术发展趋势是：

（1）由单一参数测量向多参数同时测量，并应用历史实际运行数据自动形成真实的性能曲线，建立可参考的数据库，实现功率等能效参数可视可调。

（2）由单台机组调控转变为压缩机群的集中调控系统，采用智能化算法分配负载，使各压缩机在最优工况运行，从而实现节能效益的最大化。

（3）由机组性能优化发展为机组与工艺系统深度融合优化，提高机组运行效率。

（4）主辅设备的协调工作研究。建立主辅设备交互作用的关联耦合模型，研究主机、设备、管网协调工作的规律，提出监测控制策略，对压缩机组各辅助系统（部件）进行调控，提高机组系统效率。

（5）精准预测，卡边高效运行。如采用各种监控手段将喘振控制线向小流量区间外推，实现稳定裕度的提高，使压缩机工况始终稳定在最高效率点附近。

（6）探索复杂压缩机系统能量高效转换与利用的基础理论与技术。研究内容主要包括：能量转换、存储、传递中各子系统的拓扑关联设计理论；能量转换、合成、分解、传递及存储的多工况匹配设计与节能控制理论[25, 44]。

4）在役再制造技术发展趋势

在役装备再制造工程就是这样一种以装备健康能效监测诊断理论为基础指导，以在役老旧和性能低下的机电装备实现提升健康、能效和智能化水平为目标，以再制造后的装备更适应于生产为需求准则，以先进技术和再设计为手段，进行改造机电装备的一系列技术措施或工程活动的总称。

在役装备再制造工程主要包括以下四方面：对在役老旧和性能低下的装

备进行健康能效监测和系统诊断，查明存在的问题；以提高健康能效、智能化水平和适应生产系统需要为目标，应用新技术进行再制造设计；按再制造设计要求，进行机件和调控系统的预制；在适当时对装备进行再制造。

在役再制造工程将在装备绿色运行中发挥重要作用。一是对在役老旧和性能低下故障频发的装备进行健康能效监测和系统诊断，可准确查明存在的问题，有的放矢地进行个性化再设计。二是可提高技术水平大大延长装备的使用寿命，使老旧装备焕发青春达到或接近新装备技术水平。三是有利于装备安全、节能、环保、长周期运行，降低生产成本和产业技术升级。

在役再制造与再制造工程有所不同，再制造工程（RE）是使废旧机器起死回生，而在役再制造是使性能低下、故障频发技术落后的在役装备重新焕发青春提高性能和智能化水平。再制造工程与在役再制造工程之间的关系如表 6-4 所示。

表 6-4　再制造工程与在役再制造工程之间的关系

项　目	在役再制造工程（ISRE）	再制造工程（RE）
对象	老旧且健康能效状况差的在役机械装备	有剩余寿命的废旧零部件作为再制造毛坯，过时产品局部改造
目标	提高生产线上在役装备健康能效和智能化水平，适应生产系统需求	再制造工程使废旧机器起死回生，批量化再制造出与原来一样的机器，性能质量达到或超过新品
特点	对众多企业同类在役老旧装备进行个性化技术升级的专业化产业	对废旧产品进行的专业化、批量化的修复与改造
理论基础 关键技术	健康能效监测和系统诊断的再设计、自愈化自优化理论	再制造剩余寿命评估基础理论与相关技术、表面工程技术，装备智能自愈合、自修复的材料和技术
意义	发展产业升级经济研制—使用—诊断再设计—升级—使用	发展循环经济研制—使用—再生—使用

钢铁、石化等流程工业产能过剩，今后不可能大规模增容扩建，流程工业装备制造业如压缩机、风机、冶金机械等如何可持续发展是我国经济发展和制造强国必须解决的面临的重大问题。在役再制造作为发展新兴服务型在役再

制造产业，为我国装备制造业未来可持续发展提供新的机遇和市场。与此同时，流程工业装备制造企业也必须提高装备设计制造的绿色化智能化水平。

目前大多数企业对装备节能技术改造重视不够，特别是关键机组无备台风险大，不愿也无暇顾及。中石化、中石油等企业与装备制造厂家合作，对有些效率低下的机组成功进行再制造均于当年回收成本，节能效果十分显著。

透平压缩机组在役再制造工程案例之一：中石化某分公司 80 万吨/年催化裂化装置，富气压缩机—汽轮机组由美国 ELLIOTT 公司引进。投产后实际需要气量为 33000Nm^3/h，比机组设计正常点流量 42000Nm^3/h 少了 9000Nm^3/h，机组长期在防喘振阀 14%开度下运行。

主要再设计改造内容：应用新技术只改造压缩机通流部分。

（1）采用三元流场设计，提高通流部分气动效率；

（2）叶轮级间口环密封采用金属软密封，减少级间内泄漏；

（3）采用反旋绕式平衡盘密封，降低平衡盘气流扰动激振。透平压缩机再制造原理及结构如图 6-9 所示。改造前后的运行参数对比如表 6-6 所示。改造投资 360 万元，全年工作 8000 小时可节约运行成本 512 万元。改造前后的运行参数对比如表 6-5 所示。

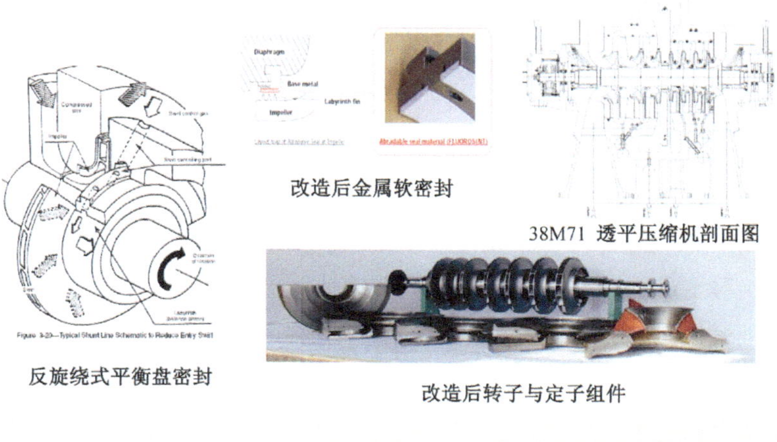

图 6-9 38M7I 透平压缩机再制造原理及结构示意图

表 6-5 改造前后运行参数对比

工艺参数	流量 Nm^3 / h	进出口压力 MPa	防喘振阀开度%	转速 r/min	功率 kw	工作范围%	蒸汽流量 T/h	整机效率%
改造前	42000	0.16/1.6	14	6536	4300	75～90	66	74
改造后	33000	0.16/1.6	0	6559	3530	75～105	58	79～80

透平压缩机组在役再制造工程案例之二：中石化某分公司 2#催化裂化烟机，设计效率最大 82%，实际运行效率仅 69.58%。改进措施如下。

（1）采用全新的全三维黏性气动设计，烟机的最佳工作点在最高效率点上。

（2）叶片型面采用复合弯扭设计，减少催化剂的堆积，提高效率同时减少二次流产生的磨损。

（3）改进了密封和烟机排气壳体。改造前后的运行参数对比如表 6-6 所示。新烟机效率提高到 86%，投资成本只需 10 个月就可收回。

表 6-6 改造前后运行参数对比

项　目	整机实测效率（%）	改造成本（万元）	改造后每小时多发电量（kW）	多创造年收益（万元）
改造前	69.58	800	1800	930
改造后	86			

2. 流程工业装备运行绿色化与在役再制造发展战略目标

战略目标：到 2020 年，突破基于工业互联网（物联网）、大数据等信息技术的流程工业装备智能监控关键技术，基本形成具有中国自主创新特色的流程工业装备绿色运行与在役再制造技术支撑体系，主要流程工业机械装备的能效和安全长周期运行水平明显提升，达到国外发达国家同期先进水平，助力我国流程工业转型升级。

2015—2020 年目标：

（1）调查发达国家流程工业装备健康及能效监控和在役装备技术升级现

状和趋势，分析存在和差距及原因。对石化等流程工业行业开展普查和调研，查明主要问题和发现培育示范工程。

（2）突破石化等行业关键机械装备健康与能效监控关键技术，形成适合我国国情机械装备优化综合控制系统；突破基于工业互联网（物联网）、大数据等信息技术的流程工业装备智能监控关键技术，实现全厂机群集中优化控制和远程监控与故障诊断，助力我国流程工业转型升级。

（3）基本完成老旧机械装备控制系统升级改造，改造覆盖率达到90%以上；建立若干石化等行业基于工业互联网的转动机械健康与能效远程监控中心，机械设备在线监控覆盖率达到80%以上。

（4）建立第三者机构，负责监测工业装备环保等级和评估装备能效，完善和推广应用基于工业互联网的装备健康能效监测诊断体系。明确企业及主管部门责任，设备部门要负责设备节能。设计部门设立装备和工程系统部门及协调审核制度。

（5）装备的自诊断、自愈化、自优化等工程应用取得实效。

基于工业互联网的健康能效监控智能化发展趋势和战略目标

应用工业互联网、物联网、云计算及大数据等技术提高流程工业关键装备健康与能效远程监控智能化水平是未来的发展方向。在过去的十年中，企业开始逐步将互联网技术应用到工业生产。今后，应用工业互联网、物联网、云计算及大数据等技术提高流程工业关键装备健康与能效远程监控智能化水平是未来的发展方向。能源、石化、冶金等流程工业是国家经济发展的支柱产业，流程工业生产装备具有大型化、复杂化、生产工艺自动化、连续化的特点，设备投资巨大、能耗物耗与经济利益直接相关，故障引起非计划停产将带来巨大的经济损失，还可能导致机毁人亡的重大事故。石化冶金等流程工业多年来一直是先进监测和控制设备关注的对象，往复式和离心式压缩机等流程装备是能源加工企业使用的关键部件。当今，运营商监测和模拟这些设备是为了进行事先保养，以及确保整个工厂的安全性。对工厂进行效率和安全管理，以及提高生产效率是当今工业互联网发挥作用的领域。美国等发达国家对装备的故障预测和健康管理（PHM）和基于工业互联网大数据分析和优化决策高度重视，GE 公司将其称作新一轮工业革命浪潮。数字化信息网络化集成化智能化是科技革命和产业变革的必然趋势，我国流程工业加快转变经济发展方式要抓住这个难得的重大机遇[32~37]。

智能设备、智能系统和智能决策代表着物理学在机器、设备、机组和网络的主要应用方式，而这些应用则把数据传输、多数据、数据分析很好地融合在一起。智能系统包括了部署在机组和网络中并广泛结合的机器仪表和软件。随着越来越多的机器和设备加入工业互联网，可以实现跨越整个机组和网络的机器仪表的协同效应，将极大地提高机组的健康与能效监控水平。

（1）通过网络优化，在一个系统内实现互联的机器，可以在网络上相互协作提高运营效率。

（2）通过智能系统可以实现最优化、低成本，并有利于整个机组的维护。将机器、组件和各部分整合起来的观点提供了一个可以监测这些设备状态的方式，使得可以在正确的时间将最优数量的零件交付到正确的位置上。这将减少零件库存需求和维护成本，机器的可靠性也会更高。智能系统的维护优化可以与网络学习相结合，并且预测分析允许工程师来实施预防性维修计划，这样有可能使机器的可靠性达到前所未有的水平。

（3）通过网络自主学习，机器系统将越来越智能化。网络学习效果是系统内机器联网的另一个好处。智能系统的构建整合了广泛部署智能设备的好处。当越来越多的机器连接在一个系统中，久而久之，结果将是系统不断扩大并能自主学习，而且越来越智能化[37]。

高端压缩机组等流程工业关键装备健康与能效监控是沿着单体分散式控制、机组系统优化综合控制、全厂机群集中优化控制、远程监控和故障诊断的路线发展的。目前机组优化综合控制（ITCC）系统应用比较成熟，全厂机群集中优化控制、远程监控和故障诊断在研发和尝试应用中，随着计算机和网络技术的发展，将进一步发展和完善[25, 27, 29]。工业装备健康能效监控智能化是未来发展的方向，战略目标是：完善和推广应用基于工业互联网的装备健康能效监测诊断系统，建立基于大数据分析的多参数监测的健康综合诊断和能效评价体系；开发流程工业机械装备智能安全监控系统和装备与过程适应的故障自愈及节能自优化调控技术。

五、流程工业装备绿色工程科技战略对策和措施

流程工业装备设计绿色工程科技战略对策

1. 目前成熟可推广的技术

（1）以大型计算机为基础的网络化设计平台。

（2）基于生命周期评价的绿色设计与分析技术。

2. 完善后可推广的技术

以提高装备能效为目标的大数据支撑设计平台。

3. 应探索的前沿技术

（1）装备能效与绿色化全生命为目标的大数据支撑设计平台；

（2）云制造无人工厂的技术攻关；工业机器人的控制系统开放，对工业机器人关键部件的研发。

流程工业装备制造成形绿色工程科技战略对策

1. 目前成熟可推广的技术

（1）无模铸造精密成形技术。

（2）零件轧制精密成形技术。

（3）激光—电弧复合焊接技术。

（4）清洁热处理技术。

2. 完善后可推广的技术

（1）铸锻智能成形技术。

（2）少无切削液绿色切削加工技术。

（3）铸锻焊热加工成形机器人技术。

（4）高能束表面改性技术及清洁涂镀技术。

3. 应探索的前沿技术

（1）复杂金属件喷射沉积 3D 打印技术。

（2）复合材料三维织造绿色成形技术。

（3）热处理信息化云技术和热处理节能监控技术。

（4）板材成形、硬化及连接一体化复合成形技术。

4. 重大创新工程与示范基地

1）柴油发动机数字化快速铸造车间应用示范工程（广西玉柴）

（1）必要性。国内生产柴油发电机组的企业数量众多，但规模达到 2 亿元以上的重点企业仅有广西玉柴、上柴动力等几十家。高端产品市场绝大部分被大型外资企业占据，国内柴油发电机组企业自身技术落后，特别是核心零部件——柴油发动机的研发生产能力的落后，生产的零部件达不到进口柴油发电机组的要求。数字化快速铸造车间可有效缩短新型号发动机开发周期，可显著提升其发动机研发能力至 1 000 台/年。

（2）工程项目。本项目主要针对柴油发电机组大型发动机缸体、缸盖自主开发的需求，采用 04 专项前期立项支持的大型数字化无模铸造技术及装备，建设用于大型发动机缸体、缸盖等重要零部件无模铸造的示范工程。

（3）主要任务。本项目旨在借助数字化无模铸造精密成形技术建立用以开发发动机的数字化快速铸造车间，并进行示范应用。主要内容有以下三项：

①发动机缸体、缸盖数字化快速铸造车间的总体设计。

②发动机快速铸造车间的系统集成及其生产管理信息化系统开发。

③发动机数字化快速铸造车间示范应用及推广。

（4）关键技术支撑有以下三项：

①集成数字化设计和数字化快速铸造技术。

②铸造车间智能化技术及装备。

③根据数字化快速铸造车间的生产特性，进行车间中央控制系统、发动机缸体缸盖快速铸造工艺、发动机缸体缸盖复合型芯组装技术及发动机缸体缸盖小批量生产试制工艺，机器人技术，AGV 智能化物流运装系统。

（5）拟实施地点。广西壮族自治区玉林市广西玉柴机器股份有限公司。

2）绿色热处理清洁生产示范项目（中国南车—常州）（以高铁动车组机车零件热处理为典型案例）

（1）必要性。在项目建设过程中，综合考虑设备使用情况，在原热处理设备资产清理处置的基础上进行了设备替换升级。解决原有热处理的设备老化、污染较大、维护成本高等问题，实现了设备、设施的改造升级，为热处理清洁生产技术的应用创建示范样板。

（2）工程项目。项目共占地约 15 000m^2，包括厂房、主要热处理设备和辅助设施，通过采用先进的设备和工艺，实现热处理清洁生产。

（3）主要任务。该项目通过采用新技术、新设备、新工艺，配置热处理生产作业线对污染源进行控制，能够及时处理热处理加工工艺中所产生的含油污水、粉尘以及作业产生的油雾等污染，减少污染排放，对废料回收利用，实现产业的转型升级。

（4）关键支撑技术。该项目采用两化深度融合，包括计算机精密控制技术、可控气氛热处理技术、加热炉全纤维炉衬技术等，在生产过程中采用数字化自动控制的可控气氛渗碳炉生产线、箱式可控气氛多用炉生产线、淬火压床生产线等，实现可控气氛深层渗碳工艺和光亮淬火，并采用氮基气氛丙烷全面替代丙酮，实现降本增效。该项目除引进吸收、研发了上述新型热处理清洁技术外，还采用了无马弗加热技术。大型薄壁齿圈渗碳淬火技术主要应用在大功率机车车轮的淬火过程中，设计运用了淬火模具，控制齿圈淬火过程，做到了齿轮淬火零变形，缩短了热处理渗碳时间。

（5）拟实施地点：南车戚墅堰所热处理车间（江苏省常州市戚墅堰区五一路 258 号）。

流程工业装备运行绿色化与在役再制造工程科技战略对策

1. 目前成熟可推广的技术

（1）往复机无级气量调节系统技术。

（2）基于工业互联网的机械设备健康能效监测诊断系统。

（3）高效叶轮及密封技术。

2. 完善后可推广的技术

（1）压缩机组实时监控及性能优化综合技术。透平压缩机实时监控及性能优化综合技术将考虑利用历史实际运行数据获得真实的性能曲线，并建立参考数据库。

（2）MVR（Mechanical Vapor Recompression）技术。MVR 是重新利用

自身产生的二次蒸汽的能量，从而减少对外界能源的需求的一项技术。

（3）装备智能故障保护、复杂工况自适应、自愈调控系统与节能优调控技术。智能成套装备状态与 DCS 系统的交互集成、信息共享、科学决策。基于智能算法和图谱识别的系统故障自动诊断专家系统，能够识别 20 多种典型机械故障；远程设备故障会诊与维修指导；基于关键设备运行状态的安全预警与智能安全联锁保护，预警准确率达到 95%以上；基于压力控制的流量调节 PID 算法；随工艺参数变化的气量可在 0～100%负荷无级自适应可调；随载荷变化的液压执行器，其响应速度为 3ms，寿命达到 5 年以上；机泵密封性能变化致氢气、氨气等有害、易燃易爆气体泄漏的早期预警；基于风险和状态决策的智能维修及设备管理。与常规炼油装置相比，成果应用可使设备故障停机率下降 50%以上、装置运转周期延长 20%～30%、修理费用降低 10%～20%、往复压缩机组运行效率提升 5%～30%。

（4）基于风险的承压设备全生命周期安全保障技术和重型压力容器节能结构及轻量化设计制造关键技术。推广基于风险承压设备的全生命周期安全保障技术和在保证可靠的基础上进行重型压力容器的轻量化设计，在确保安全前提下的节能结构设计是压力容器绿色化的必然选择。

3．应探索的前沿技术

（1）机械装备故障自愈化技术。开展大型机械装备故障动态演化机理、早期故障智能诊断与预警及故障自愈化，实现复杂过程系统与工况和谐的装备自适应、自愈化、自优化系统是一项迫切的任务。

（2）机械装备基于实测数据库的剩余寿命预测技术。

（3）复杂压缩机系统能量高效转换与利用基础理论。

（4）基于工业互联网的承压设备设计、制造与维护智能化技术。

4．重大创新工程与示范基地

1）石化机械在役再制造工程示范基地

（1）必要性。机械装备故障较多，重大事故时有发生，不能确保安全长周期运行等问题，迫切需要通过对在役老旧和性能低下故障频发的装备进行健康能效监测和系统诊断，查明存在的问题，有的放矢地进行个性化再设计，确保装备与过程匹配，提高装备的能效水平，延长使用寿命，使老旧装备焕发青春达到或接近新装备技术水平，实现清洁安全的绿色生产。

（2）工程技术。本项目依托中国石化茂名石化炼油化工装置，将生产过程、装备、控制（决策）系统深度融合，在DCS、ESD和机泵群实时监测诊断系统的基础上，研制超大型炼油装备系统安全能效运行智能监控系统，并在工程中应用，实现企业向智能化绿色化方向发展，安全生产节能降耗，提高国际竞争力。

（3）主要任务。

一是对在役老旧和性能低下故障频发的装备进行健康能效监测和系统诊断，准确查明存在的问题，并进行个性化再设计。

二是提高技术水平，延长装备的使用寿命，使老旧装备焕发青春达到或接近新装备技术水平。

三是使装备安全、节能、环保、长周期运行，降低生产成本。

（4）拟实施地点：中国石化茂名石化分公司。

2）过程工业装备网络化健康能效监测诊断示范基地

（1）必要性。根据2013年4月24~26日对中国石油锦州石化公司现场调研的结果可知，该公司设备在运行过程中普遍存在大马拉小车等低效运行的情况，实际运行远离设计工况且设备自适应能力差；因机械装备故障影响全长周期运行等问题依然存在，迫切需要应用基于工业互联网与大数据等现代信息技术对装备进行个性化再设计。

（2）工程技术。本项依托中国石油锦州石化炼油化工装置，在原有监测诊断系统的基础上，应用基于工业互联网与大数据等现代信息技术对装备进行个性化再设计。主要关键技术包括往复机无级气量调节系统技术、基于工业互联网的机械设备健康能效监测诊断系统、高效叶轮技术、透平压缩机实时监控及性能优化综合技术、MVR技术、装备智能故障保护/复杂工况自适应/自愈调控系统与节能优调控技术、基于风险的承压设备全生命周期安全保障技术和重型压力容器节能结构及轻量化设计制造关键技术等。

（3）主要任务。主要任务是提高现役老旧和性能低下故障频发的装备的健康能效监测水平，提高装备的智能化程度，使装备安全、节能、环保、长周期运行，提高经济效益和竞争力。

（4）拟实施地点：中国石油锦州石化分公司。

致谢本章其余作者

陈学东　吕运容　王峰　单忠德　侯哲　战丽　王宝雨

7

基础制造工艺的绿色制造

屈贤明[1]　单忠德　汪晓光　李晶莹

1 中国工程院战略咨询中心制造业研究室主任，机械科学研究总院原副院长以铸造、锻造、焊接、热处理、表面处理、切削加工为代表的基础制造工艺是汽车、石化装备、电力装备、造船、钢铁装备、纺织装备、机床制造等产业的基础制造核心技术。基础制造工艺在装备制造业有着广泛的应用。据统计，全世界 75%的钢材需要经过塑性加工，45%的金属结构需要使用焊接得以成形。汽车 65%以上的重量由钢材、铝合金、铸铁等材料组成，这些材料通过铸造、塑性加工、焊接等工艺方法而形成汽车构件。

由于工艺技术、装备水平等方面的差距，我国基础制造工艺长期难以克服能耗高、环境污染严重的弊端。据统计，铸、锻、热、焊四种基础制造工艺合计能耗占机械行业总能耗的 70%～85%。有效地利用资源、节约能源、保护环境的绿色基础制造工艺是机械工业未来节能改造的重点领域，是有效解决机械工业资源环境约束的必然趋势，是机械工业可持续发展的必由之路。

一、概述

基础制造工艺是装备制造业的主要耗能环节

装备制造业在制造过程中是消耗钢材大户，产品在使用过程中则是消耗能源大户。据统计，装备制造业消耗钢材占当年钢材总量的 39%。机械产品使用过程的能源消耗远高于生产过程，据统计，量大面广、能耗较高的 21 大类机电产品的用能量约占全国用能的 70%。燃煤工业锅炉耗煤约占全国的 1/4，工业窑炉耗煤约占全国的 1/4。

基础制造工艺是装备制造业生产过程的耗能及污染物排放主要环节。据统计，铸造、锻造、热处理工艺年消耗能源量约 4000 万吨标煤，将近占装备制造业规模以上企业总能耗的 50%。铸、锻、焊、热等基础制造工艺的单位产品综合能耗与工业发达国家相比存在很大差距，我国每吨铸件铸造工艺能耗比国际先进水平的铸造工艺能耗高 60%，每吨锻件锻造工艺能耗比国际先进水平的锻造工艺能耗高 70%，每吨工件热处理工艺能耗比国际先进水平的热处理工艺能耗高 47%。基础制造工艺是装备制造业节能关注重点和主要控制环节，是节能工作的切入点和突破口。

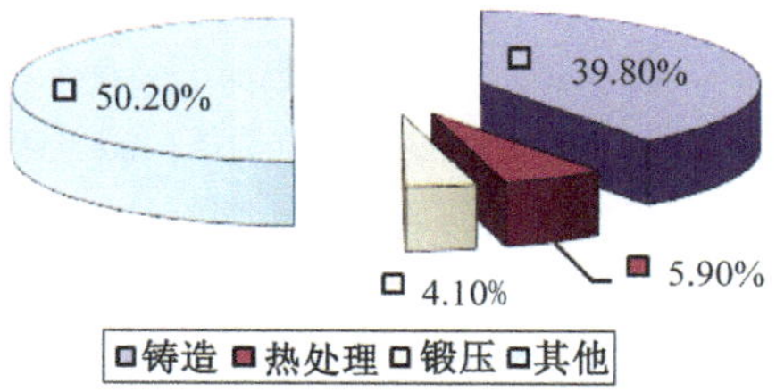

图 7-1　基础制造工艺能耗占装备制造业总能耗的比重

基础制造工艺现状

欧美地区和国家高度重视基础制造工艺技术的发展，并将铸、锻、焊、热等工艺技术列为未来关注的十大技术之一。早在本世纪初美国就制定了铸造、锻造、热处理、焊接等工艺技术的发展路线图，并不断修改完善，同时提出了到 2020 年的发展目标（见表 7-1）。

我国是基础制造工艺技术与装备大国，就规模来说，铸造、锻压、焊接、热处理等行业都已经位居世界第一，2014 年我国铸件产量 4 260 万吨，锻造、冲压超过 2 000 万吨；材料热处理超过年 1 500 万吨。2011 年出版的《中国机械工程技术路线图》中明确提出了基础制造工艺技术的发展目标：到 2020 年，在能源消耗、材料利用率、人均劳动生产率、产品精度、生产自动化、有害气体与废弃物排放等指标达到发达国家 21 世纪初的水平；2030 年达到发达国家 21 世纪 20 年代的水平。

表 7-1 美国铸、锻、焊、热技术发展目标

工艺技术名称	2020 年目标
铸造技术	生产率在 2000 年的基础上翻一倍，单位产品能耗（按产量计算）降低 20%；这期间，每 5 年的减排目标是 3% ~ 5%
锻造技术	明确了“模具材料、模具表面处理与润滑”和“模拟、数据发展和闭环控制”等两大领域中的技术难点、研究需求、实现时间、目标等
热处理技术	减少能源消耗 80%；缩短生产周期 50%；降低生产成本 75%；实现热处理件零畸变；实现热处理件质量零分散度（相对于标准）；提高热处理炉寿命 10 倍；降低热处理炉价格 50%；实现热处理生产零排放
焊接技术	提高自动化及机器人的应用，减少废品率和返修率，将焊接平均成本降低 1/3；焊接应用增加 25%。通过改善生产效率，节能 50%

为实现基础制造工艺节能降耗，我国开展了铸件绿色生产工艺技术、锻造精确成形工艺技术、无害化焊接工艺技术、轻质复合材料成形技术、新型激光加工工艺技术等新型节能技术，以及焊接、高温铸造和自动化装配等装备的研究；开发了一批具有自主知识产权的节能工艺和节能装备，例如，石油钻杆摩擦焊接及形变热处理工艺方法、数字化无模铸造精密成形技术，还进行轿车冲压节能减排新科技的开发与应用、300 马力轮拖传动箱及变速箱壳体消失模铸造技术研究、环保型焊接材料与绿色焊接技术及铸造行业综合节能减排的技术应用与示范，以及高效节能高压辊磨技术及装备、筒子纱绿色化自动染色成套技术与装备、大型高炉能量回收发电装置的开发与应用。

虽然我国基础制造工艺节能技术和装备发展水平有明显提升，但是与世界先进水平相比还存在很大差距，主要表现在以下几方面：产品质量和可靠性低；生产效率低，制造工艺水平落后；先进制造工艺技术及自动化、数字化、智能化装备使用率低；能源消耗、材料利用率、污染物排放与国际水平差距较大。

1．铸造现状

我国已成为世界铸件生产第一大国，铸件产量超过 4 000 万吨，是美、日、德三国铸件产量的总和，已成为世界铸造生产基地。我国铸铁件占铸件

总量 75%，铸钢件占 13%，有色合金件占 7%。

铸造由于其从金属重熔开始，因此是能耗较高的制造环节之一，其能耗占机械工业总能耗的 25%～30%，能源利用率为 17%。近年来，铸造企业通过加强制造过程管理；改造升级熔炼设备，用中频感应电炉替代小型冲天炉、工频电炉，降耗减排；采用先进工艺技术和工艺装备，消失模铸造、V 法铸造、无模铸造等工艺技术及装备的应用，提高了铸件工艺出品率，降低废品率；使每吨铸件的能耗和国外工业国家相比，从“十一五”时期的 2～3 倍，下降到现今的 1.6 倍左右。例如，潍坊柴油机集团、玉林柴油机集团、一拖集团的发动机铸造厂在 2010 年的吨铸铁件能耗已降为 294～375 吨标煤，与德国铸铁行业平均水平 276.3 吨标煤相近。

铸造行业不仅要排烟、排尘，而且要排出大量的废砂、废渣。由于环保意识的提高和环保技术应用，近年铸造行业减少排放取得了很好的成绩。通过对熔炼电炉、砂处理与抛丸机配备除尘装置，大大减少了对大气的污染排放。通过对自硬树脂砂系统配备再生装置，使旧砂回用率保持在 90%以上。黏土砂再生设备利用热法燃烧+机械研磨的方法，使废砂的回收率高于 85%。

虽然铸造行业在节能减排方面取得了一些成绩，但是由于我国铸造企业数量多、企业平均规模小、工艺技术和装备整体水平低、资源化综合利用率较低等原因，导致我国铸造业与工业发达国家相比仍有较大差距。铸件尺寸精度低于国际标准 1～2 个等级，废品率高出 5%～10%，加工余量高出 1～3 个等级。铸造吨铸件平均能耗比发达国家高 60%。每吨合格铸铁件平均排放废渣 0.2～0.3 吨、废砂 0.4～0.7 吨、排放 CO_2、NO_x 等 2.3 吨，我国吨铸件的各种污染物排放总量是工业发达国家的 3～5 倍。

2. 锻压现状

2014 年我国生产锻件 1 230.66 万吨，同比增长 11.76%，生产规模居世界首位，但行业发展与环境、能源的矛盾日益突出。工艺装备落后、污染严重遏制着我国锻压的快速发展。燃料炉燃烧使烟尘大量排放，污染物排放严重超标；锻压年消耗润滑剂约 40 万吨，造成水体、土壤中有机烃和毒害物累积，化石资源消耗量大；锻压时产生的巨大振动和噪声严重影响了精密装备的精度和环境。锻压行业的节能减排是其发展的必然选择。

近年来，锻压行业通过大力发展锻造余热淬火工艺，大批量自动生产的锻件20%采用了余热处理工艺，实现节能。利用CAD/CAM模拟软件减少飞边，实现节材；通过新材料、表面涂层等提高模具寿命；利用机械化和自动化，提高生产效率；通过工艺管理，改善产品质量；通过从热成形到温成形，从温成形到冷成形的转换，实现能源节约；通过工业炉改造、水循环利用节约能源；通过升级锻压设备，使用液压锤、节能变频双盘摩擦压力机、节能型螺旋压力机，实现节能；通过材料改进，取消石墨润滑剂，改善锻造作业环境。

锻压行业虽然在节能节材方面也取得了一些成绩，但与工业发达国家相比还存在较大的差距，从工艺、装备制造、基础理论研究和生产管理方面综合评价，我们的锻压行业总体落后发达国家15~20年。每吨锻件综合能源消耗0.83吨标煤，日本每吨锻件综合能耗为0.52吨标煤，单位产值耗钢量为发达国家1.3~1.5倍，锻件材料利用率约为1.5倍，有害物质排放约为3~4倍。

3．焊接现状

2014年，我国年钢产量已突破11.26亿吨，近50%需要经过焊接加工制成各种构件或产品。随着重大工程和高端装备制造业的发展，推动了以高效电弧焊、激光复合焊、搅拌摩擦焊为代表的先进焊接技术的进步，新材料及新结构的应用也促进了钎接，甚至胶接等先进链接技术的发展。

我国焊接制造领域取得了显著发展的同时，依然面临能耗高、材料利用率低、资源环境影响大、装备技术落后等问题。具体表现为以下几方面。

（1）焊接技术效率低，能耗大。以船舶焊接为例，我国造船中焊接机械化、自动化率约为日本、韩国的65%，劳动生产率约为日本、韩国的2%，人均年造船量约为10%~15%。我国大多数船舶制造企业仍以手工电弧焊、埋弧焊为主要焊接手段，同时焊接过程节能、节材管理水平滞后，船舶制造焊接耗电量仍占到总用电量的50%以上。

（2）焊接材料污染大。我国焊接材料产量超过了世界总产量50%，焊接材料伴随着熔化、蒸发、燃烧等过程产生大量烟尘及有害气体。同时，一些焊接材料中含有铅、卤素等有害元素。高烟尘焊接材料和含重金属的焊接材料严重恶化了生产和生活环境。虽然近年来高烟尘焊材和含铅钎料的使用量已经大幅降低，但是低尘焊材、无铅钎料等环境友好型焊接材料与发达国家相比还存在不小差距。我国目前高烟尘焊接材料应用比重高达50%左右，而日本仅为15%；缺少系列成熟的高沸点低烟尘焊接材料；在无铅焊接材料方面，虽然Sn-Pb钎料由于有毒有害性而在全球范围内受到RoHS及中国《电子信息产品污染防治管理办法》的限制，但是仍然没有完全退出市场。

（3）焊接装备技术落后。我国焊接机械化与自动化总体水平较低，平均约为50%（欧美及日本达到80%）。重大装备急需的机器人、焊接专机等先进装备主要依靠进口，国产焊接装备在自动化程度、稳定性和可靠性等方面仍有差距。

4. 热处理现状

热处理是事关机械零部件使用寿命的极为重要的关键工艺，70%～80%的机械零件、60%～70%的机床零件和100%的工具都要进行热处理。我国有各类热处理加工单位1万多个，热处理生产设备约20余万台，装机容量约1 500万千瓦，每年热处理加工各类零件近3 000万吨。

近年来，我国热处理行业技术及装备发展迅速。热处理行业的节能技术改造已接近50%，一般概念上的少无氧化热处理能力可达到60%。采用调质取代正火预先热处理量大幅增加，零件调质处理量较5年前增加约1倍。几十项先进适用型技术装备技术指标均达到了国内领先水平和国际先进水平，例如用于轴承热处理使用的双层辊底式连续球化退火炉，为保证轴承精密可控热处理工艺和实现行业节能目标提供了有力的技术支撑，热处理能耗减少到200kW·h/t以下；精密可控高温箱式多用炉，用于实现“齿轮精密可控热处理工艺”，可比传统的齿轮渗碳热处理技术节省能源30%以上；IGBT感应加热设备正在逐步地替换热处理企业传统落后的电子管感应加热设备；淬火介质空气冷却器和复合式热管换热器节能节水效果突出。

然而，我国热处理技术与发达国家相比还存在很大差距。我国热处理企业平均单位能耗约 500kW·h，仍远落后于单位能耗 200～300kW·h 的国际先进水平。目前，我国的机械加工行业热时效工件总量为 3.2 亿吨。我国机械加工行业的工件如果全部采用热时效工艺处理，那么每年要耗能 2645 万吨标准煤。高污染、高危害、高危险的盐浴热处理在我国还大量存在，而在先进工业国家，盐浴热处理已经基本被取消；欧美等国际先进国家热处理行业的全员劳动生产效率约为 65 万元/人（销售收入/人/年），而我国的全员劳动生产率约 11 万元/人，仅达到世界先进水平的 1/6。

5. 表面处理现状

表面工程技术是将材料表面与基体统筹作为一个系统进行设计，利用表面改性技术、薄膜技术、涂镀技术或多种表面技术的复合，使材料表面获得更为良好性能的系统工程，提高其耐腐蚀、耐磨损、抗疲劳特性和表面强度，保持表面的完好性，使用寿命得以延长，进而显著提升材料及其制品使用可靠性、安全性、经济性和耐久性。

我国每年因摩擦磨损或腐蚀造成的总损失至少占当年 GDP 的 7%以上[2]，即达数万亿元以上，其中腐蚀总损失约占 GDP 的 5%。磨损和腐蚀均发生在构件表面的材料流失过程，而且其他形式的机件失效许多也是从表面开始。目前我国的表面处理行业每年至少可以挽回 30%的腐蚀损失，表面处理已成为实现绿色经济的重要产业。

然而，由于我国表面处理工艺技术落后，使得表面处理成为了耗能、耗材、排污较大的行业。我国在物理气相沉积技术的研究和应用方面取得了较好的成效，但在复合沉积、纳米涂层、多层结构、“表面组装”等方面，以及绿色工艺和环保型材料使用依然与国际水平有相当大的差距。同时缺乏针

[2] 单忠德. 机械装备工业节能减排制造技术. 北京：机械工业出版社，2014.

对高品质、特殊性能特殊要求性能、复杂几何形状及大型部件表面处理的工艺研究。例如，国外已广泛使用三价铬电镀工艺，而我国目前没有成熟的三价铬电镀工艺，依然大量使用六价铬电镀工艺；对于汽车表面阴极电泳涂装后的清洗，国际广泛采用超滤系统与反渗透系统联合的全封闭清洗，以实现零排放，而我国仅有少数采用反渗透技术；欧美国家大量使用水性涂料、粉末涂料、高固体分涂料、紫外光固化涂料，我国仍在大量使用溶剂型涂料，相当于欧美 10 年前的水平。

6. 切削加工现状

切削加工是制造业最主要和最常用的零件成形工艺，约占机械制造总工作量的 30%～40%，同时也是能源消耗、环境污染的主要环节。目前我国切削加工技术主要是大量使用切削液进行加工，切削液的流量最高可达 100L/min，其费用占加工成本的 17%。同时，对于资源消耗、环境污染及人体健康产生一系列不良的影响。

绿色切削加工工艺已成为国际上的研究热点，当前典型的绿色切削加工工艺技术是干式切削技术、微量润滑切削技术、低温冷风切削技术和气体射流切削技术。欧美国家和日本对干切削技术进行大量研究并已应用于生产环节。随着刀具材料、涂层技术、刀具结构和工艺装备的发展，发达国家将硬车削、静电冷却、低温冷风冷却等干切削技术应用在实际生产中，取得了明显的经济和社会效益。例如，美国 LEBLOND MAKINO 公司研发的“红月牙”铸铁件干切削技术，利用陶瓷或 CBN 刀具进行高速切削，实现 $49cm^3/min$ 切除率，切削速度为 914～1219m/min，提高效率 2 倍。日本研制的新型刀具已用于新型滚齿机上，在同样条件下刀具寿命延长了 4 倍，切削速度达到 200m/min，是原来的 2 倍，加工零件的道具成本降低 40%左右。

我国高校和科研院所也已经开展了干式切削加工的研究工作，并取得了一定的成果。例如，合肥工业大学开展了纳米 TiN、AIN 改性的 TiC 基于金属陶瓷刀具制造技术的研究；成都工具研究所、山东大学、清华大学等单位开展的超硬刀具材料及刀具涂层技术；北京机床研究所开发的实现高速干切削的 KT 系列加工中心；重庆大学联合重庆机床（集团）有限责任公司、重庆工具厂有限责任公司研制了 YE3120CNC7、YDZ3126CNC 两种型号的高速干切滚齿机床及配套干切滚刀，实现了高能效、高速干切滚齿加工，齿轮滚切效率提高至 2.17 倍、2.23 倍，节能 27.3%、32.5%，同时产品实现产业化应用。

二、基础制造工艺绿色制造发展方向和重点

发展方向

基础制造工艺绿色制造技术发展趋势是精准数字化、清洁高效、过程智能化、循环再利用。

1．精准数字化

随着信息技术特别是建模与仿真技术的发展，基于信息技术和自动控制技术的精密控形与精确控性数字化技术推动基础制造工艺从“经验”走向“精准”，实现生产过程的节能降耗。一是将数字化、信息化、智能化融入制造工工艺过程，实现多信息融合下的智能决策、过程适应控制、误差补偿智能控制、故障自诊断和智能维护等功能，提高成形和加工的精度、生产效率、材料利用率。二是精密成形技术，精密成形零件的几何形状与尺寸，已全部达到零件的使用要求，免除或减少后续加工，有效降低后续加工余量。精确成形过程中材料流动经过合理控制，材料纤维连续并按照要求分布，且由于免除或减少成形后续加工，最大限度地保留了成形的纤维形态，使零件的机械强度得到提高，提高了产品的寿命，实现了节能节材和高质量。

2．清洁高效

在资源能源与环境的约束下，耗材高、能效低、污染排放严重的基础制造工艺不断被淘汰，被节能节材环保工艺所替代，尤其是制造工艺向更加精密化方向发展，节约大量原材料，从源头上实现节能减排。同时，通过复合成形技术等先进的成形技术实现零部件的短流程成形制造，充分利用前期工序中的材料、热能或者将几道工序集成，使整个制造过程实现流程再造，同时设备能效及效率大幅度提升，实现高效节能。

3．过程智能化

传统工艺不断被优化，铸造、锻造、热处理等基础制造工艺在保持原理不变的前提下，通过优化工艺参数或基于工艺设备、辅助工艺、结构材料及工艺材料、检测控制的系统成套，朝着高效、低耗、少/无污染的自动化、智能化方向发展，出现智能制造单元，实现优质高效生产。

4．循环再利用

基础制造工艺在保证实现产品设计的同时，不仅追求低能耗、低物耗和低污染排放，还向无废弃物制造迈进。无废弃物制造是指加工制造过程中不产生废弃物，或产生的废弃物能被其他制造过程作为原料而利用，并在下一个流程中不再产生废弃物。通过开发和应用再制造、回收处理等技术，形成资源、能源的全生命周期闭环循环，减少报废固体废弃物，提高资源与能源的利用率。

发展重点

围绕基础制造工艺降低能源、材料消耗、提升能效、减少排放，提高产品质量和效率，提出了关于铸造、锻压、焊接、热处理、表面处理、切削加工工艺的 20 项重点发展绿色制造技术（见表 7-2）。

表 7-2　20 项重点发展的绿色制造技术

序号	工艺技术名称	发展目标
1	特大型铸件冶炼、浇注及凝固控制技术	研究钢液精炼及浇注成形过程中铸件成分及杂质控制技术，特大型铸件凝固过程控制技术、特大型铸件组织、缺陷、性能检测与评估技术，电渣熔铸技术，以提高特大型铸件的质量等级。开发适用于大型复杂铝合金铸件高效制芯的环保型无机黏结剂制备、应用技术及成套制芯装备
2	新型铸铁、轻合金及高温合金的精密成形技术	开发用于铸造铝、镁合金熔体、蠕墨铸铁等高效和长效制备技术，开发应用适合制造铝、镁合金发动机缸体等复杂铸件的压铸成形技术，开发适用于汽车、船舶、飞机及军工等领域的大型复杂铝、镁、钛合金、蠕墨铸铁等铸件的充型凝固及数字化金属直写增材制造成形技术。研究定向凝固工艺，目标产品是大功率重型燃气轮机用定向结晶高温合金叶片，叶片尺寸≥350mm
3	砂型挤压、切削打印一体化无模铸造精密成形技术	开展数字化无模铸造岛关键技术及设备开发，掌握砂型铸造过程的绿色化设计、数字化制造等关键技术，进行专用砂型挤压设备、砂型切削加工与打印设备、砂型/砂芯柔性组装机器人等设备的系统集成，实现砂型（芯）加工制造的节能、节材，实现加工空间全封闭，无砂尘污染，满足铸件生产的绿色化、清洁化、快速化需求。与传统铸造相比，无工艺补贴量、材料消耗少，时间缩短 50% ~ 80%，成本降低 30% ~ 50%
4	热风长炉龄冲天炉及其熔炼工艺技术	研究开发生产率在 15 ~ 50t/h 系列外热风、水冷长炉龄（12 周以上）热风冲天炉及其熔炼工艺，使铸铁件生产过程高效、连续、质量稳定、节能降耗
5	高紧实度黏土砂自动造型技术	开发 100 型/h 以上、型砂密度 1.6 以上、设备故障率≤3%的湿砂有箱自动造型技术，满足提高铸造机械化、自动化的需求
6	板材管材精密成形技术	开展定制强度超高强钢热冲压成形技术、开发板材成形模具智能化 CAD/CAE 系统，成形材料扩展到钛合金、高温合金、轻合金、高强钢等；目标产品：汽车车身结构件、覆盖件。开发管材成形技术，管材内高压 600MPa，材料抗拉强度 780 MPa，直径与厚度比达到 180，壁厚少于 2mm；目标产品：排气管、重载卡车后桥桥壳。开发大口径厚壁无缝钢管成形工艺，目标产品：超临界、超超临界火电、第三代核电用的耐高压大口径厚壁无缝钢管

续表

序号	工艺技术名称	发展目标
7	冷/温精密成形技术	开发冷温精确成形机理与新成形方法，长寿命模具技术。实现冷/温精确成形锻件占模锻件总量的 10%～12%，目标产品：轿车等速万向节、变速箱齿轮等
8	大型复杂结构件精密体积成形技术	开发超大型钢锭材料成分纯净度与组织控制技术，大锻件内部缺陷形成机制与控制技术，大锻件模拟技术。提高材料利用率 5%～10%，降低能源消耗 10%～15%，目标产品：航空航天发动机涡轮盘
9	热精锻成形技术	开发精密制坯技术、自动润滑技术、生产线自动化技术。材料消耗平均降低 3%～5%，热模锻件公差 13 级，平均能耗降低 10%，目标产品：汽车前后桥锻件、螺杆锻件
10	热精密回转成形技术	开发径向锻造技术，发展自动化生产线。目标：热回转成形技术全面达到国际先进水平
11	轻合金精密塑性成形技术	研究铝合金、镁合金、钛合金等高性能超大规格构件的制造新原理与组织性能调控技术，局部加载不均匀协调与调控技术，多场耦合成形性一体化质量控制技术。 目标：实现轻合金复杂结构件无飞边整体成形，提高材料利用率 10%，减少设备、模具投入 20%～30%
12	铸锻智能成形技术	研究在成形过程中连续完成铸造和锻造两种功能，实现对零件形状和功能的精确控制
13	激光及激光电弧复合焊接技术	掌握激光及激光电弧复合焊接技术，目标产品：200mm 以上厚钢板焊接，焊接尺度在 100μm 量级，空间分辨力为几十微米尺度的微连接
14	搅拌摩擦焊技术	建立 0.3～50mm 厚度范围内轻合金材料搅拌摩擦焊性能数据库、工艺规范和技术标准，目标产品：大厚度铝合金结构件、航空发动机整体叶盘
15	焊接材料技术	研究药粉及合金剂预处理，提高抗潮性，降低烟尘，焊丝表面改性及绿色制造技术，研究焊缝金属成分优化及显微组织的精确控制，焊缝金属洁净化、杂质和夹杂物控制技术。 目标：掌握高端焊材及绿色焊材制造技术，低尘、低污染绿色焊材得到工程实际应用
16	化学热处理催渗技术	开发化学热处理（渗氮、渗碳）催渗技术工艺规范和技术标准，控制软件、催渗剂，保证 0.3～2.0mm 渗碳层的热处理节能 30%以上

续表

序号	工艺技术名称	发展目标
17	精密可控热处理技术	开发精密可控热处理技术、渗碳和渗氮控制软件、远程控制和远程故障诊断技术，使齿轮和轴承等内在质量和表面性能高、无变形和脱皮
18	真空热处理技术	开发高温高压、高自动化程度和高控制精度的高端真空炉，研发智能控制系统和网络管理系统，实现真空热处理工艺和设备的柔性化和连续作业，开发基于热处理设备的适合于不同对象的各种高效创新热处理工艺
19	纳米表面处理技术、复合表面处理技术	开展纳米表面工程技术研究，主要进行表面处理工程对纳米材料的应用及表面工程技术制备纳米结构涂层的研究；通过热喷涂和激光重熔的复合、热喷涂与刷镀的复合、化学热处理与电镀的复合提高效率，减少消耗和排放
20	铸锻焊工艺用机器人技术	将人工智能与控制技术融入铸锻焊热工艺过程，研发铸锻焊热用机器人，例如铸件打磨机器人、清理机器人等，从而实现清洁生产，提高生产效率，降低废品率

推广重点

通过对铸造、锻压、焊接、热处理、表面处理、切削加工成熟新技术及装备的节能、节材、应用示范效果、经济效益等多方面因素综合考虑，提出了 50 项重点推广节能技术和装备（见表 7-3）。

表 7-3　50 项重点推广节能技术和装备

序号	推广工艺名称
	（一）铸造
1	数字化无模铸造精密成形技术
2	消失模铸造技术
3	电渣熔铸技术
4	低温球铁、等温淬火球铁、蠕铁、轻金属等金属液净化与处理技术

续表

序号	推广工艺名称
5	钢水炉外精炼（AOD、VOD）技术
6	无污染、少污染的铸造黏结剂
7	废砂（树脂废砂、水玻璃废砂与黏土废砂）再生技术
8	铸造工艺参数的数值模拟及优化设计技术
9	铸件余热自退火工艺
10	大功率高效黏土砂连续式混砂技术与装备
11	多供电（一拖二、一拖三）感应电炉供电技术
12	外热风水冷长炉龄冲天炉熔炼设备
13	频谱谐波时效技术
14	精密组芯造型铸件近净型成形技术
15	金属液过滤技术
16	发热保温冒口技术
（二）锻压	
17	精密楔横轧技术
18	长寿命冷、温锻模具设计制造技术
19	高效感应电加热技术
20	伺服压机冲压成形工艺
21	连续精冲成形技术
22	程控全液压模锻锤
23	精密剪切技术
24	前上料短行程铝挤压技术
25	精密冲裁成形技术
26	高效率空气自身预热烧嘴
27	非调质钢在锻件中的应用
28	多工位高速精密成形技术
29	锻造模拟技术
30	冷摆动辗压成形技术
31	电动螺旋压力机
32	锻后余热热处理技术
33	粉末冶金锻造及半固态锻造技术流动控制技术

续表

序号	推广工艺名称
	（三）焊接
34	激光诱导增强电弧耦合焊接技术
35	多丝窄间隙埋弧焊技术
36	高效双丝熔化极气体保护焊技术
37	压焊（电阻焊、摩擦焊）技术
38	高能束（激光、电子束、等离子）焊接/切割技术
39	轻合金低能耗高效活性电弧焊技术
40	多电弧多丝复合焊
	（四）热处理及表面处理技术
41	可控气氛热处理技术
42	感应加热淬火技术
43	热处理气氛减量化技术
44	晶体管电源感应加热技术
45	合金钢无氧化清洁热处理
46	多功能淬火冷却技术
47	真空清洗技术
48	真空低压渗碳热处理
49	代替电镀铬绿色表面处理技术
	（五）切削加工技术
50	少无切削液绿色加工

发展路径

1. 实施应用示范工程

选择一批铸、锻、焊、热行业的龙头企业及若干典型地区，实施“铸、锻、焊、热节能技术与装备应用示范工程”；针对基础制造工艺的关键工序开展生产工艺绿色化改造，针对量大面广的机电产品的节能降耗减排，积累经验，向全行业推广。

2. 建立绿色化数字化车间／工厂

建立数字化、柔性化、绿色、高效的铸造车间，以锻压设备为中心构建数字化冲压车间。建设数字化焊接车间，建设数字化热处理车间，建设高效绿色切削加工中心。

3. 建立专业化的基础制造工艺中心

推广铸锻焊热工艺所需数字化智能化专业设备，提高制造过程的自动化水平。在装备制造产品集聚区，建立高效节能的基础制造工艺中心。

4. 建立专业能效评估管理中心

建立能效评估方法、评估工具及专业能效评估管理中心。以专业化的铸造、锻造、热处理、焊接工艺和机加车间为对象，构建生产系统能效监测和优化体系。建立机械工业能效评估与优化范式，并商业化应用。

三、案例

案例 1　广西玉柴集团建立快速制造协同创新中心实现绿色制造

广西玉柴集团联合机械科学研究总院共同建设快速制造协同创新中心

（以下简称“中心”），通过将砂型无模数控精密成形技术和砂型 3D 打印快速成形技术应用于新品发动机铸件的试制中，实现了无模快速制造汽车发动机铸件毛坯，有效地缩短工艺流程，缩短产品研发周期，减少新品开发投资风险；通过先进的铸造技术和装备实现企业节能、降耗、减排的绿色制造，同时也给企业创造了高效率、优质、低成本的综合效益。

当今世界发达国家都在大力发展快速制造技术。近年来，在我国政府的推动下，国内快速制造技术也取得了长足的发展，但以砂型无模铸造精密成形技术和砂型快速成形技术为代表的铸件无模快速制造技术的应用才刚刚开始。这两种快速制造技术的联合应用，可以用在新产品的开发过程中、用于铸件的快速无模铸造中，通过新产品零件的不断试制，不断对原型进行评价和修改，及时更正每个试制阶段所发现的不足。随着产品开发过程的进行，结合不同阶段的试制和用户反馈，不断完善设计，从而最终定型产品，并大大加快新产品的开发进度。为了在当今激烈的市场竞争中，有效缩短新产品开发周期和减少开发投资风险，必须把砂型快速成形技术和砂型无模铸造精密成形技术这两种快速制造技术应用于新品铸件开发中，从而提升我国的快速制造技术水平，缩短与国外的差距并力争达到国际先进水平，提高企业产品的市场竞争力。

中心（见图 7-2）是联合机械科学研究总院共同建设的铸造快速制造创新基地，在以广西玉柴机器股份有限公司引进的机械科学研究总院研制的无模铸造成形机和 3D 打印快速成形机等多种快速制造设备的基础上组建而成。本中心将砂型无模数控精密成形技术和砂型 3D 打印快速成形技术等快速制造技术应用于新品发动机铸件的试制中，从而达到缩短产品开发周期和减少开发新产品投资风险之目的。

图 7-2　广西玉柴快速制造协同创新中心

1. 中心主要业务

针对发动机汽缸体、汽缸盖等复杂铸件快速制造方面进行应用开发研究，对发动机铸件的无模快速试制进行技术应用开发工作，实现不需要模具即可对砂型/砂芯进行直接成形，从而快速铸造出发动机铸件，给企业创造高效率、优质、低成本的综合效益。中心具体开展以下几方面的技术研究工作。

1）数字化无模铸造精密成形在发动机铸件砂型/砂芯直接成形应用开发

通过数字化无模铸造精密成形机及引进其数字化无模铸造精密成形技术，开展了发动机复杂零部件的快速制造技术的应用开发研究；针对数字化无模铸造精密成形技术的特点，进行了发动机铸件砂型/砂芯直接成形的工艺应用开发研究，专门对数字化无模铸造精密成形的专用刀具进行研究，开发了满足数字化无模铸造精密成形设备使用的专用刀具：砂型铣削专用刀具具有延长式深沟排屑槽新颖结构，采用特殊材料刀片。此种结构经实际使用验证，不仅铣砂性能好于传统刀具，而且排出砂屑性能也好于传统刀具，耐用性、切削性、准确性得到很大的提高。

通过对数字化无模铸造精密成形技术的应用开发研究，针对数字化无模铸造精密成形技术的特点，进行了发动机铸件砂型/砂芯直接成形的工艺应用开发研究，专门对数字化无模铸造精密成形的专用砂块进行研究，开发了满足数字化无模铸造精密成形设备使用的专用砂块：热态固化砂块和冷态固化砂块。本项目所开发的砂块可用于成形不同要求的发动机复杂铸件的砂型/砂芯，满足各种砂型/砂芯的性能要求，具有低发气量、高强度、高受热性的“一低两高”独特技术优势，在保证浇注出合格的铸件前提下，成本达到最低。

通过对数字化无模铸造精密成形技术的应用开发研究，运用砂型无模数控精密成形技术根据玉柴不同的发动机机型，自主开发了适用的工艺和方法，实现无模快速铣削砂芯。通过本项目对砂型/砂芯数控切削加工工艺的研究，掌握完善数字化无模铸造精密成形技术在发动机铸件砂型/砂芯快速成形方面的应用工艺技术和编程技术；总结了应用工艺规范和编程规范，推进数字化无模铸造精密成形技术在发动机铸件快速铸造方面的应用。

数字化无模铸造精密成形技术加工环境封闭，制造速度快，精度高，具有绿色化、清洁化的特点。数字化无模铸造精密成形技术可省去影响开发进度的木模/金属模制造环节，不需要模具即可直接快速成形出砂芯和砂型，组芯后进行毛坯浇铸，从而达到缩短产品开发周期和减少开发新产品投资风险之目的。同时减少样机试验中改模费用，有利于对样机的快速改进。

通过对 3D 打印快速成形技术的应用开发研究，针对 3D 打印快速成形技术的特点，进行了发动机铸件砂型/砂芯直接成形的工艺应用研究，专门对 3D 打印成形专用砂进行研究，开发了满足 3D 打印快速成形设备使用的专用砂：热成形砂（发气量在 25mL/g 以下，强度在 2Mp 以上）和冷成形砂（发气量在 20mL/g 以下，强度在 1Mp 以上），且能浇注出合格的铸件。

2）无模快速制造砂型组装工艺及 3D 扫描检测方法开发

通过对快速制造技术的应用开发研究，自主开发出外型砂型与内腔砂芯的组装配合成套工艺技术方法和蓝光 3D 扫描检测方法，编制企业级的技术规范。

3）无模快速制造的铸造工艺开发

通过对快速制造技术的应用开发研究，自主开发了无模快速制造毛坯的铸造工艺技术和方法，实现无模快速铸造发动机铸件毛坯，命名为企业级的 RP 化 3DZE 技术，编制了企业级规范。

4）快速制造技术在发动机铸件无模快速试制的技术应用开发

传统铸造方法进行发动机汽缸体、汽缸盖等复杂金属铸件的试制，存在“周期长、成本高、精度差”等问题。随着市场竞争的日趋激烈，多品种、小批量、个性化、短周期的发展趋势变得日益明显，传统铸造技术越来越难以应对短交货期、高精度、低成本铸件制造的迫切需求。例如发动机汽缸体、汽缸盖等复杂金属零件，往往需要数副甚至数十副模具才能成形，模具费用需要几十万元甚至几百万元以上，制造周期长达数月甚至一年以上。整个过程环节较多，造型、制芯、组芯、组装都需要大量人工干预，缺乏数字化手段，存在精度损失，难以制造出高精度、表面质量好的铸型。传统铸型生产方法的不确定性和复杂性制约了铸件尤其大型铸件生产。

玉柴将快速制造技术应用到发动机复杂铸件中，省去了模具设计和制造环节，无需模具即可对砂型进行直接成形。不仅使砂型成形方式的选择具有更大的灵活性，而且更易实现造型方案的多样化，从而大幅度提高复杂铸件的精度，减轻毛坯重量，缩短新产品的开发周期，降低开发成本。

机械科学研究总院与玉柴首创的数字化综合快速成形技术颠覆了传统的木模或金属模工艺。通过 3D 打印快速成形技术 + 数字化无模铸造精密成形技术两种新技术结合使用，自主创新出一种复合快速铸造新工艺，抛弃了传统的木模或金属模等模具，不需要模具直接由三维 CAD 模型驱动快速制造出铸造砂芯和砂型；组芯后进行毛坯浇铸，从而实现无模快速铸造出发动机铸件，大大缩短了铸造流程，并实现了铸造行业的数字化。使玉柴的全部新品开发实现无模快速制造，大幅加快开发速度、提高铸件质量、降低成本。

5）各种快速制造技术的在发动机铸件快速制造中的应用开发

针对各种先进快速制造技术的优、缺点，以及从成形经济性考虑，在实际的发动机铸件快速制造中砂芯和砂型的成形方式进行优化组合及分工。

（1）中大型的砂芯和砂型成形：除加工刀具无法进入加工形状的砂芯和砂型外，一般情况下都是采用数字化无模铸造精密成形技术加工成形的。

（2）小型整体式复合的砂芯和砂型成形：因整体式复合砂芯和砂型结构复杂，在加工刀具无法进入加工的情况下，故采用激光烧结 3D 打印成形技术直接成形。

2. 联合攻关，优势互补，厂院协同发展

广西玉柴集团与机械科学研究总院通过组建“汽车发动机铸件无模快速制造”联合项目组的方式开展工作。

玉柴集团和机械科学研究总院开展技术合作，通过引进无模快速制造设备，开展技术创新攻关，通过零件的三维模型，不需要制作模具即直接无模快速制造出汽车发动机铸件的毛坯。

预期成效：预计项目完成之后，可以实现无模快速制造出汽车发动机铸件的毛坯，省去模具制造环节，不仅能省去模具费用，同时，大大缩短工艺流程，可缩短新品样机开发的周期 3 个月，而且利于样机快速改进，减少样机试验中改模费用，可大幅降低新品试制费用。预计项目实施后，企业每年可以直接节约 2 000 万元的直接经济效益和间接经济效益。同时，新产品和小批量定制的产品为玉柴获得巨大的社会和经济效益。

广西玉柴集团：“汽车发动机铸件无模快速制造”技术在柴油机关键铸件上的应用立足于自主研究，在玉柴公司内建立一支高水平的无模快速铸造应用技术开发队伍，并成立专门的工艺试验车间对无模快速铸造应用技术进行工艺研究，在充分消化吸收国内设备厂家技术的基础上，重点突破在柴油机关键铸件上的应用工艺核心技术，不断总结经验和提高水平，从而使玉柴公司的无模快速铸造应用技术保持国内先进水平。

机械科学研究总院：帮助玉柴引进各种先进的无模快速制造装备，同时协助指导开展技术创新攻关，帮助解决无模快速制造的疑难问题，从而共同推进“汽车发动机铸件无模快速制造技术”在柴油机关键铸件上的应用研究；并向国内相关企业推广，提高行业技术水平，共同提高国内的汽车发动机铸件无模快速制造技术的进步。

3. 取得的成效

中心已初步建成包括 9 台数字化无模铸造精密成形技术设备等快速制造

设备组成的无模快速制造车间（见图 7-3）。广西玉柴也相应建立了一支高水平的无模快速制造应用技术开发队伍，对发动机铸件的快速铸造进行应用技术工艺研究，保持国内先进水平。

图 7-3　广西玉柴的无模快速制造车间

无模快速制造车间面积达 7 000m^2，能满足玉柴发动机汽缸体、汽缸盖等复杂铸件的无模铸造工艺研究及新品试制的要求，保证发动机铸件的快速铸造应用技术工艺研究的工作顺利开展。

目前快速制造车间有以下设备：

（1）数字化无模铸造精密成形机，9 台。

（2）3D 打印热成形（激光烧结）快速成形机，4 台。

（3）喷射固化式砂型 3D 打印冷成形快速成形机，1 台。

（4）铸铁类融化电炉 0.5T 和 0.25T 各 1 台。

（5）铝合金融化电炉 0.3T，1 台。

（6）铝合金旋转重力浇注机，2 台。

（7）ATOS-II 三维光学扫描仪，1 台。

初步建成快速制造技术在发动机汽缸体、汽缸盖等复杂铸件快速制造方面的应用示范基地，起到应用示范效果。同时机械科学研究总院先进成形技术与装备国家重点实验室在该车间设立“玉柴快速制造基地”，作为快速制造技术应用的示范单位向广大企业进行展示及示范。

广西玉柴目前在新产品样机试制、产品轻量化工艺验证、产品改进可行性验证中，已全面采用快速制造技术，并形成一套行之有效的操作流程（见图 7-4 ~ 图 7-6）。目前，玉柴已向合作单位推广了此项无模快速铸造发动机关键铸件应用新技术和新工艺。

（a）砂形组装

（b）精清后的机体

图 7-4　CK100 机体砂型和铸件

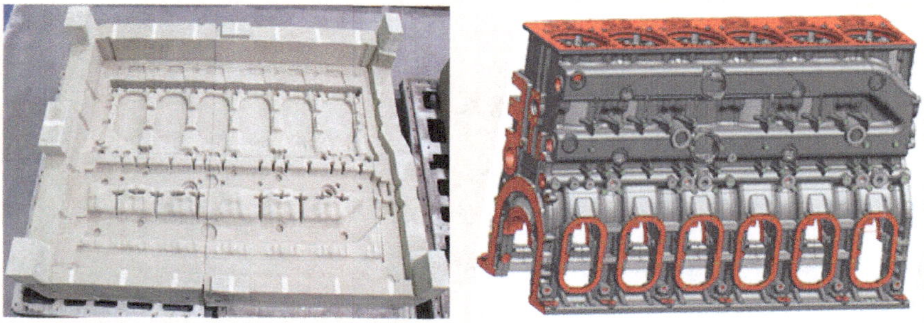

(a)　　(b)

图 7-5　CA100 机体外型砂型和铸件

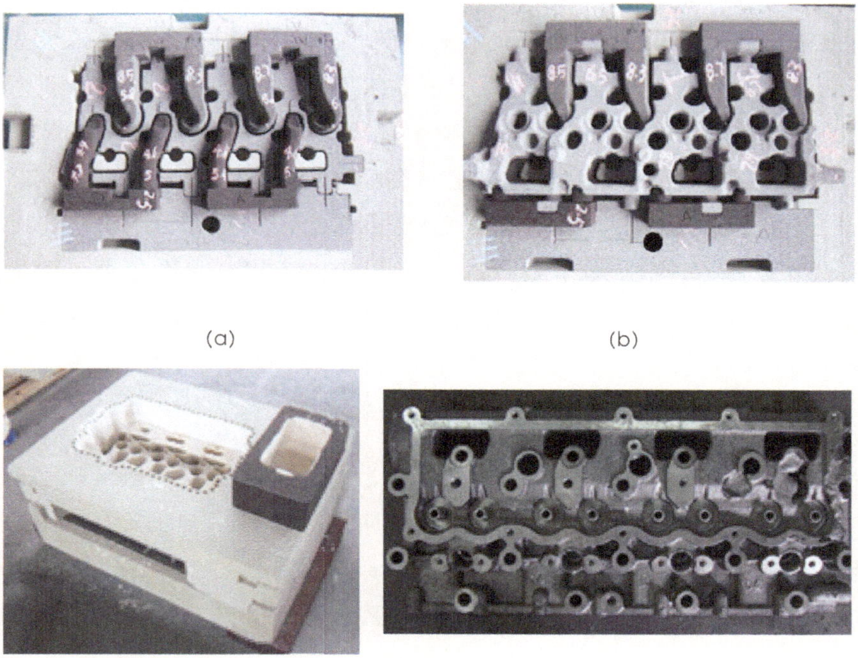

(a)　　(b)

(c)　　(d)

图 7-6　V8 柴油机缸盖砂芯组装及铸件

4. 发展展望

1）满足企业产品个性化定制需求

我国国防军工、航空航天、船舶、汽车等行业企业对新产品研发的需求是品种多、工期短、零件复杂，传统的大众化大批量生产模式无法满足企业个性化、小批量的试制和生产。而快速制造技术可以为各种企业提供多品种、小批量、高质量复杂零部件的个性化设计与生产，节约新产品开发成本，缩短生产周期，为企业提供个性化定制服务，满足企业个性化需求。

2）实现发动机汽缸体、汽缸盖等复杂铸件的数字化无模铸造

随着市场竞争的日趋激烈，发动机铸件多品种、小批量、个性化、短周期的发展趋势变得日益明显。而传统有模制造存在周期长、成本高等问题，难以满足复杂铸件快速生产需求，严重制约了汽车生产企业新产品的研发与试制。迅速发展起来的快速制造技术因能较好地解决传统铸造技术所带来的各种问题，已得到应用。快速制造技术在发动机汽缸体、汽缸盖等复杂铸件的快速制造方面优势最明显，其中应用最多的是无模铸型快速制造技术。该技术省去了模具制造环节，对砂芯和砂型进行直接成形，不仅使分型面的选择具有更大的灵活性，而且更易实现造型方案多样化，大幅度提高复杂铸件的精度，减轻毛坯重量，缩短新产品的开发周期，降低开发成本。

3）快速制造技术的示范效应

建成了快速制造技术在发动机汽缸体、汽缸盖等复杂铸件快速制造方面的应用示范基地，起到应用示范效果。同时机械科学研究总院先进成形技术与装备国家重点实验室在该车间设立“玉柴快速制造基地”，作为快速制造技术应用的示范单位向广大企业进行展示及示范。

4）“玉柴快速制造基地”的能力建设

广西玉柴将会继续引进无模挤压成形、砂型切削打印一体化设备、砂型3D 打印成形、金属 3D 打印成形等各种先进快速制造装备，建成具有示范性的国内领先的“快速制造创新中心”和“快速制造示范基地”。

5）厂院双方成立合作联盟体，构筑国家级创新中心或实验室等平台

广西玉柴建成具有示范性的中国领先的“快速制造创新中心”和“快速制造示范基地”后，通过与机械科学研究总院的双方合作，成立合作联盟体，进一步构筑国家级创新中心或实验室等平台，在中国打造出一张具有引领作用的快速制造协同创新中心的名片，从而带动我国快速制造产业的发展。

案例 2　无锡建立叶片锻压专业化公司创新制造工艺实现绿色制造

无锡透平叶片有限公司(WTB)通过引进吸收国际先进的叶片制造工艺，同时与高校及研究院所合作创新制造工艺技术，不断引进先进的锻造装备，完成了传统加工工艺与国际先进水平接轨。从而有效提高生产效率，提升产品质量，实现叶片锻压的绿色制造。

无锡透平叶片有限公司于 1979 年在原无锡动力厂叶片车间的基础上成立。公司主营业务为电站叶片和航空锻件的工艺开发和制造，是在能源和航空领域的国内领先、全球知名的高端动力部件供应商。凭借先进的工艺技术和专业化管理，在国内电站大型涡轮叶片市场上的综合占有率达 80%以上，具备百万等级超超临界汽轮机、百万核电机组大叶片的工艺开发及制造能力。从 2008 年开始，它积极研发高端航空发动机风扇叶片，使之能够替代国外产品。目前其新叶片生产基地全面投产，年产值已实现 10 亿元。

无锡透平叶片有限公司走专业化道路，用 30 年时间将自己打造成为真正的“一流全球叶片供应商”。

1. 产学研合作，突破技术瓶颈

WTB 近年来同西工大、上海交大、江南大学等院校积极开展产学研合作，大力开发航空高技术产品，在叶片制造技术，以及高性能的航空盘类零件的制造方面都取得了快速的发展，积累了一定的工艺技术和制造经验。例如，近年来研发生产的某航空发动机钛合金宽弦风扇叶片，航空航天发动机的涡轮盘、机匣等，都具有较高的技术水平。尤其是在发动机大型、宽弦风扇叶的锻造、加工制造方面，以及航空发动机涡轮盘、整体叶盘等锻件方面，已经具备了一定的能力。

2015 年 9 月，无锡叶片与华中科大无锡研究院联合成立“智能制造技术研发中心”（以下简称中心），在航空发动机关键部件制造领域展开创新工艺研发与信息化智能化改造。研发中心对标国外院企合作模式，切实攻克生产制造过程中的技术瓶颈，积极探索“低成本、高效率”的工艺路径，结合信息化集成技术的应用与实践，逐步实现企业生产制造过程的智能化，进一步提升企业工艺创新能力，有效推进研发成果转化和产业化进程。

2. 引进吸收工艺技术及装备，实现产品提升

WTB 先后四次引进国际先进锻造设备，以提升其锻造产品能力和质量。1981 年，引进美国西屋电气公司电站叶片制造工艺和技术装备。建成国内大叶片制造中心，30 万千瓦常规发电机组大叶片全面实现国产化；1994 年，引进全球第三大吨位 SPKA11200 高能螺旋压力机（最大压力：18 000 吨），工厂锻造能力得到极大提升，随后公司产品在国内电站大叶片综合市场占有率达 70%左右，叶片产品开始批量走向海外市场；2008 年，引进全球领先吨位螺旋压力机（最大压力：35 500 吨），聚焦国家战略，实施战略扩建，推进以能源动力（核电、燃机）及航空航天船舶动力部件为主业的战略转型；2012 年，启动总投资 20 亿元的百万等级核电特大叶片制造基地及航空锻件项目，已完成世界顶级装备 3.55 万吨离合器式螺旋压力机的安装调试。该项目的安装投产不仅能满足核电特大叶片的生产需要，也为大型飞机高性能锻件的研发生产奠定了坚实的基础，是无锡透平叶片有限公司实施“战略扩建项目”的核心一环。

WTB 用 10 年时间完成了 30/60 万千瓦汽轮机大叶片（见图 7-7 和图 7-8）

国产化的重任；又用 20 年时间致力于打造国内最大的电站叶片专业化企业，年产叶片超过 20 万片，大叶片国内覆盖率达到 100%。同时，进军国际市场。在随后的两三年里，企业从效率优先向科技进步发展，持续加大技术改造，在全行业率先完成了传统加工工艺与国际先进水平的接轨，实现了叶片数字化加工生产的工艺转型，从而以高科技的优势、高质量的产品赢得了 GE、阿尔斯通、西门子、东芝、日立、三井等国际著名公司的青睐。三年间，企业外贸业务额已达到 2 000 万美元。2012 年在航空发动机叶片方面取得重大突破。

图 7-7　无锡透平叶片公司生产的汽轮机叶片

图 7-8　无锡透平叶片公司生产的重型燃气轮机部件

随着全球经济一体化进程的加快，无锡透平叶片有限公司努力打造世界一流企业，打造全球叶片制造中心。公司的中长期发展战略：在满足国内市场，做既专又精的专业化企业的同时，利用高科技优势，大力拓展海外市场，打造全球叶片供应商品牌。同时，挺进核电、航空航天、军工领域，把企业做强做大。

8

绿色再制造

徐滨士[1]　向　华　史佩京　张　俊　李恩重

1 装甲兵工程学院 院士

《中国制造 2025》提出“大力发展再制造产业，实施高端再制造、智能再制造、在役再制造，推进产品认定，促进再制造产业持续健康发展”。再制造是指对废旧产品进行专业化修复或升级改造，使其质量特性达到或优于原有新品水平的制造过程。再制造是制造产业链的延伸，也是先进制造和绿色制造的重要组成部分。再制造产品在产品功能、技术性能、绿色性、经济性等方面不低于原型新品，其成本是新品的50%，可实现节能60%、节材70%，污染物排放量降低 80%，经济效益、社会效益和生态效益显著。再制造是推进绿色发展和低碳发展理念、促进生态文明建设的重要载体，是制造业转型升级的重要方向，高度契合了国家发展循环经济的战略。

一、绿色再制造的内涵与特征

当今我国经济社会高速发展带来的资源、环境和气候变化问题十分突出，一方面工业化、城镇化进程一方面推动了经济高速发展和社会进步，另一方面也加剧了资源环境约束等问题。保护地球环境、构建循环经济、保持社会经济可持续发展已成为世界各国共同关注的话题；绿色制造和循环经济是人类社会可持续发展的基础，是制造业未来的发展方向。《中国制造 2025》提出“坚持创新驱动、智能转型、强化基础、绿色发展”。绿色、智能是制造业转型的主要方向，坚持绿色发展，推行绿色制造是关键举措。再制造作为绿色制造的典型形式，是实现工业循环式发展的必然选择。再制造作为国家战略性新兴产业，是资源再生的高级形式，是制造业转型升级的重要方向，也是发展循环经济、建设资源节约型、环境友好型社会的重要举措，更是推进绿色发展、循环发展、低碳发展，促进生态文明建设的重要载体，高度契合了国家发展循环经济的战略。

绿色再制造的内涵

国家标准《再制造术语》（GB/T 28619—2012）对“再制造”进行了定义：对废旧产品进行专业化修复或升级改造，使其质量特性达到或优于原有新品水平的制造过程（编者注：其中质量特性包括产品功能、技术性能、绿色性、安全性、经济性等）。

传统的装备全寿命周期是“研制—使用—报废”，其物流是开环系统；而再制造装备的全寿命周期是“研制—使用—报废—再生”，其物流是闭环系统。再制造的出现，完善了产品全寿命周期的内涵，使得产品在全寿命周期的末端，即报废阶段，不再成为固体垃圾。

绿色再制造的主要特征

再制造的突出特征是将废旧产品回收拆卸后，按零部件的类型进行收集和检测，将有再制造价值的废旧产品作为再制造毛坯，利用高新技术对其进行批量化修复、性能升级，使其质量特性达到或优于原有新品水平的制造过程。

我国的再制造发展经历了产业萌生、科学论证和政府推进三个主要阶段，经过十余年的创新发展，已形成了“以尺寸恢复和性能提升”为特征的中国特色再制造。中国特色的再制造是在维修工程、表面工程基础上发展起来的，大量应用了寿命评估技术、复合表面工程、纳米表面工程和自动化表面工程等先进技术，可以使旧件尺寸精度恢复到原设计要求，并提升零件的质量和性能。我国的这种以尺寸恢复和性能提升为主的再制造模式，在提升再制造产品质量的同时，还可大幅度提高旧件的再制造率。例如，斯太尔发动机的再制造率（指再制造旧件占再制造产品的重量比）比国外提高了10%。

再制造产品的重要特征是其质量特性不低于新品，再制造与制造新品相比，可节能 60%，节材 70%，大气污染物排放量降低 80%以上。再制造迎合了传统生产和消费模式的巨大变革需求，是实现废旧机电产品循环利用的重要途径，是资源再生的高级形式，也是发展循环经济、建设资源节约型、环境友好型社会的重要举措，更是推进绿色发展、低碳发展，促进生态文明建设的重要载体。

再制造优先考虑产品的可回收性、可拆解性、可再制造性和可维护性等属性的同时，保证产品的基本目标（优质、高效、节能、节材等），从而使退役产品在对环境的负面影响最小、资源利用率最高的情况下重新达到最佳的性能，并实现企业经济效益和社会效益协调优化。

绿色再制造关键技术体系

再制造的实施步骤包括拆卸、分类、清洗、寿命评估与无损鉴定、再制造成形与加工、质量检测与性能考核等。再制造过程中所使用的关键技术包括以下几方面。

1）再制造性设计与评价技术

再制造性设计与评价技术是指在产品设计过程中或废旧产品再制造前，设计并评价其再制造性，确定其能否及如何进行再制造的技术与方法。通过在研制阶段就考虑产品的再制造性设计，能够显著地提高产品末端时的再制造能力，增强再制造效益；通过在产品末端的再制造性评价，能够形成科学的再制造方法，优化再制造工艺流程。

2）再制造拆解技术

再制造拆解技术是指对废旧产品进行拆解的方法与工艺，通过研究产品的最佳拆解路径及无损拆解方法，进而高质量地获取废旧产品零部件的技术工艺，该技术为废旧产品的再制造提供必要的基础和保证。

3）再制造清洗技术

再制造清洗技术是采用机械、物理、化学和电化学等方法清除产品或零部件表面的各种污物（灰尘、油污、水垢、积碳、旧漆层和腐蚀层等）的技术和工艺过程。废旧产品及其零部件表面的清洗是检测零部件表面尺寸精度、几何形状精度、粗糙度、表面性能、腐蚀磨损及黏着情况等的前提，是零部件进行再制造的基础。

4）再制造零部件损伤检测与寿命评估技术

再制造零部件损伤检测与寿命评估技术是决定废旧零部件能否进行再制造的前提，直接影响产品的再制造质量、再制造成本、再制造时间和再制造后产品的使用寿命。再制造零部件的损伤检测是对拆解后的废旧零部件进行检测，能够准确地掌握零件的技术状况，根据技术标准分析出可直接利用件、可再制造恢复件和报废件。再制造寿命评估技术主要是应用断裂力学、摩擦学、金属学等理论建立失效行为的数学模型，从而建立产品寿命的预测评价系统，评估零部件的剩余寿命。

5）再制造成形与加工技术

产品在使用过程中，一些零件因磨损、变形、破损、断裂、腐蚀或其他损伤而改变了零件原有的几何形状和尺寸，从而破坏了零件间的配合特性和工作能力，使部件、总成甚至整机的正常工作受到影响。再制造成形与加工的任务是恢复有再制造价值的损伤失效零件的几何参数和力学性能，采用的方法包括表面工程技术和机械加工技术与方法。典型技术包括纳米复合电刷镀技术、高速电弧喷涂技术、微束等离子弧熔覆技术、激光熔覆技术等。

6）再制造产品装配技术

再制造装配技术是在再制造装配过程中，为保证再制造装配质量和装配精度而采取的技术措施。再制造装配中要通过调整来保证零部件的传动精度，例如间隙、行程、接触面积等工作关系；通过校正来保证零部件位置精度，例如同轴度、垂直度、平行度、平面度、中心距等。再制造装配对废旧产品再制造质量和再制造后产品的使用寿命具有重要的直接影响。

7）再制造产品性能检测与试验技术

重要机械产品经过再制造后，投入正常使用之前，必须进行性能检测与试验，其主要目的是发现再制造加工及装配中的缺陷，及时加以排除；改善配合零件的表面质量，使其能承受额定的载荷；减少初始阶段的磨损量，保证正常的配合关系，延长产品的使用寿命；在磨合和试验中调整各机构，使零部件之间相互协调工作。磨合与试验是提高再制造质量、避免早期故障、延长产品使用寿命的有效途径。

8）再制造产品涂装技术

再制造产品涂装技术是指对综合质量检测合格的再制造产品进行涂漆和包装的工艺技术与方法。

9）再制造智能升级技术

再制造智能升级技术是指运用信息技术、控制技术实施废旧产品再制造生产或管理的技术和手段。再制造智能升级技术的应用，是实现废旧产品再制造效益最大化、再制造技术先进化和再制造管理正规化的基础，对提高再制造保障系统运行效率发挥着重要作用。该技术包括柔性再制造技术、虚拟再制造技术、自动化再制造技术等。再制造典型关键技术及特点如表 8-1 所示。

表 8-1 再制造工程关键技术及特点

序号	技术名称		技术特点
1	废旧零件的拆解及分类技术	废旧零件的高效无损拆解技术	用于报废车辆、数控机床的拆解工作
		拆解零部件的快速分类技术	对不同用途及采用不同再制造加工技术的废旧零部件进行快速分类
2	废旧零件的清洗技术	环保高效物理清洗技术	对拆解前后的废旧零件进行无害化、无污染清洗
		高温、超声清洗技术	清洗拆解后的零部件表面及内部油污、锈迹、氧化物等

续表

序号	技术名称		技术特点
3	再制造毛坯的无损检测技术	再制造毛坯检测技术	利用金属磁记忆、涡流和超声等无损检测技术检测再制造毛坯
		再制造毛坯的剩余寿命评估技术	评估废旧零部件的剩余寿命与再制造零件的使用寿命
4	零部件成形技术	纳米电刷镀技术	修复零件缺陷，提升零件性能
		高速电弧喷涂技术	修复零件缺陷，提升零件性能
		微弧等离子熔覆技术	修复零件缺陷，提升零件性能
		激光再制造技术	修复零件缺陷，提升零件性能
5	再制造智能化技术	机电设备的智能升级技术	通过数控系统、伺服电机的更换和升级，提升机电产品的整机性能和效率
		数控机床运行状态数据获取、监控和提升技术	通过对数控机床运行状态参数的获取、分析和优化，提高设备机床生产效率和加工质量
		数控机床健康检查和保障技术	通过对数控机床运行大数据的获取、分析，预测和检查数控机床的健康程度
6	再制造涂层质量检测技术	再制造涂层的表面检测技术	考察再制造产品涂层的厚度及表面形貌，确保其致密无气孔和砂眼，无裂纹、起皮和剥落
		再制造涂层的性能检测技术	考察涂层与基体的结合强度，耐磨损、耐高温、防腐蚀、抗疲劳等性能
7	重新装配技术	产品的快速无损重新装配技术	再制造零部件及部分新件重新装配成再制造产品
8	再制造产品质量检验技术	再制造产品的整体性能测试技术	再制造产品（整机）的精度检测、功能检测、寿命预测

绿色再制造技术重点领域

根据再制造的技术特点及产业发展特点，当前我国再制造产业的主要应用领域包括以下几部分。

1. 汽车零部件再制造

我国作为汽车制造和使用大国，推进汽车零部件再制造工程产业化势在必行。2008 年国家发改委启动了汽车零部件再制造试点工作，取得了较好的效果。汽车零部件再制造工程是指以废旧汽车零部件作为毛坯，以再制造工程为技术依托，以再制造工程产业化为形式，在对废旧汽车全面拆解、鉴定和技术改造的基础上，采用专业化、批量化的流水线生产方式，并通过严格的产品质量管理和市场营销模式，参照新品技术标准和检验标准，恢复零部件和整机性能的工程活动。已开展再制造的汽车零部件包括发动机、变速器、启动电机、发电机、电子控制单元等关键、高附加值的汽车零部件。

2. 流程工业装备再制造

钢铁、化工、冶金、能源、电力等行业的重大技术装备再制造工程的产业意义重大。钢铁冶金重大装备中的高炉渣口、风口、轧辊、连铸机轧辊、炉底辊、热轧工具、机油压柱塞；石油化工重大技术装备中的高温高压反应容器、裂解炉管、大型储油设施；火力发电重大技术装备中的汽轮机叶片、缸盖、磨煤机零部件、锅炉“四管”；水力发电重大技术装备中的水轮机叶轮，以及风力发电机、燃油发电机、太阳能发电机的关键零部件开展再制造工程。

3. 工程机械、农用机械、矿采机械再制造

我国是工程机械、农用机械和矿山机械的使用大国，设备保有量大，品种多，截至 2014 年年底，我国工程机械主要产品保有量约为 700 万台。此类设备多是由于重载而导致零部件表面磨损、腐蚀和断裂而失效报废，实施再制造工程可提高性能、延长服役年限，获得节能、节材、减排效果，从而创造巨大的社会经济效益。

4. 机床再制造

目前，中国各类机床设备保有量约 850 万台，居世界第一，役龄超过 10 年的传统机床占 60% 以上，未来 5～10 年将有大量机床面临淘汰。机床再制造工程主要是采用纳米表面工程技术对其进行精度恢复，通过更换电气控制元件、加装或升级数控系统，从而提升老旧机床的机械性能、改善其控制及加工精度，实现机床整体性能恢复与提升。机床再制造作为一种基于废旧机床资源循环利用的机床制造新模式，在我国具有广阔的发展前景，对于实现我国量大面广的废旧机床资源的循环再利用具有重要意义。

二、绿色再制造发展现状和挑战

绿色再制造国外发展现状

1. 技术发展现状

以美国和西欧为代表的再制造工业生产，在再制造设计技术方面，主要结合具体产品，针对再制造过程中的重要设计要素如拆卸性能、零件的材料种类、设计结构与紧固方式等进行研究。在再制造加工技术方面，对于机械产品，主要通过换件修理法和尺寸修理法来恢复零部件的尺寸，其中对于损伤程度较重的零件直接更换新件；对于损伤程度较轻的零件，将失配的零件表面尺寸加工到可以配合的范围，例如缸套-活塞磨损失效后，通过镗缸的方法恢复缸套的尺寸精度，再配以大尺寸的活塞完成再制造。例如英国 ListerPetter 再制造公司，每年为英国、美国军方再制造 3 000 多台废旧发动机，对于磨损超差的缸套、凸轮轴等关键零件都予以更换新件，并不修复。美国康明斯发动机公司采用机械加工方法对发动机缸体、缸盖、曲轴、连杆等主要零部件进行尺寸修理，并更换其相关配偶件和附件，进行发动机再制造生产。

近年来，美国、加拿大、英国和德国等工业发达国家的很多企业，开始把基于表面工程的修复技术归类为再制造成形技术，实现装备关键机械零件的高性能再制造。例如，加拿大研发出了微束等离子弧再制造成形技术及其自动化作业生产设备系统，并且其技术工艺和设备系统已在我国部分再制造企业得到应用，实现了飞机发动机叶片等典型零件的高质量再制造成形；俄罗斯研发了高温合金粉末冶金再制造技术、热障涂层再制造技术等，解决了高温部件等关键零部件的高性能再制造难题，实现了航空发动机重要零部件的再制造成形；美国研发的基于激光熔覆技术的再制造成形技术，实现了多种机械零部件的快速再制造成形，并且已经在舰船、装甲车辆等武器装备的伴随保障和军队战地装备维修保障中获得了成功应用。

2. 产业发展现状

国外的再制造经过几十年发展，已形成了巨大的产业，成为循环经济的重要组成部分。美国于 20 世纪 90 年代初，建立了国家再制造与资源恢复国家中心（NC3R）及再制造研究所、再制造工业协会，并在《2010 年及其以后的国防制造工业执行提要》中明确将新的再制造技术列入其优先发展的国防制造工业的新重点。德国政府从 1991 年起，多次拨款支持机电再制造，帮助企业与高校、研究机构开展再制造研究工作。欧洲通过了支持再制造的相关法律法规，并且正在德国建设欧洲再制造技术中心。

国外再制造产品涉及汽车及其配件、工业设备、航空航天及国防装备、电子产品等十几个领域，其中，汽车、工程机械、机床领域再制造所占比例最大。以美国为例，汽车零部件再制造业是美国的第三大再制造产业，表 8-2 为 2009—2011 年美国汽车零部件再制造情况统计，由表可知，2011 年美国国内汽车零部件再制造产值达 62 亿美元，提供 3 万余个全职工作岗位。再制造投资额从 2009 年的 761 万美元增长到 2011 年的 1 057 万美元，增长了将近 40%。美国进口再制造汽车零部件从 2009 年的 12 190 万元增长到 2011

年的 14 820 万元，增长了 21%，出口额从 2009 年的 4 310 万元增长到 2011 年的 5 820 万元，美国成为再制造汽车零部件的净进口国。

表 8-2　2009—2011 年美国汽车零部件再制造情况统计表

项目 \ 年度	2009 年	2010 年	2011 年
产值（百万美元）	701.8	696.9	621.1
投资额（百万美元）	7.61	10.56	10.57
进口额（百万美元）	121.9	146.2	148.2
出口额（百万美元）	43.1	49.4	58.2
全职雇员（人）	30 069	30 404	30 653

国外再制造企业主要有三种运作模式：

（1）原制造商投资、控股或者授权生产的再制造企业，包括 OEM（原始设备制造商）和 OES（原装配件供应商）。这类企业拥有自己的再制造品牌，经过再制造的产品通过原制造企业的备件和服务体系流通销售。

（2）独立的再制造公司，这类公司具备开展各种产品再制造的能力。例如卡特彼勒在全球拥有专业的再制造公司 14 家，为不同产品提供再制造服务，年处理再制造产品 220 万件。

（3）从提供服务和维修开始，然后逐渐过渡到开展再制造业务。这类企业主要是电子产品再制造公司。例如日本施乐公司在全国建立了 50 个废弃旧复印机回收点，对回收后的零件进行再制造后再次投入使用，到 2000 年该公司已将废旧复印机的零件循环利用率提高到 50%以上，拥有旧零部件的复印机产量达到总产量的 25%。

绿色再制造国内发展现状

中国的再制造概念从 2000 年左右开始明确，相比欧美发达国家，发展相对较晚，但具有自身的明显产业发展及技术运用特色，目前已成为世界上最重要的再制造中心之一。

1. 技术发展现状

中国特色的再制造工程是在维修工程、表面工程基础上发展起来的，主要基于复合表面工程技术、纳米表面工程技术和自动化表面工程技术。其重要特征是再制造产品的质量和性能不低于新品，成本只有新品的 50%，节能 60%，节材 70%，大气污染物排放量降低 80%以上。先进表面工程技术在再制造中的应用，可将旧件利用率提高到 90%，使零件的尺寸精度和质量标准不低于原型新品水平，而且在耐磨、耐蚀、抗疲劳等性能方面达到原型新品水平，并最终确保再制造装备零部件的性能质量达到甚至超过了原型新品。

我国已经探索形成了“以高新技术为支撑，以尺寸恢复、性能提升的技术为依托，产学研相结合，既循环又经济”的中国特色的再制造模式，并在相关技术领域取得突破进展。

（1）在再制造拆解技术方面，国内针对汽车、工程机械再制造需求，实现了面向中小型零部件的再制造拆解性设计，开发出了快速、无损拆解工具，可实现手工和半自动化拆解。

（2）在再制造清洗技术方面，一是采用有机溶剂浸泡和喷淋的方法，通过溶解或化学反应将表面污染物去除。二是采用高压水射流、喷砂和干冰清洗等物理清洗方法，实现废旧装备表面油污、锈蚀和其他污染物的去除。三是采用高温清洗技术，实现零部件表层内部油污的清洗。四是利用超声波发生器，在液体介质内形成空化效应所产生的瞬间高压轰击待清洗表面，实现复杂形状的污染物清洗。

（3）在再制造损伤检测与寿命评估方面，一是通过分析机械零部件在服役工况下出现的不同失效模式和失效规律，例如疲劳、蠕变、磨损、腐蚀、热损伤等，依据材料学、力学、数学等寿命预测基础理论，采用模拟仿真与考核试验相结合的方法，针对新品设计功能要求及服役过程健康监测需求，建立分属于不同范畴的寿命预测技术，例如疲劳寿命预测、蠕变寿命预测、腐蚀寿命预测等。二是根据再制造毛坯质量评估结果，制定再制造工艺，选取适宜的再制造技术，按照不同的再制造成形技术的要求，对具有再制造价值的毛坯件进行一定预处理；在表面的薄弱部位制备满足耐磨、耐蚀或抗疲劳等不同功能需求的强化涂层，使再制造毛坯件尺寸恢复、性能提升。三是根据再制造产品服役工况的要求，检测再制造成形技术形成的涂覆层的残余应力、硬度、结合强度等力学性能指标；综合涂层孔隙率、微观裂纹等缺陷信息，通过模拟计算，并进行接触疲劳试验及台架考核，综合评估再制造产品的服役寿命。

（4）再制造成形与加工技术方面，再制造成形技术以废旧零部件作为对象。相对于以原始资源为基础的制造而言，再制造成形生产过程的能源和资源需求、废物废气排放显著降低。再制造成形技术是再制造工程的核心，也是再制造产业发展的技术支撑，先进的再制造成形技术是保证再制造产品质量、推动再制造生产活动的基础。近年来我国再制造成形技术体系已初步形成，并在三维体积损伤机械零部件的再制造成形技术、自动化及智能化成形技术、再制造成形材料的集约化，以及现场快速再制造成形技术等方面取得突破性进展。纳米复合再制造成形技术，就是借助纳米科学与技术新成果，把纳米材料、纳米制造技术等与传统表面工程技术结合，研发出先进的再制造成形技术。例如，利用纳米颗粒复合电刷镀技术、纳米热喷涂技术，就可以根据不同的性能要求制备相应的纳米镀层与纳米涂层。能束能场再制造成形技术，利用激光束、电子束、离子（等离子）束，以及电弧等能量束和电场、磁场、超声波、火焰、电化学能等能量实现机械零部件的再制造过程。目前，基于机器人堆焊与熔覆再制造成形技术、基于 MIG 堆焊/铣削复合工艺的近净成形技术及面向轻质金属的再制造成形技术等已进行了广泛深入的研究，成功实现了典型装备备件的制造与再制造成形。自动化再制造成形技术，利用微束等离子弧电源系统，基于自动化等离子弧熔覆再制造成形技术，实现了发动机缸体止推面及发动机排气门密封锥面的再制造。研究表明，由于等离子弧能量密度高，对基体的热输入量低，对工件的变形小，可获得高质量的熔覆层。

（5）在智能化再制造技术方面，我国在机器人智能化操作再制造成形过程研究、损伤部位再制造路径生成理论和方法、自动化再制造成形设备系统研发、数控机床性能提升技术等方面均取得了重要进展。例如，针对再制造成形过程中的零件缺损部位的反求建模及其理论和技术研究方面，取得了突破性进展；再制造技术国家重点实验室结合我国再制造产业化发展需要，系统开展了智能化再制造技术攻关，华中科技大学在机床再制造健康保障与检测、基于加工状态大数据的工艺优化技术方面取得了很大进步。

2. 产业发展现状

我国的再制造发展经历了产业萌生、科学论证和政府推进三个主要阶段。

第一个阶段是再制造产业萌生阶段。自 20 世纪 90 年代初开始，我国相继出现了一些再制造企业，例如中国重汽济南复强动力有限公司、上海大众汽车有限公司、柏科（常熟）电机有限公司等，分别在重型卡车发动机、轿车发动机、车用电机等领域开展再制造，武汉重型机床集团有限公司在加工中心、立式车床等领域开展再制造。

第二阶段是学术研究、科学论证阶段。1999 年 6 月，徐滨士院士在西安召开的“先进制造技术国际会议”上发表了《表面工程与再制造技术》的学术论文，在国内首次提出了“再制造”的概念。2000 年 12 月，由徐滨士院士牵头完成的中国工程院咨询报告《绿色再制造工程及其在我国应用的前景》呈报中国国务院；国务院办公厅将其批转 10 个部委研究参阅，标志着再制造在中国正式起步。2001 年，国家批准建设中国第一个再制造领域的国家级重点实验室。2003 年，在徐滨士院士团队研究论证的我国 2020 年中长期科学技术发展规划专题《制造业发展科学问题研究》中，第 19 项关键技术“机械装备的自修复与再制造”，为再制造在我国的长远发展提供决策性论据。

第三阶段是国家颁布相关法律、政府全力推进阶段。2005—2013 年，一系列政策相继出台，为再制造的发展注入了强大动力，具体表现在以下五个方面。

1）我国再制造政策不断完善

我国的再制造政策法规经历了一个从无到有、不断完善的过程，再制造产业的发展逐渐走上了法制化道路。

（1）再制造法制化程度不断提高。2005 年，《国务院关于加快发展循环经济的若干意见》首次提出支持废旧机电产品再制造；2008 年 1 月，《中华人民共和国循环经济促进法》将再制造纳入法制化轨道；2010 年，国家发改委等 11 部委联合出台《关于推进再制造产业发展的意见》；2013 年，国务院印发了《循环经济发展战略及近期行动计划》；国家发改委等 5 部委联合印发《再制造“以旧换再”试点实施方案》，工信部、国家质监总局联合发布《电机能效提升计划（2013—2015 年）》。目前在国家层面上已制定了 30 余项再制造方面的法律法规。其中，国家再制造专项政策法规 20 余项。

（2）再制造政策法规逐步具体化。体现在再制造产品标示、再制造产品质量控制及财税政策等方面。

① 在再制造产品标示方面。为推进汽车零部件再制造产业发展，2010 年 2 月，国家发改委、国家工商管理总局联合发布了《关于启用并加强汽车零部件再制造产品标志管理与保护的通知》，汽车零部件再制造标志如图 8-1 所示。2010 年 9 月，《再制造产品认定实施指南》中明确要求应在产品明显位置或包装上使用再制造产品标志，再制造产品标志样式及尺寸如图 8-2 所示。

图 8-1　汽车零部件再制造产品标志

图 8-2　再制造产品标志样式及尺寸

② 在再制造产品质量控制方面。2010 年 6 月，《再制造产品认定管理暂行办法》明确了再制造产品认定制度。2013 年 1 月，《再制造单位质量技术控制规范（试行）》规定从事再制造所需的基本条件及再制造单位在回收、

生产、销售过程中的保障和质量控制要求。

③ 在再制造财税政策方面。2010 年 4 月,《关于支持循环经济发展的投融资政策措施意见的通知》明确了信贷支持的重点循环经济项目，包括废旧汽车零部件、工程机械、机床等产品的再制造。2013 年 7 月,《关于印发再制造产业“以旧换再”试点实施方案的通知》正式启动再制造产品“以旧换再”试点工作。

（3）部分地方政府相继出台了再制造的相关政策法规。2009 年，江苏省发布了《江苏进口再制造用途旧机电产品检验监管实施细则（试行）》。2010 年，广东省发布了《广东省循环经济发展规划（2010—2020 年）》; 2011 年，山东省政府发布了《山东省节约能源“十二五”规划》; 2012 年，上海市发布了《上海市加快高效电机推广促进高效电机再制造工作方案》等。

2）我国再制造标准体系逐渐完善

我国再制造产业正快速发展，急需结合我国国情和再制造模式，在国家、行业和企业的不同层面上制定相应的再制造标准。2008 年 6 月，国家标准化管理委员会批准成立“全国绿色制造标准化技术委员会再制造分技术委员会”。截至 2015 年底，我国已经发布实施了 16 项再制造标准，再制造国家标准的制定为保证再制造产品质量、降低再制造费用、提高再制造效率提供了重要保障，促进我国再制造产业规范化发展。

3）再制造试点企业数量逐步扩大

为实现再制造产业规模化、规范化发展，2010 年 2 月，国家发改委、国家工商总局联合发布了《关于启用并加强汽车零部件再制造产品标志管理与保护的通知》，公布了 14 家汽车零部件再制造试点企业名单。2013 年 2 月，国家发改委办公厅发布了《国家发展改革委办公厅关于确定第二批再制造试点的通知》; 2016 年工信部发布了《机电产品再制造试点单位名单》，批准了 53 家再制造试点企业和 3 个再制造产业集聚区。目前国家发改委与工信部发布的再制造试点单位已有 150 余家，我国再制造试点企业数量逐步扩大。

4）再制造产品目录不断完善

为规范再制造产品生产、保障再制造产品质量，促进再制造产业化、规模化健康有序发展，引导再制造产品消费，2011—2014 年，工业和信息化部发布了《再制造产品目录（第一批）》、《再制造产品目录（第二批）》、《再制造产品目录（第三批）》和《再制造产品目录（第四批）》共四批再制造产品目录。《再制造产品目录》涵盖工程机械、电动机、机床、矿山机械、汽车零部件等 28 家企业 9 大类 97 种产品。2010 年，《财政部、国家发展改革委关于印发“节能产品惠民工程”高效电机推广实施细则的通知》发布，前后已经发布了六批入围企业。

5）再制造产品“以旧换再”工作稳步推进

为支持再制造产品的推广使用，促进再制造旧件回收，扩大再制造产品市场份额，2013 年 7 月，国家发展改革委、财政部、工业和信息化部、商务部、质检总局联合发布《关于印发再制造产业“以旧换再”试点实施方案的通知》，正式启动再制造产品“以旧换再”试点工作，“以旧换再”是指境内再制造产品购买者交回旧件并以置换价购买再制造产品的行为。2013 年 8 月，国务院发布了《国务院关于加快发展节能环保产业的意见》，明确提出开展再制造“以旧换再”工作。2014 年 9 月，国家发改委等部门组织制定了《再制造产品“以旧换再”推广试点企业评审、管理、核查工作办法》和《再制造“以旧换再”产品编码规则》。

三、绿色再制造发展趋势和战略目标

绿色再制造面临的机遇和挑战

1. 技术层面

国内资源能源短缺、节能环保要求和日益增长的报废机械装备、典型大型贵重机械类装备与零部件，对再制造技术发展提出了迫切需求，再制造相关技术面临巨大挑战，主要表现在以下几方面：

（1）在再制造无损拆解技术方面，考虑大型机械装备、高端数控机床及汽车、工程机械等废旧机电产品中零部件的大型化、复杂化和精密化，如何借助模拟仿真和计算机辅助设计，开发快速、无损、自动化深度拆解装备是制约形成再制造产业化应用规模效应的关键之一。

（2）在再制造环保清洗方面，一是开发新型清洗材料，降低有毒物质的使用，减少对环境和人员的负面影响；二是开发新型清洗装备并优化清洗工艺，提高清洗效率，降低清洗成本。

（3）在再制造损伤检测和寿命评估方面，一是由于再制造毛坯材质、性能、结构及服役条件各异，建立特定类型废旧件的损伤信息数据库面临巨大挑战；二是在不损伤再制造毛坯质量的前提下，如何提取能够表征其劣化程度的关键特征量是制约再制造毛坯剩余寿命预测的瓶颈；三是研究异质界面效应及机理是进行再制造产品寿命评估的首要环节；四是研究再制造产品在不同的力、磁、电、热等强物理场耦合作用下的劣化机制使再制造产品寿命评估面临重要挑战。

（4）在再制造成形过程的质量控制方面，一是如何根据再制造毛坯件信息优选适宜的再制造成形工艺，自动优化工艺参数面临重要挑战；二是在再制造成形过程中自动化、智能化实时监控工艺的实施状态，保证涂覆层均匀一致，与毛坯基体可靠结合，是实现再制造过程质量控制的关键与挑战；三是在智能化控制设备方面还存在较大差距；四是在智能化成形工艺与材料优化方面仍有很大挑战。

（5）再制造智能化技术方面，利用先进的表面工程、电子信息、环境保护等新技术、新材料、新工艺，通过模块替换、结构改造、性能优化等手段，实现老旧设备在功能或技术性能上的提升，以满足更高使用需求的技术。

2. 政策层面

（1）社会层面：再制造是循环经济的 4R(Reduce, Reuse, Remanufacturing,

Recycle, 即减量化、再利用、再制造及再循环)原则之一。尽管再制造产品有着严格质检程序，其产品质量和性能不低于新品，而价格只有新品的一半左右。但由于我国再制造产业发展处于起步阶段，再制造作为新的理念还没有被消费者及社会广泛认同，不少国内消费者目前还难以接受和使用再制造产品，有些人甚至还把再制造产品与“二手货”混为一谈。对再制造产业的认识不足，导致了再制造产品市场开拓难度的加大。

（2）产业层面：再制造在中国的起步较晚，但是受到了国家相关部门的重视，相关产业管理部门及科研单位为再制造的发展提供了政策支持及技术支撑，并以汽车零部件再制造、机床再制造和低效设备能效升级等为试点，探索再制造产业在中国的发展之路。虽然国家出台了一些政策和法规支持再制造产业发展，但是总体来讲资金投入的力度不大；完全靠企业自身投入，再制造的产业特征决定了投入大、周期长、回款慢，造成再制造的产业规模无法做大，企业普遍偏小，难以形成规模效应。例如机床再制造，特别是对精密、复杂机床再制造，由于机床价格高达几百万甚至上千万，再制造能否达到预期效果，用户一般持保留态度，使得用户选择再制造的意愿并不强烈。加之行业没有统一的定价标准，极易造成市场的低价竞争。而较低的价格无法保证再制造项目投入，再制造产品质量良莠不齐更加难以保证用户的信任。

（3）企业层面：由于一些客观原因，再制造企业的发展面临一定的困难。这些困难主要包括国家相关政策的缺乏、再制造回收网络的建立、再制造专业技术人员/设备的需求空白、回收产品质量状态的随机性、再制造生产计划安排的复杂性、再制造信息系统的兼容性、再制造市场的培育等。

绿色再制造技术发展趋势

1. 应用高效的表面工程技术，提高废旧产品再制造率

产品零件的磨损与腐蚀失效是导致产品性能下降的重要因素，采用高效

的表面工程技术，可以实现失效件的表面尺寸及性能的恢复或提升；从而改变当前以尺寸修复法和换件法为主的再制造产业生产模式，提高废旧产品零部件的利用率，提升再制造业的资源效益。

2. 开发自动化再制造技术，适应再制造的批量生产要求

再制造相对维修的重要特征之一是生产对象的批量化和规模化。因此，再制造生产线需要对批量的产品进行生产操作，这需要进一步发展自动化再制造技术，促进再制造生产效益。例如，通过利用机器人和自动控制技术实现自动化等离子喷涂技术在再制造中的应用。

3. 发展柔性化再制造技术，提高对再制造产品种类变化的适应性

传统的大批量产品的再制造生产方案将逐渐被小批量、多品种、个性化的产品再制造生产方案所代替。由于市场需求的迅速变化，使得传统的恢复为主的再制造生产方式也逐渐过渡到以产品性能升级与恢复并重的再制造模式。因此，在再制造生产线上，大量采用柔性化设备及生产工艺，能够迅速使再制造生产适应产品毛坯及生产目标的变化，实现快速的柔性化生产。

4. 发展绿色化再制造技术，减少再制造生产的污染排放

再制造工程对节能、节材、环境保护具有重大作用，但是对具体的再制造技术，例如再制造过程中的产品清洗、涂装、表面刷镀等均有“三废”的排放问题，仍会造成一定程度的污染。因此，需要进一步发展物理清洗技术，减少化学清洗方法使用，研制开发一些有利于环保的镀液。当前，在再制造工程领域，需要进一步重视环境保护，采用清洁生产模式，大量采用绿色化再制造技术，实现“三废”综合利用的目标。

5. 发展智能化再制造技术，提高再制造生产效率

智能化再制造技术的发展趋势主要包含以下三个方面内容。

（1）再制造过程的智能化设计，针对具体零部件，基于专家数据库等信息，实现再制造成形技术方法优化设计。

（2）再制造成形过程的智能化控制，基于零部件再制造成形过程，实现工艺参数和控制参数自动优化。

（3）再制造装备及零部件的智能化检测，采用涡流检测、超声检测、激光监测等快速无损检测技术，实时掌握生产过程中再制造成形工艺稳定性和再制造成形零件状态，最大限度地避免再制造成形不合格零件的产生。

绿色再制造产业发展战略

未来 15 年内，再制造必须迎难而上，应对挑战，突破瓶颈，抓住当前再制造发展的重大机遇，实现再制造产业的重大突破。主要围绕“突破 5 项重点技术、完善 4 个支撑体系、形成 3 个重点领域、建立 2 个工程中心、形成一批领军产业”开展工作，具体内容如下。

一是突破 5 项重点技术：再制造系统规划与产品设计技术、旧件产品性能评价与寿命评估技术、经济环保的清洗与拆解技术、微纳米表面工程技术及再制造产品的安全检测技术；二是完善 4 个支撑体系：旧件回收体系、产业标准体系、环保安全体系及流通服务体系；三是形成 3 个重点领域：汽车零部件再制造领域、工程机械再制造领域及机床再制造领域；四是建立 2 个工程中心：再制造工程研究中心及再制造产品质量检测中心；五是形成 1 批领军产业：形成规模完善再制造产业化群和国际领先的再制造企业。

1. 近期发展战略

再制造装备以量大面广的汽车、工程机械和数控机床及其零部件为主，

兼顾大型工业装备，研究对象主要有汽车及关键零部件、工程机械零部件、数控机床零部件、工业装备零部件，废旧轴类、齿类和箱体等机械零部件；不断完善装备部件的再制造技术研究与标准制定能力，装备再制造工程应用体系；力争实现废旧机械零部件的再制造率达60%，再制造产业规模达到制造业的2%，再制造就业规模占制造业的5%。

2. 中期发展战略

再制造装备以能源装备、高端数控机床、动力机械等大型装备制造行业为发展对象；加快推进再制造技术的产业化进程，形成规模化的再制造产业群；力争实现废旧机械零部件的再制造率达70%，再制造产业规模达到制造业的5%，再制造就业规模占制造业的10%。

3. 远期发展战略

再制造装备以飞机、船舶、高速铁路等高端交通运输装备，水利、核电发电机组用汽轮机等复杂贵重装备，医疗、家用与办公等电子设备为发展对象；力争实现废旧机械零部件的再制造率达80%，再制造产业规模达到制造业的10%，再制造就业规模占制造业的20%，重点取得具有国际竞争力的多样化的产业化成果，拥有多家世界著名再制造企业及再制造集聚产业区，形成一定国际影响力的规模效应。

四、绿色再制造发展路径及对策建议

绿色再制造的发展路径

目前我国国民经济发展正在进入“中速增长阶段”，对制造业传统发展方式转变提出了紧迫要求。我国制造业应当按照“创新驱动、质量为先、绿色发展、结构优化、人才为本”的方针，加大实施再制造应用工程示范，坚持把可持续发展作为建设制造强国的重要着力点，加强节能环保技术、工艺、装备推广应用，全面推行清洁生产。发展循环经济，提高资源回收利用效率，构建绿色制造与再制造体系，走生态文明的发展道路。

积极研发适用于再制造应用的表面工程、增材制造、疲劳检测与剩余寿命评估、在线监测检测、智能化升级等技术、工艺及装备，建立再制造逆向物流等服务体系，进一步完善再制造产品认定机制和标准规范。大力发展再制造产业，实施面向航空发动机、燃气轮机、内燃机、盾构机等大型成套设备的高端再制造工程，面向汽车发动机、通用型复印机、机床等产品的智能升级再制造工程，面向服役期内老旧数控机床、空压机、电机等机电装备的在役再制造示范工程，促进产业规范化、规模化发展。

发展再制造产业的对策建议

（1）按照国家有关部委的部署优先推进重点领域的再制造。一是以用户需求带动再制造装备创新。以区域产业发展、国民经济重点领域用户的需求为牵引，加强再制造技术和装备制造系统集成的研发，进而带动再制造部件和装置的创新，并加快产业化步伐，壮大再制造装备产业；二是以示范应用推进产业发展。通过推进再制造部件、装备及再制造系统在航空航天、汽车等重点领域的示范应用，提升应用自主品牌再制造装备的信心，为大面积的推广创造条件，提高国产再制造装备的国内市场份额；三是以产业集群形成区域优势。选择有条件的区域，推动以产业链为纽带、资源要素集聚的产业集群建设，完善产业链协作配套体系，推动产业集聚发展，形成若干具有较强再制造装备产业优势的区域。

（2）坚持科技创新为本。国内再制造产业发展，要靠科技支撑及创新。

通过加大科技投入，积极争取国家的科技扶持资金，加强与国内高校及科研院所的合作。通过引进国内外高端人才，构筑人才高地，加大高层次、复合型、创新型再制造人才的培养力度，充分发挥高等职业技术教育方面的资源优势，加速教育和科技产业的集聚和整合。

（3）加快实施再制造人才培养体系，建立一支包括再制造专业技术人员及认证认可技术人员在内的再制造认证认可专业人员队伍。在相关高校的有关专业课程中设立再制造工程或相关课程，或与再制造技术基础较好的院校及科研院所建立稳定的合作关系，通过校企合作、订单式培训、在岗人员技能培训等多种模式，迅速培养和储备再制造科技专业人才，满足再制造产业的迫切需要。

（4）全面建设再制造配套服务体系，为再制造企业的发展提供有力支撑。一是积极争取国家有关部门的支持，在再制造产业基地建立良好的再制造经营环境；二是依托产业优势，完善再制造产业链；三是把再制造产业所需装备作为再制造产业发展的重要内容，发挥机械装备制造业优势，大力发展再制造装备研发和生产，逐步形成再制造关键设备生产研发体系；四是发挥区位及物流优势，与国内外原厂生产商合作发展逆向物流，建立再制造产业发展所需的工程机械、机床、废旧汽车零部件等的逆向回收物流体系，形成适应再制造产业发展所需的旧件收集能力；五是在企业现有质量管理体系建设的基础上，进一步完善适应再制造的管理体系要求；六是强化安全、环保和职业健康工作，建立严格的再制造环保安全保障体系；七是加强领导，完善配套政策保障体系。同时，尽快制定和落实涉及再制造产业发展的相关政策，为再制造产业发展创造优良的软环境。

五、绿色再制造典型案例

压缩机再制造示范工程

乙烯是石油化工的基础原料，与钢铁和粮食一样关系国民经济命脉，成为衡量一个国家经济实力的重要标志。大型裂解气压缩机被认为是乙烯生产装置的“心脏”设备，技术和可靠性要求高（必须保证连续三年运转不停机），并承担乙烯生产用原料的分离制备和供给的重要职能。由于压缩机的大型化（大型压缩机壳体直径可达 3.6～3.8m。大型转子直径可达 1.5～1.75m），无论是制造成本还是运行成本都投入巨大，一旦停机将给国家造成巨大损失。以年产 64 万吨乙烯为例，装置投资高达 330 亿元，如停机一天造成的直接损失将达 1 000 多万元。这就要求保证压缩机运行可靠性和损伤后的可再制造性，以减少故障和计划外停车，并能够在压缩机发生故障损伤后进行再制造，以降低能源资源的浪费。

开展对压缩机在复杂服役条件下的损伤状态进行定量化物理表征，基于损伤程度确定再制造压缩机剩余寿命，进而确定可再制造的临界损伤阈值；阐明多场条件压缩机叶片污染层、变性层的形成、演化机理，研究污染层的解离、键离和变性层的去除、改善机制，揭示压缩机叶轮再制造键合/嵌合过程中材料与能量的相互作用机理，建立再制造键离/键合过程的控形、控性基础理论及实现方法；揭示再制造压缩机叶轮二元多相材料结构的性能演化规律，把握再制造叶轮的寿命演变规律，保证其服役安全性，实现压缩机再制造决策支持理论和评价方法。

压缩机再制造关键支撑技术：

（1）金属间化合物的制备与涂层成形一体化技术，研究高速电弧喷涂技术与粉芯丝材制备技术，实现再制造压缩机叶轮的表面修复。

（2）“双通道、双温区”的超音速等离子喷涂技术，研究高熔点陶瓷材料在高温焰流处熔融、较低熔点的金属材料在低温区熔融，解决压缩机表面涂层熔滴的过熔、夹生及烧损问题。

（3）基于强激光冲击波再制造技术，实现多种材料和结构的抗疲劳、抗磨损再制造。

（4）压缩机运行过程中的纳米自修复添加技术，研究纳米软金属、纳米氧化物和纳米稀土化合物复合的纳米减摩自修复，实现压缩机微损伤的原位动态自修复。

压缩机再制造过程如图 8-3 所示。

（a）压缩机叶轮轴损伤状态　（b）激光再制造过程　（c）熔覆层截面形貌

图 8-3　压缩机再制造过程

钢铁冶金设备再制造示范工程

钢铁冶金行业是我国国民经济的重要基础产业，同时属于国家的重点产业。钢铁冶金行业设备繁杂、种类多、吨位重，且大量机械设备处于高温、高速、重负载和腐蚀环境下运行，大量机械装备的关键零部件的质量和使用寿命直接影响到企业的生产率、生产成本和产品质量。为维持设备的正常运转，每年均需要消耗大量的备品备件。

以武汉钢铁股份有限公司达到年产量 2 500 万吨钢的规模为例，公司每年用于设备修理的备品备件制造费用就高达 7.2 亿元，备品备件修旧利废数目达 120 吨以上，创经济效益 1.5 亿元左右。通过开展钢铁冶金设备的再制造，可减少备品备件的消耗和对已使用设备的再制造修复，可大幅度降低企业的生产成本，节省大量的资源、能源，为企业创造巨大的经济效益，同时能够减少钢铁企业对环境的污染，促进循环经济的发展。

一是通过开展轧辊的修复与再制造，轧辊属于钢铁冶金行业中最关键的设备零件，其消耗量大，价格昂贵，设备性能不仅与产品本身密切相关，而且直接决定钢铁制品的质量，尤其是表面质量和板型。因此，对轧辊进行再制造意义重大。二是铜结晶器再制造与性能提升，铜结晶器是钢铁连铸机上的关键部件，其质量的好坏直接影响铸坯的表面质量、连铸机作业率和成本。但由于铜结晶器耐磨性差，年报废量大，因此对铜结晶器进行再制造和性能提升可创造巨大的直接和间接经济效益。三是冶金行业中各种高附加值轴类零件磨损、抱瓦、裂纹的修复与再制造。四是冶金行业中的各种高附加值的大、中、小型齿轮类零件的修复与强化；五是高压高速风机叶片的修复与再制造。

钢铁冶金设备再制造关键支撑技术：

（1）激光熔覆技术。激光熔覆技术是指将具有特殊使用性能的材料用激光加热熔化，在基体表面形成低稀释率冶金结合层的技术。利用该技术可在各种高附加值轴类、齿类及高压高速风机叶片表面制备耐磨、耐蚀、耐热、抗氧化等熔覆层，实现上述产品的再制造。

（2）纳米电刷镀技术。纳米电刷镀技术是在电刷镀技术基础上，把具有特定性能的纳米颗粒均匀加入电刷镀液中，并得到纳米颗粒弥散分布的复合电刷镀层，从而进一步提高表面性能的新型电刷镀技术。利用该技术可实现铜结晶器的再制造。

（3）热喷涂技术。热喷涂技术是利用热源将喷涂材料加热至熔化或半熔化状态，并以一定的速度喷射沉积到经过预处理的基体表面形成涂层的方法。利用该技术可在轧辊、轴类及齿类等零件表面制备防腐、耐磨、减摩、抗高温、抗氧化等涂层，实现上述产品的再制造。

冶金装备再制造过程如图 8-4 所示。

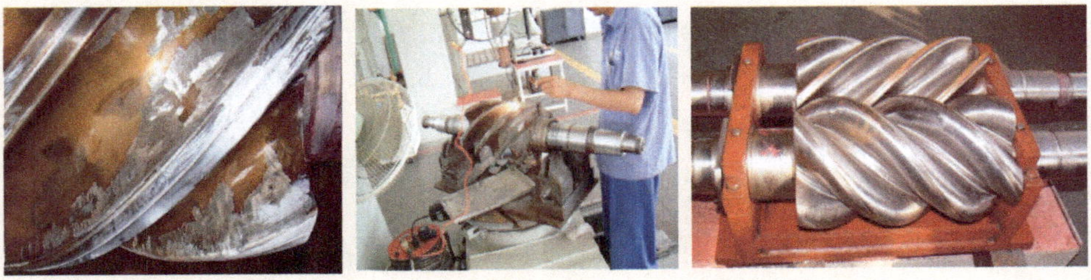

（a）转子工作面损伤状态　（b）激光再制造过程　（c）再制造后的转子

图 8-4　冶金装备再制造过程

汽车发动机再制造示范工程

我国作为汽车制造和使用大国，近十年来，机动车保有量以每年 13%的速度增长，到 2015 年末保有量达 2.79 亿辆，年报废汽车超过 600 万辆。汽车零部件作为汽车工业的基础，是支撑汽车产业持续健康发展的必要因素，我国汽车产业庞大的报废数量为汽车零部件再制造提供了充足的资源。汽车零部件再制造是实现汽车产业可持续发展模式的有效途径之一，推进汽车零部件再制造工程产业化势在必行。

2010 年国家发展改革委、国家工商管理总局联合发布了 14 家汽车零部件再制造试点企业名单，其中包括中国第一汽车集团公司等 3 家汽车整车生产企业和济南复强动力有限公司等 11 家汽车零部件再制造试点企业。以国内第一家再制造企业——济南复强动力有限公司累计再制造 5 万台斯太尔发动机为例，可以节省金属 4 万吨，节电 0.72 亿千瓦，回收附加值 16 亿元，实现利税 1.5 亿元，CO_2 排放减少 3 万吨。

汽车发动机再制造关键支撑技术：

（1）高效无损拆解和环保绿色清洗技术。拆解作为再制造的头道工序，直接影响再制造的加工效率和旧件再利用率。应用高效无损拆解技术和分类回收技术，可有效提高废旧零部件的回收利用率，提高汽车零部件再制造企业的规模化和自动化水平。应用无污染、高效率、适用范围广、对零件无损害的自动化超声清洗技术、热膨胀不变形高温除垢技术、无损喷丸清洗技术与设备，可以显著提高再制造生产过程的排污标准。

（2）无损检测技术。利用超声检测技术对发动机曲轴 R 角应力集中部位进行检测，评估疲劳裂纹萌生可能性，判断曲轴是否可再制造。对于发动机缸盖鼻裂等损伤，采用涡流检测仪和磁记忆方法对其进行检测，定量检测裂纹深度；采用涡流检测、超声检测及涡流/磁记忆综合检测技术，初步实现了发动机气门杆、连杆、曲轴、发动机缸体等重要零部件损伤和寿命的检测评估，确保再制造产品质量。

（3）高速电弧喷涂技术。高速电弧喷涂技术是指高压空气通过高速喷管加速后，将短路的两根金属丝材熔化后的熔滴雾化，并使雾化粒子高速喷射到工件表面形成致密涂层的技术，具有电弧稳定性好、沉积效率高、涂层组织致密等特点，可以制备耐磨、防腐及生物相容性涂层。自动化高速电弧喷涂技术应用于发动机再制造生产线，再制造生产汽车发动机连杆和缸体等重要零部件，对废旧发动机曲轴轴颈磨损部位进行再制造，提高了再制造生产质量和效率，具有良好的应用前景。

汽车发动机再制造产品前后对比如图 8-5 所示。

（a）废旧发动机

（b）再制造发动机

图 8-5　汽车发动机再制造产品前后对比

机床再制造示范工程

中国已成为世界最大的机床生产和消费市场，目前机床保有量近 850 万台，图 8-6 为 2011—2015 年 6 月我国机床产量分析（数据来源：国家统计局）。若按 3%的年机床报废淘汰率进行估算，每年有将近 25 万台机床进入再制造行列，约占每年生产新机床产量的 25%左右。机床再制造可实现设备材料资源循环利用率为 80%左右，机床能效提升平均为 20%左右，可降低噪声 10%以上，油雾、油污、粉尘等现场环境污染排放减少 90%以上。

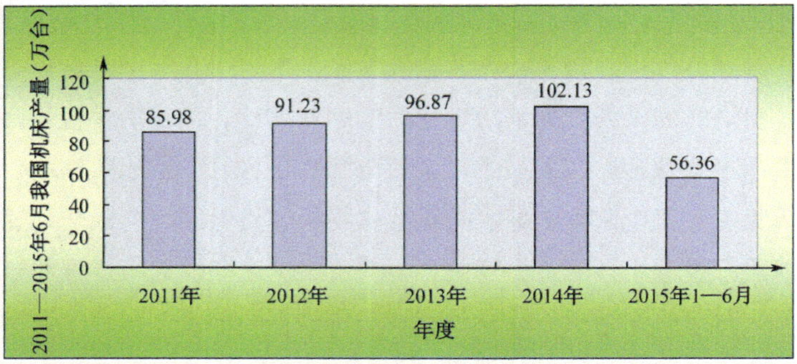

图 8-6　2011—2015 年 6 月我国机床产量分析

必要性：机床是工作母机，是支撑工业发展的基础装备，以废旧机床及零部件为坯料，通过对产品进行创新再设计、零部件再制造和整机系统集成；从而加工生产出新的机床，实现机床全生命周期管理、发展循环经济的必由之路，也是机床产业转型升级、延伸产业链、提升产业经济附加值的必然选择。

主要任务：机床再制造功能恢复和机床再制造性能升级，包括机床机械精度的恢复，机床控制系统的恢复和升级，机床功能的恢复、机床性能的提升和机床外观的恢复等。

机床再制造关键支撑技术：

（1）基于加工状态大数据智能采集、传输和储存技术。对数控机床运行、加工过程和操作使用中的数据采集和积累，利用这些数据实现零件加工质量回溯、加工过程优化、数控机床和数控系统故障记录及统计分析等。

（2）机床动态精度智能化补偿技术。机床各进给轴轴承座、螺母座及主轴轴承座位置安装温度传感器检测机床温度变化；机床床身、主轴箱体上安装振动传感器检测振动频率，实现机床精度动态补偿。

（3）机床健康检测与保障技术：在数控系统中集成健康评价模块，定期对机床的精度进行检测和统计分析，对机床机电参数进行优化评估，实现机床数据和健康程度的可视化，建立每台数控机床的健康档案。

（4）利用纳米电刷镀、微脉冲电阻焊接等技术修复机床导轨、主轴。

机床再制造产品前后对比如图 8-7 所示。

（a）废旧机床　　（b）再制造机床

图 8-7　机床再制造产品前后对比

我国作为装备制造业大国，也是装备使用大国，大量装备已进入机械装备报废的高峰期。再制造产业的发展不仅具有显著的经济效益，而且社会效益显著，随着国家对再制造的重视，未来我国再制造产业必将实现跨越式发展。

致谢本章其余作者

郑汉东　顾刚

编 委 会

中国制造 2025 系列丛书出版工作委员会

主　　　任：刘九如

出　版　人：徐　静

编辑部成员：郭穗娟　陈韦凯　许存权　管晓伟　齐　岳

李　洁　秦　聪　王凯晨　万子芬

出版监制：周　彤

装帧设计：王彦飞

跋

制造业是立国之本，兴国之器，强国之基。自从新中国成立尤其是改革开放以来，我国制造业持续快速发展，已经成为世界制造大国；但是，我国制造业大而不强，转型升级和跨越发展的任务紧迫而艰巨。当前，新一轮科技革命和产业变革与我国加快转变经济发展方式形成历史性交汇，中国制造站在了新的历史转折关头。

2015 年 5 月 8 日，国务院正式发布实施《中国制造 2025》。这是党中央、国务院总揽国际国内发展大势，站在增强我国综合国力、提升国际竞争力、保障国家安全的战略高度做出的重大战略部署，是我国实施制造强国战略的第一个十年的行动纲领。我们的目标是，通过今后三个十年的奋斗，把中国建设成为世界制造强国，为实现中华民族伟大复兴的中国梦打下坚实基础。

《中国制造 2025》的发布在国内外引起了巨大反响，国际经济界高度关注，国内工业界备感振奋，全国各地掀起了全面升级实体经济、大力发展制造业的热潮。

《中国制造 2025》的发布同时也引发了业界的战略研究和深入讨论。当前，特别需要加强思想上的沟通和交流，广泛地宣传《中国制造 2025》。为此，国家制造强国战略咨询委员会委托中国工程院战略咨询中心组织院士和专家撰写了《中国制造 2025》系列丛书。

《中国制造 2025》系列丛书共分为七卷，包括《〈中国制造 2025〉解读——省部级干部专题研讨班报告集》、《智能制造》、《优质制造》《绿色制造》、《服务型制造》、《工业强基》和《〈中国制造 2025〉重点领域技术创新绿皮书——技术路线图》。本丛书对《中国制造 2025》的战略定位、主要内容和工作部署进行了全面深入的阐释，以使制造业和社会各界人士更好地理解和贯彻《中国制造 2025》。

感谢院士和专家在百忙中为本丛书撰稿，感谢编写组全体成员的辛勤劳动，在较短的时间里，完成编辑和出版工作。

国家制造强国建设战略咨询委员会

2016 年 3 月

各章参考文献

第一章参考文献

[1] 孔子. 论语·卫灵公.

[2] 国务院. 国发[2015]28 号文件. 中国制造 2025.

[3] 孟子. 孟子·梁惠王上.

[4] 老子. 道德经.

[5] Rachel Carson 著. 吕瑞兰，李长生，鲍冷艳，译. 寂静的春天[M]. 上海译文出版社/中国青年出版社，2015-5.

[6] Donella Meadows, Jorgen Randers, Dennis Meadows 著. 李涛，王智勇，译.增长的极限[M]. 机械工业出版社，2013-6.

[7] World Commission on Environment and Development.王之佳，柯金良，等译.我们共同的未来[M]. 长春：吉林人民出版社，1997-12.

[8] David Pierce 著，徐少辉，冉圣宏，等译. 绿色经济的蓝图[M]. 北京：北京师范大学出版社，1997.

[9] P.Nejat, F.Jomehzadeh, M.M.Taheri, etc. A global review of energy consumption, CO_2 emissions and policy in the residential sector (with an overview of the top ten CO_2 emitting countries) [J]. Renewable and Sustainable Energy Reviews, 2015(43):843-862.

[10] Robert B.Jackson, Josep G. Canadell, Corinne Le Quere,etc. Reaching Peak emissions[J]. Nature Climate Change, 2016(6):7-10.

[11] Benhelal E., Zahedi G., Shamsaei E., etc. Global strategies and potentials to curb CO_2 emissions in cement industry[J]. Journal of Cleaner Production, 2013(51):142-161.

[12] D.L.Xu, Y.S.Cui, H.Li, etc. On the future of Chinese cement industry [J].Cement and Concrete Research, 2015(78):2-13.

第二章参考文献

[1] 杨朝飞，[瑞典]里杰兰德．中国绿色经济发展机制和政策创新研究综合报告[M]．北京：中国环境科学出版社，2012.

[2] 中国环境与发展国际合作委员会．中国经济发展方式的绿色转型[M]．北京：中国环境科学出版社，2012.

[3] 殷瑞钰，金涌，张寿荣，等．流程工业与循环经济[R]．中国工程院，2007.

[4] 殷瑞钰，等．过程工程与低碳经济[R]．中国工程院，2011.

[5] 殷瑞钰．冶金流程工程学（第 2 版）[M]．北京：冶金工业出版社，2009.

[6] 殷瑞钰，张春霞．钢铁企业功能拓展是实现循环经济的有效途径[J]．钢铁，2005，40（7）：1-8.

[7] World steel association. Crude steel production data Jan-Dec 2016 vs 2015.

[8] 中国钢铁工业五十年数字汇编编辑委员会．中国钢铁工业五十年数字汇编（上卷）[M]．北京：冶金工业出版社，2003.

[9] 中国钢铁工业年鉴编辑委员会．中国钢铁工业年鉴[M]．北京：冶金工业出版社，2015.

[10] 中国金属学会，中国钢铁工业协会．2011—2020 年中国钢铁工业科学与技术发展指南[M]．北京：冶金工业出版社，2012.

[11] ZHANG Chun-xia, ZHENG Wen-hua, ZHOU Ji-cheng, et al. Development and application of energy-saving technologies-CDQ and TRT in Chinese steel industry[C], 3rd CSM-VDEh metallurgical seminar[A]. 2011: 89-98.

[12] ZHANG Chun-xia, ZHOU Ji-cheng, SHANGGUAN Fang-qin, et al. Progress and developing trend of energy saving and emission reduction for Chinese steel industry since the 21st century[C]. The 12th Japan-China symposium on science and technology of iron and steel[A]. The Iron and Steel Institute of Japan: Nogoya, Japan, 2010.

第三章参考文献

[1] 胡山鹰，陈定江，金涌，朱兵，等．化学工业绿色发展战略研究：基于

化肥和煤化工行业的分析[J]. 化工学报， 2014，65(7)：2705-2706.
[2] 李文友. 国际化工巨无霸破解中国难题[J]. 化工管理，2014(28):26.
[3] 戴猷元. 化工概论[M]. 北京：化学工业出版社，2006：11-15.
[4] 张卫峰，季秀，马骥，等. 中国化肥消费需求影响因素及走势分析[J]. 资源科学，2007，29(6):1.
[5] 梅毅,朱明松. 中国基础磷化工产业现状与展望[J]. 无机盐工业，2014(02):1-5.
[6] 陈建江. 磷化工产业可持续发展问题探索[J]. 化工管理, 2013(21):44-46.
[7] 贡长生. 我国磷化工产业的发展方向和重点领域[J]. 精细与专用化学品，2014(06):1-6.
[8] 王敏. 我国磷肥产业化解产能过剩提升产业质量措施探讨[J]. 磷肥与复肥, 2013(04):6-11.
[9] 孙志立. 贵州"十三五"磷化工发展规划的思考[J]. 硫磷设计与粉体工程, 2015(05):1-8.
[10] 张卫峰, 马林, 黄高强, 武良, 陈新平, 张福锁. 中国氮肥发展、贡献和挑战[J]. 中国农业科学,2013(15):3161-3171.
[11] 王媛媛. 氮肥企业氨氮污水处理的环保问题[J]. 新疆化工，2015(02):8-10.
[12] 王大生. 生态循环有机农业产业化的探索与实践[J]. 科技促进发展，2014(06): 11-20.
[13] 巨晓棠，谷保静. 我国农田氮肥施用现状、问题及趋势[J]. 植物营养与肥料学报, 2014(04):783-795.
[14] 田宝宝. 磷钾矿重选尾矿中钾资源的利用研究[D]. 武汉工程大学，2014.
[15] 曹飞, 杨卉芃. 世界钾资源研究系列之三——国内外钾盐开发利用对比[J]. 矿产保护与利用, 2015(03):76-78.
[16] 张发莲, 王晓波, 刘万平, 张娟. 我国难溶性钾资源制肥工艺研究进展[J]. 化工矿物与加工, 2013(09):51-53.
[17] 于守武, 顾佳妮. 传统农业的升级发展——互联网+农业[J]. 现代经济

信息, 2015(13): 308.

[18] 刁书中. “互联网+”形势下的农业信息服务探讨[J]. 农业技术与装备, 2015(05): 17-18,21.

[19] 倪毅军. 肥料企业农化服务模式及发展分析[D]. 陕西: 西北农林科技大学, 2015

[20] 贾然然. 农化服务迈向高端定制化时代[J]. 中国农资, 2015(42): 19.

[21] 夏昊. 关于绿色煤化工发展的探索和思考[J]. 化肥设计, 2012, 50(2):1-4.

[22] 何铮. 煤化工大跃进下的绿色变身猜想[J]. 当代石油石化, 2014(8):8-11.

[23] 赵铁军.煤化工企业绿色生产模式构建探究[J]. 化工管理, 2015(6):196-197.

[24] 田雪芹. 煤化工要走绿色发展之路[J]. 科技风, 2013.

[25] 白向飞. 中国褐煤及低阶烟煤利用与提质技术开发[J]. 煤质技术. 2010(6):9-11.

[26] 曾凡虎, 陈钢, 李泽海, 黄学群. 我国低阶煤热解提质技术进展[J]. 化肥设计, 2013. 51(2):1-7.

[27] 才磊. 材料是 21 世纪发展的物质基础——记材料科学技术名词审定工作[J]. 中国科技术语, 2010(04): 5-8.

[28] Marmolejo-Tejada J M, Velasco-Medina J. Review on graphene nanoribbon devices for logic applications[J]. Microelectronics Journal, 2016(48): 18-38.

[29] Lloberas J, Sumper A, Sanmarti M, et al. A review of high temperature superconductors for offshore wind power synchronous generators[J]. Renewable and Sustainable Energy Reviews, 2014(38): 404-414.

[30] Wang Q, Xie Y, Soltani-Kordshuli F, et al. Progress in emerging solution-processed thin film solar cells – Part I: Polymer solar cells[J]. Renewable and Sustainable Energy Reviews, 2016(56): 347-361.

[31] 姚叙红. 高效太阳能电池关键技术研究[D]. 中北大学, 2009.

[32] Aslan A. The causal relationship between biomass energy use and economic growth in the United States[J]. Renewable and Sustainable

Energy Reviews, 2016(57): 362-366.

[33] 骆广生，徐建鸿，李少伟，等. 微结构设备内液-液两相流行为研究及其进展[J]. 现代化工, 2006(03): 19-23.

[34] Lee I, Lee K. The Internet of Things (IoT): Applications, investments, and challenges for enterprises[J]. Business Horizons, 2015, 58(4): 431-440.

第五章参考文献

[1] D.L.Xu, Y.S.Cui, H.Li etc., On the future of Chinese cement industry [J].Cement and Concrete Research, 2015(78):2-13.

[2] D.L. Xu, H. Li, Y.X. Chen etc.. XDL cement manufacture technology of high solid-gas mass ratio[J].Cement International, 2014(3):82-87.

[3] 《水泥工业大气污染物排放标准》编制组. 《水泥工业大气污染物排放标准》编制说明.2012,10

[4] IEA.WBCSD-CSI. Cement Technology Roadmap 2009 —— Carbon emissions reductions up to 2050.2009

[5] A.Akbarnezhad. Separation processes to improve the quality of recycled concrete aggregates(RCA) [M].Handbook of Recycled Concrete and Demolition Waste, Oxford, Woodhead Publishing Limited, 2013:246-269.

[6] 李辉，苏媛婷，张浩. 西安市建筑垃圾的基本性质研究[J].硅酸盐通报，2015,3.

[7] Davidovits, J., 1988a. Soft Mineralurgy and Geopolymers. In: Davidovits, J., Orlinski, J. (Eds.), Proceedings of the 1st International Conference on Geopolymer’88, vol. 1, Compiegne, France, 1－3 June, pp. 19－23.

[8] Hardjito, D., Wallah, S.E., Rangan, B.V., 2002. Research into engineering properties of geopolymer concrete. In: Lukey, G.C. (Ed.), Proceedings of the International Conferenceo on Geopolymers, Melbourne, Australia,28－29 October (in CD-ROM)

[9] A. Bosoga, O.Masek, J.E. Oakey, CO2 capture technology for cement

industry, Energy Procedia 1 (2009) 133 - 140.
[10] 马双忱，孙云雪，马京香等. 电厂烟气中二氧化碳的捕集技术[J].电力环境保护,2009(12):58-62.
[11] 张霞，童莉葛，王立，刘传平. 富氧燃烧技术的应用现状分析[J].冶金能源, 2007(6):41-44,60.
[12] 绿色煤电有限公司编著. 挑战全球气候变化—二氧化碳捕集与封存[M]. 北京: 中国水利水电出版社，2008:16-136.
[13] 毛志伟, 杨如顺, 甘昊. 水泥窑脱硝工艺技术的探讨[J]. 中国水泥, 2012(5):56-59.
[14] 曾佳敏，邓燕琳. 水泥行业脱硝工艺技术的探讨[J].广东化工.2012(8):126-130.
[15] 西安热工研究院.火电厂 SCR 烟气脱硝技术[M]. 北京：中国电力出版社.2013：11-14.
[16] 张平安. 从第 26 届中国玻璃展看技术新趋势[N]. 中国建材报, 2015-7-24(4)
[17] 陈帆.陶瓷板与工程应用[M]. 北京: 中国建筑工业出版社, 2015: 10-11.

第六章参考文献

[1] 高金吉，杨国安. 流程工业装备绿色化、智能化与在役再制造[J]. 中国工程科学，2015, 17(7):55-62.
[2] 乌尔里希・森德勒，编. 邓敏，李现民，译. 工业 4.0[M]. 北京：机械工业出版社，2014.
[3] 夏丽洪，郝鸿毅，葛玉周. 2012 年中国石油工业综述[J]. 国际石油经济，2013(4):46-55.
[4] 夏丽洪，郝鸿毅，杨慧玲. 2013 年中国石油工业综述[J]. 国际石油经济，2014(4):45-53.
[5] 国家“十二五”节能减排综合性工作方案. 国务院办公厅，2011.
[6] 合肥通用机械研究院. 石化企业大型工艺压缩机失效调研报告，2012.

[7] 高金吉. 中国高耗能机械装备运行现状及节能对策研究，2013.
[8] 吕运容，陈学东，高金吉，等. 我国大型工艺压缩机故障情况调研及失效预防对策[J]. 液体机械，2013(1):14-20.
[9] 刘飞，曹华军. 绿色制造的研究现状与发展趋势[J]. 中国机械工程，2000(1):105-111.
[10] 刘志峰，刘光复. 绿色设计[M]. 北京：机械工业出版社，1999.
[11] 刘瑞素，郭兰申，王阳. 绿色设计和绿色制造是机械行业的发展趋势[J]. 江苏机械制造与自动化，2001(4):8-9.
[12] 李方义，段广洪，汪劲松，李飒. 产品绿色设计评估建模[J]. 清华大学学报（自然科学版)，2002(06):783-786.
[13] 胡爱武，傅志红. 产品的绿色设计概念及其发展[J]. 机械设计与制造工程，2002(3):7-9.
[14] 朱耀武. 解析新时期背景下机械设计与制造中的绿色设计法[J]. 科技风，2015(01):183-183.
[15] 单忠德，战丽，董晓丽. 机械工业传统制造工艺绿色化技术研究. 2007年中国科协年会，2007(9).
[16] Zhongde Shan, Shaoyan Qin, Qian Liu, et al.. Key Manufacturing Technology & Equipment for Energy Saving and Emissions Reduction in Mechanical Equipment Industry, 2012,13(7):1095-1100.
[17] 路甬祥. 走向绿色和智能制造——中国制造发展之路[J]. 中国机械工程，2010，21(4):379-386,399.
[18] 单忠德. 机械装备工业可持续发展的关键制造技术. 第七届全国表面工程学术会，2008:9-15.
[19] 单忠德，战丽. 机械工业节能减排工艺技术及创新联盟构想. 制造技术与机床，2008(4):67-70.
[20] 单忠德，胡世辉. 机械制造传统工艺绿色化. 机械工业出版社，2013.
[21] 单忠德，刘丰. 装备工业节能减排制造技术新进展. 2008 年中国机械工程学会年会暨甘肃省学术年会文集，2008:32-39.
[22] 单忠德，杨菁. 铸锻热加工行业节能减排技术及设备. 铸造技术，2009，30(5):583-588.

[23] Shan Zhongde，Liu Feng，Zhan Li，et al.. Research on Patternless Casting CNC Manufacturing Technology and Development of the Equipment. Advanced Materials Research，2010:97-101, 4036-4041.

[24] XuJifu，Shan Zhongde，Li Yanzheng，et al.. Research of wear mechanisms of PCD cutting tools in sand mold milling. Advanced Materials Research，2013: 774-776, 1164-1169.

[25] 刘齐忠. ITCC 在大型炼化一体化项目的设计与实施[J]. 石油化工自动化，2012(3):1-6.

[26] 于庆红. 裂解气压缩机控制系统节能技术改造[J]. 乙烯工业，2012,22(4):46-50.

[27] 于海城，董笑飞，丛秀华. ITCC 在乙烯裂解机组调速器改造中的应用[J]. 炼油与化工，2012(1):39-41.

[28] 许柏洲，张勇，丘业等. 石化厂裂解装置三大机组控制系统改造[J]. 石油化工设备，2012，15(3):41-44.

[29] 李明进. 大型机组的控制技术与节能优化，2014.

[30] 陈亚林. 离心压缩机控制系统发展现状和趋势[J]. 真空与低温，2010，16(1):51-54.

[31] 陈峰，纪琳，林振宇等. 大型往复式压缩机的状态监测与诊断[J]. 管道技术与设备，2010(4):25-27.

[32] 谬学勤. 智能工厂与装备制造业转型升级[J]. 自动化仪表，2014，35(3):1-6.

[33] 物联网白皮书，工业和信息化部电信研究院，2014.

[34] 移动互联网白皮书. 工业和信息化部电信研究院，2014.

[35] 云计算白皮书. 工业和信息化部电信研究院，2014.

[36] 大数据白皮书. 工业和信息化部电信研究院，2014.

[37] 工业互联网：突破智慧和机器的界限. GE，2012.

[38] Deanna J. Richards. Environmentally Conscious Manufacturing [J]. World Class Design to Manufacture，1994.

[39] Christian N. Madu. A Framework for Environmental Quality Assessment [J]. International Journal of Quality Science，1996.

[40] 李美芳. 绿色设计与可持续发展[J]. 现代制造工程，2005(07):94-96.

[41] 贾昕妍. 可持续发展理念下的绿色设计[D]. 天津师范大学，2010.
[42] 陶仙文. 面向机电产品的绿色设计研究[D]. 浙江大学，2014.
[43] 单忠德. 机械装备工业节能减排制造技术. 北京：机械工业出版社，2014.
[44] 周杰，陈学安，赵俊伟. HydroCOM 调节系统在蜡油加氢裂化装置新氢压缩机的应用[J]. 广州化工，2013(8):187-190.

第七章参考文献

[1] 中国机械工程学. 中国机械工程技术路线图[M]. 北京：北京中国科学技术出版社，2011.
[2] 工业节能“十二五”规划. 工业和信息化部，2012.
[3] 装备制造行业节能减排先进适用技术指南(第一批). 工业和信息化部，2011.
[4] 李冬茹.中国绿色技术发展与展望.2014 年绿色制造国际论坛. 张家港，2014.
[5] 单忠德. 机械装备工业可持续发展的关键制造技术. 第七届全国表面工程学术会，2008:9-15.
[6] 单忠德. 战丽. 机械工业节能减排工艺技术及创新联盟构想. 制造技术与机床，2008(4):67-70.
[7] 单忠德. 机械装备工业节能减排制造技术. 北京:机械工业出版社,2014.
[8] “工业装备绿色工程科技发展战略及对策”研究报告——绿色成形制造. 中国工程院，2014.
[9] 机械基础件、基础制造工艺和基础材料产业“十二五”发展规划. 工业和信息化部, 2012.
[10] 中国工程院. 制造强国战略研究 . 领域卷（一）. 北京：电子工业出版社，2015.
[11] 叶片无锡公司——世界一流锻压装备落户无锡打造全球叶片制造中心. http://www.51695062.com/html/product-19-02302229-1.html

第八章参考文献

[1] 徐滨士. 装备再制造工程[M]. 北京：国防工业出版社，2013.

[2] 徐滨士. 等.再制造与循环经济[M]. 北京：科学出版社，2007.

[3] 徐滨士. 等. 再制造技术与应用[M]. 北京：化学工业出版社，2015.

[4] 中国机械工程学会. 中国机械工程技术路线图[M]. 北京：中国科学技术出版社，2012.

[5] GB/T 28619—2012 再制造术语[S]. 北京：中国标准出版社，2012.

[6] GB/T 28618—2012 机械产品再制造通用技术要求[S]. 北京：中国标准出版社，2012.

[7] 徐滨士. 董世运. 史佩京. 中国特色的再制造零件质量保证技术体系现状及展望[J]. 机械工程学报，2013， 49(20)：84-90.

[8] 杨铁生. 推动中国再制造产业健康有序发展[J].中国表面工程，2014, 27(6):1-3.

[9] 徐滨士. 董世运. 朱胜，等. 再制造成形技术发展及展望[J].机械工程学报，2013, 48(15):96-104.

[10] 罗尔夫·施泰因希尔佩. 再制造-再循环的最佳形式[M]. 北京：国防工业出版社，2006.

[11] 徐滨士. 史佩京. 刘渤海. 再制造产业化的工程管理问题研究[J]. 中国表面工程，2012，25(6):107-111.

[12] 刘渤海. 再制造产业发展中的若干运营管理问题研究[D]. 合肥工业大学，2012.

[13] 李恩重. 史佩京. 徐滨士. 我国再制造政策法规分析与思考[J]. 机械工程学报，2015，51(19):117-123.

[14] 徐滨士. 李恩重. 史佩京. 我国再制造产业现状及发展对策[J]. 中国经贸导刊，2015，(5)：77-79.

[15] Bin-shi Xu, Pei-jing Shi, Han-dong Zheng, En-zhong Li. Engineering Management Problems of Remanufacturing Industry[J]. Frontiers of Engineering Management, 2015, 2(1):13-18.

[16] 李恩重. 史佩京. 徐滨士. 我国再制造企业评价研究[J]. 建设机械技术与管理，2015，(10)：96-99.

[17] 王喜文. 中国制造 2025 解读：从工业大国到工业强国[M]. 北京：机械工业出版社，2015.

[18] 吴晓波. 朱克力. 等. 读懂中国制造 2025[M]. 北京：中信出版社，2015.

[19] （德）乌尔里希·森德勒. 工业 4.0：即将来袭的第四次工业革命[M]. 邓敏，李现民，译. 北京：机械工业出版社，2015.